上海蓝皮书

BLUE BOOK OF SHANGHAI

总　编／张道根　于信汇

上海经济发展报告
（2019）

ANNUAL REPORT ON ECONOMIC DEVELOPMENT
OF SHANGHAI (2019)

迈向卓越的全球城市

主　编／沈开艳

社会科学文献出版社
SOCIAL SCIENCES ACADEMIC PRESS（CHINA）

图书在版编目（CIP）数据

上海经济发展报告. 2019：迈向卓越的全球城市 /
沈开艳主编. -- 北京：社会科学文献出版社，2019.1
（上海蓝皮书）
ISBN 978 - 7 - 5201 - 4214 - 4

Ⅰ. ①上…　Ⅱ. ①沈…　Ⅲ. ①区域经济发展 - 研究报
告 - 上海 - 2019　Ⅳ. ①F127. 51

中国版本图书馆 CIP 数据核字（2019）第 016232 号

上海蓝皮书

上海经济发展报告（2019）
——迈向卓越的全球城市

主　　编 / 沈开艳

出 版 人 / 谢寿光
项目统筹 / 郑庆寰
责任编辑 / 张　媛

出　　版 / 社会科学文献出版社·皮书出版分社　（010）59367127
　　　　　　地址：北京市北三环中路甲 29 号院华龙大厦　邮编：100029
　　　　　　网址：www. ssap. com. cn
发　　行 / 市场营销中心（010）59367081　59367083
印　　装 / 三河市东方印刷有限公司

规　　格 / 开　本：787mm × 1092mm　1/16
　　　　　　印　张：20　字　数：301 千字
版　　次 / 2019 年 1 月第 1 版　2019 年 1 月第 1 次印刷
书　　号 / ISBN 978 - 7 - 5201 - 4214 - 4
定　　价 / 128. 00 元

本书如有印装质量问题，请与读者服务中心（010 - 59367028）联系

摘　要

　　《上海经济发展报告（2019）》由总报告、供给侧改革篇、自贸区建设篇、城市创新篇四部分共13个报告组成。本书以迈向卓越的全球城市为主题，从上海房地产业健康发展、上海推进农业供给侧结构性改革、上海推进供给侧结构性改革的实践创新、上海推进税费供给侧结构性改革问题研究等不同维度，深入探讨供给侧改革与上海全面深化改革的关系；聚焦上海自贸试验区制度构建，研究了新形势下进一步提升上海自贸试验区开放度、上海自贸试验区制度创新系统集成、自由贸易区税收政策创新的目标定位、上海自贸试验区和国际金融中心建设联动、上海自贸试验区与科技创新中心建设联动机制等问题；围绕上海城市创新视角，探讨了上海建设全球卓越城市的现状、新时代下上海高端制造业发展、上海降低制度性交易成本的实践探索等问题。

　　总报告采用上海2018年前三季度宏观经济数据和历史数据，基于高质量发展的视角，对当前和过去一段时间上海经济运行态势进行了分析。研究表明，上海的经济结构趋于高端化，经济效率稳步提升，消费对经济增长的贡献较大；预测2018年全年GDP增速低于上年的概率较大；2019年处于基准情景的概率为65.5%，经济增速保持在6.5%的水平。针对当前和未来一段时间上海面临的内外部环境提出，经济发展短期靠促内需，长期要重视技术创新和制度创新，夯实实体经济，进一步营造良好的营商环境，构筑开放型经济新高地，促使上海经济实现更高质量发展。

　　推进供给侧改革是我国在当前经济"新常态"下的重要战略举措，对上海来说，既有在党中央、国务院统一决策部署下的共性，也与国内其他地区之间存在差异性。供给侧改革篇由四篇文章构成，围绕房地产业健康发展、农业改革、改革实践创新、税费改革等视角，从动力再造、功能整合和结构提升三个方面，分析经济增长新动能培育。

自贸区建设是上海践行习近平总书记提出的"改革开放先行者，创新发展先行者"的重要领域，在上海全球城市战略中扮演着重要角色。自贸区建设篇由五篇文章构成，基于上海自贸区的改革使命和发展现状，反思自贸区的目标模式；针对全球贸易环境出现的新变化，从中央和上海两个角度，探讨自贸区的政策调整。

在全球化与知识经济时代，创新已成为城市发展的核心驱动力。上海要建设卓越的全球城市，必须不断适应城市发展的新要求，主动迎接创新带来的挑战。城市创新篇由三篇文章构成，在创新型城市内涵和国际趋势解析的基础上，结合上海建设科创中心的目标，通过分析现状问题、展望未来愿景，根据创新功能、产业类型与城市功能等特征，对未来上海建设全面创新型城市的若干重点进行展望。

关键词：上海　供给侧改革　自贸区建设　城市创新

目　录

Ⅲ 自贸区建设篇

Ⅳ 城市创新篇

皮书数据库阅读 **使用指南**

总 报 告

General Report

B.1

2019年上海经济形势分析与研判

张兆安　邸俊鹏*

摘　要： 本报告采用上海2018年前三季度宏观经济数据和历史数据，基于高质量发展的视角，对当前和过去一段时间上海经济运行态势进行了分析。研究表明，上海的经济结构趋于高端化，经济效率稳步提升，消费对经济增长的贡献较大；预测2018年全年GDP增速低于上年的概率较大；2019年处于基准情景的概率为65.5%，经济增速保持在6.5%的水平。针对当前和未来一段时间上海面临的内外部环境提出，经济发展短期来看靠促内需，长期来看要重视技术创新和制度创新，夯实实体经济，进一步营造良好的营商环境，构筑开放型经济新

* 张兆安，经济学博士，上海社会科学院经济研究所研究员，博士生导师，主要研究方向为宏观经济、宏观政策理论与实践研究等；邸俊鹏，经济学博士，上海社会科学院经济研究所数量经济研究中心助理研究员，主要研究方向为计量经济学理论及其在政策评估中的应用研究。

高地，促使上海经济实现更高质量发展。

关键词： 上海 经济运行 高质量发展

一 上海经济运行的国内外环境

美国发起贸易争端，市场不确定性增大。2018 年美国宣布对来自加拿大、欧盟以及墨西哥等地的部分商品征收高额关税以来，中国被迫加入中美贸易争端。前三季度数据显示，国际贸易态势良好，进出口总额同比增长 9.9%；其中，出口增长 6.5%，进口增长 14.1%。但是，国际贸易保护主义抬头，中国的出口贸易仍将面临严峻挑战，中美贸易摩擦仍然存在不确定性因素。此外，贸易摩擦还将增加我国股市、汇市和债市资产价格的波动风险。同时，国内经济增长的新旧动能转化还没有完成，去产能、资本市场、房地产、实体经济和货币政策传导机制仍然存在着风险因素。面对复杂多变的外部环境，以及国内市场多重掣肘，上海如何应对，实现高质量发展，是未来一段时间必须考虑的问题。

二 当前上海经济运行态势：基于高质量发展视角

党的十九大报告指出，我国经济已由高速增长阶段转向高质量发展阶段，正处在转变发展方式、优化经济结构、转换增长动力的攻关期。上海作为全国改革开放排头兵、创新发展先行者，加快建设"五大中心"、全力打响"四大品牌"，正在以高质量发展的目标引领经济社会稳步发展。高质量发展不仅注重经济总量规模，更加注重质量和效益。下面我们将从经济总量、结构、效率和动力几个方面，对当前上海经济发展的态势进行分析。

2018 年前三季度，上海市完成生产总值 23656.69 亿元，比上年同期增长 6.6%（按可比价格计算），增速回落 0.4 个百分点，是 2014 年以来回落最大的一年（见图 1）。较一季度（6.8%）、二季度（6.9%）累计增速均有所回落。其中,第一产业增加值 61.34 亿元,与 2017 年前三季度相比(按可比价格计算),下降 2.1%,收窄约 7 个百分点;第二产业增加值 7112.48 亿元,增长 3.0%,减少约 5 个百分点;第三产业增加值 16482.87 亿元,增长 8.2%,增加约 2 个百分点。可见,增速回落主要源自第一产业、第二产业增速的大幅下降,尽管第三产业增幅扩大,但仍不抵前者的下降。

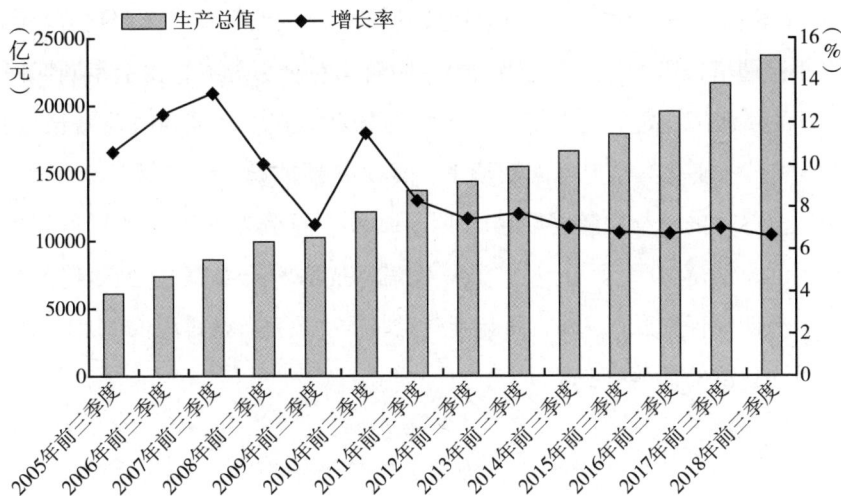

图 1   上海市历年前三季度 GDP 和同比增速

从产业结构来看,前三季度第三产业增加值占全市生产总值的比重为 69.6%,第二产业的比重为 30%,增加值仍基本稳定在"三七开"。

下面我们将从产业、消费和贸易三个方面对上海的经济结构进行评价。在经济增长效率方面,对促进经济增长的劳动力、土地和资本要素的利用效率进行分析。在经济增长动力方面,对历年拉动经济增长的"三驾马车"进行分解。

(一)经济结构

1. 战略性新兴产业增速回落,贡献度稳步提升

近三年来,战略性新兴产业增加值在经济总量中的份额稳步提升。从

2017 年的情况看，战略性新兴产业增加值为 4943.51 亿元，其中服务业和制造业分别占 54% 和 46%，增速分别为 9.2% 和 8.1%；战略性新兴产业增加值对全市 GDP 的贡献率为 16.4%，提高了 1.2 个百分点（2015 年贡献率为 15.01%，2016 年贡献率为 15.23%）。

2018 年以来，工业战略性新兴产业增速回落，但仍高于规模以上工业整体增速。2018 年前三季度，上海市工业战略性新兴产业完成总产值 7664.28 亿元，占规模以上工业总产值的 30%。战略性新兴产业制造业产值比上年同期增长 3.5%，增速比上半年回落 4.6 个百分点，比上年同期回落 4.4 个百分点，但高于规上工业 1.3 个百分点。其中，生物医药增长最快，为 9.5%，增速基本与上年同期持平；其次是新能源汽车，增长 9.3%，是增速回落最大的，与上年同期相比下降 18.6 个百分点（2017 年增速降幅也是最大的，回落 20 个百分点）；新一代信息技术增长 4.7%，回落约 8 个百分点；节能环保增长 3.7%、高端装备增长 3.1%、新材料增长 0.1%，增幅均有不同程度的回落（见表 1）。

表 1 工业战略性新兴产业增速

单位：%

行业	2018 年前三季度	2017 年前三季度
生物医药	9.5	9.2
新能源汽车	9.3	27.9
新一代信息技术	4.7	12.3
节能环保	3.7	6.9
高端装备	3.1	5.0
新能源	2.5	—
新材料	0.1	4.3

资料来源：上海市统计局网站和历年上海市统计年鉴。

2. 消费增速回落，消费结构趋于高端

消费增长速度有所回落。前三季度，上海市商品销售总额 86801.28 亿元，比上年同期增长 6.6%，增速比上年同期回落 6.8 个百分点。社会消费品零售总额 9244.01 亿元，增长 7.9%，增速比上年同期回落 0.1 个百分点。分行业看，批发和零售业零售额增长 8.2%；住宿和餐饮业零售额增长 4.5%。分商品类别看，家用电器和音像器材类增长最快，为 24.1%，其次是化妆品类以及服装、鞋帽、针纺织品类，分别增长 19.5% 和 15.9%。

消费结构趋向高端。一方面，商品消费倾向品质化。以汽车消费为例，2016 年全市国产小型客车交易量达 42 万辆，近两年增速均超过 30%；汽车类成交额达 275 亿元。另一方面，消费渠道倾向电子化。前三季度，上海电子商务保持平稳增长，同比增长 20.6%；电子商务交易额 19951.9 亿元，占全市商品销售总额的 23%。其中，B2B 交易额 12286.3 亿元，同比增长 15.5%；网络购物交易额 7665.6 亿元，同比增长 29.8%。

3. 出口增速回落，贸易结构趋于高端

2018 年以来，货物进出口增速回落。前三季度，上海市货物进出口总额 25168.99 亿元，比上年同期增长 5.8%，增速回落约 10 个百分点。其中，进口增速回落约 14 个百分点，出口增速回落约 8 个百分点。从贸易品结构来看，其呈现向价值链高端升级的态势。一方面体现在高新技术产品进出口份额保持稳定。近年来，高新技术产品进口份额基本保持在 30% 左右，出口份额保持在 40% 以上（见表 2）。另一方面主要表现为一般贸易出口增速快于加工贸易，服务贸易稳步发展。2016 年前三季度至 2018 年前三季度，一般贸易出口远高于加工贸易，这三年间加工贸易出口均为负增长。

表 2　历年前三季度进出口贸易品结构

单位：%

类别	2018 年前三季度	2017 年前三季度	2016 年前三季度
进口：一般贸易	55.6	55.3	55.8
进口：高新技术产品	28.2	30.4	31.4
出口：一般贸易	46.9	44.3	45.1
出口：高新技术产品	41.0	42.6	41.2

资料来源：上海市统计局网站和历年上海市统计年鉴。

（二）经济增长效率

经济发展指标不仅要反映规模，而且更为重要的是突出质量效益。在市场经济条件下，经济发展质量的提高主要表现在要素资源配置效率的提高上。因此，我们选取劳动力、土地、资本三个要素，分别采用"有效劳动利用率""有效土地利用率""资本收益率"三个指标来反映经济增长的效益。

1. 有效劳动利用率高于全国平均水平

在经济转型升级的过程中，产业结构与就业结构有着密切的联动关系，全面深刻地改造就业结构，提升劳动生产率，尤其是提高有效劳动利用率，对产业结构升级有着巨大的推动作用。从经济学上讲，如果劳动生产率高于名义工资率，也即单位劳动的贡献大于成本，那么，单位劳动的使用是有效率的。我们使用的劳均GDP是由GDP除以从业人员数计算得到的，使用统计年鉴中的职工平均工资计算工资增长率①。受限于数据的可得性，本报告对2007年至2016年共计十年的劳动利用率进行了核算。同时为了方便比较，列出了北京和全国的水平。从图2可以看出，在过去的十年中，上海的有效劳动利用率平均来看高于全国平均值和北京的水平，尤其是在2012年远高于全国水平。不过在后面的一年2013年，跌到最低水平，近年来逐步回升，和北京、全国平均水平趋同。

2. 有效土地利用率较高

土地资源是经济发展的基础，城市的土地利用更是与经济发展有着密切的关联。受城市土地资源供应的刚性约束，政府当局想方设法加强科学布局、统筹规划，促使各种要素资源聚集，提高有效土地利用率，走可持续发展的道路。有效土地利用率一般用地均GDP表示②。从表3可以看出，从

---

① 有效劳动利用率 $= \dfrac{\text{劳均GDP增长率}}{\text{名义工资增长率}}$，该系数的大小可以理解为：从业人员的工资增加一元，从业人员劳动的贡献（即劳动生产率）所增加的价值。该系数越大，说明有效劳动利用率越高。

② 有效土地利用率 $= \dfrac{\text{GDP}}{\text{有效城市土地面积}}$，其中分子是以当年价格计算的GDP，分母是某行政区的土地面积减去农作物播种面积（或耕地面积）。

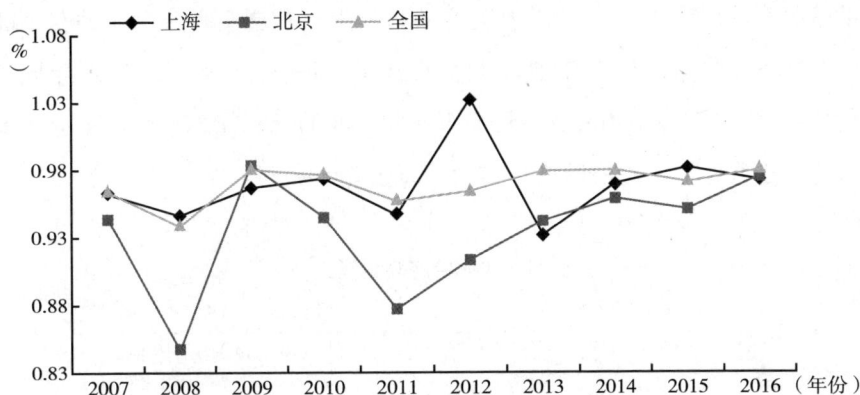

图2 历年上海、北京和全国有效劳动利用率

资料来源：上海市统计局网站和历年上海市统计年鉴。

2015年到2016年上海有效土地利用率是提高的，高于北京，低于深圳，其增幅高于同期的北京和深圳。

表3 2015～2016年上海、北京、深圳有效土地利用率

单位：%

城市	2016年	2015年	增幅
上海	4.443	3.962	12.1
北京	1.564	1.402	11.5
深圳	9.760	8.764	11.3

资料来源：上海市统计局网站、国家统计局网站。

3. 资本收益率高于全国平均水平

资本收益率代表了单位投资所带来的收益，资本收益率越高，企业的盈利能力越强。受限于数据的可得性，我们采用企业的利润除以企业的营业收入（营收利润率）来核算实体经济的获利能力。表4给出了规模以上工业企业和社会服务业（不包含金融和房地产业）企业的获利能力。从中可以看出，2018年前三季度规上工业企业的获利能力较强，高于前两年全年的值，而且高于同期全国平均水平2.7个百分点（前三季度全国规上工业企业的营收利润率为 6.4%）。需要关注的是，规上社会服务业企业的获利能力有可能不及往年，2018 年前三季度的值（7.5%）显著低于 2017 年同期的值（11.4%）。但平均来看，社会服务业企业的获利能力是高于工业企业的。这对于服务业占比接近 70% 的上海来说是有利的。

表 4 实体经济获利能力

单位：%

指标	规上工业企业	规上社会服务业企业
2018 年（前三季度）	9.1	7.5
2017 年	8.4	10.6
2016 年	8.5	13.1
均值	8.7	10.4

注：规模以上工业企业，即年主营业务收入 2000 万元及以上的法人工业企业；规模以上社会服务业企业包括从事信息传输、软件和信息技术服务业，租赁和商务服务业，科学研究和技术服务业，水利、环境和公共设施管理业，居民服务、修理和其他服务业，教育，卫生和社会工作，文化、体育和娱乐业等国民经济行业，年末从业人员在 50 人及以上或年营业收入在 1000 万元及以上的法人企业。

资料来源：上海市统计局网站和历年中国统计年鉴。

（三）经济增长动力

从需求侧来观察经济增长的动力，一般包括投资、消费和净出口，即所谓的"三驾马车"。我们核算了 1998 年至 2016 年拉动上海经济增长的三种动力数据（见图 3）。从中可以看出，三种动力对上海 GDP 的影响可以分为三个阶段。第一个阶段是 1998～2002 年，从时间来看大致上是亚洲金融危机至国内非典爆发前夕。这个阶段，消费的拉动力高于投资，社会消费品零售总额年均增长 35%，消费成为拉动上海经济增长的主动力。第二个阶段是 2003～2008 年，大致是非典爆发至全球金融危机爆发期间。其间，投资和消费的拉动力基本维持在相当水平。第三个阶段是 2009～2016 年，其间消费不仅是拉动经济增长的主动力，而且在 2015 年及以前一直保持在 60%以上，2010 年世博会期间曾高达 73%。与全国经济增长的动力（见图 4）

相比,上海的经济增长动力更加突出了消费的重要作用。相对来说,投资对经济增长的拉动力却不够稳定,自 2009 年以后,一度低至负值,直到最近几年才有所回升。值得关注的是,2016 年消费对上海经济增长的拉动力出现了回落现象,而且 2018 年以来消费增速也出现了大幅回落。

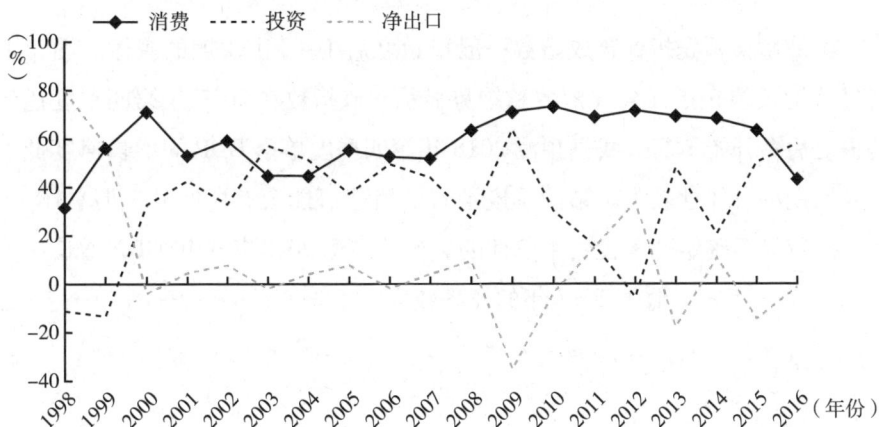

图3 "三驾马车"对上海经济增长的拉动力

资料来源:上海市统计局网站和国家统计局网站。

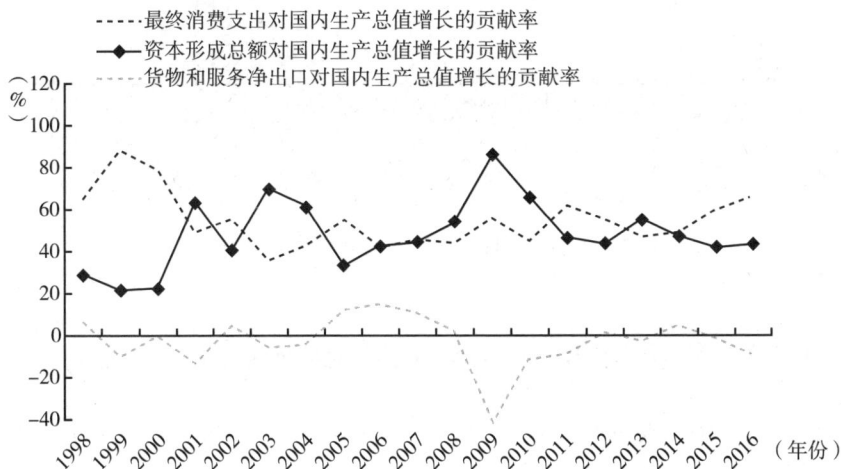

图4 "三驾马车"对全国经济增长的贡献率

三 2019年上海经济运行形势的研判

（一）2018年全年经济增速下行的概率偏大

经济增长领先指标合成指数一般提示之后 1~2 个季度的规律。图 5 上海经济增长领先指标合成指数和趋势显示，该指数在 2017 年第四季度达到峰值之后，开始下行。我们预测 2018 年第四季度单季 GDP 的增长速度低于上年同期的可能性较大。第四季度消费的增速可能会有所回升，但总体上，受国际贸易不确定性和投资季节性的影响，上海 2018 年全年 GDP 增长速度在 6.5%~6.7%，低于 2017 年的概率较大。

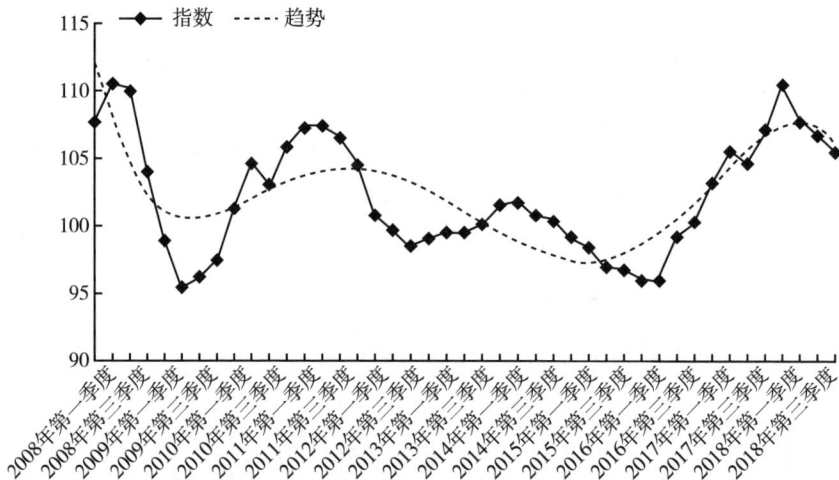

图 5 上海经济增长领先指标合成指数和趋势

（二）各种情景下2019年上海经济形势预判

经济运行除了遵循自身的规律，还受到诸多外部环境和内部环境的影响。根据外部环境和内部环境的不同，我们把 2019 年上海宏观经济增长趋势划分为基准、乐观和悲观三种情景。在不同的情景下综合运用多个计量经济模型进行模拟预测。

1. 情景设定

在基准情景下，外部环境设定为：发达经济体的 GDP 增速与 2018 年前三季度持平；净出口保持平稳增长，市场处于对美国贸易规则的积极调整和适应期。内部环境设定为：消费稳步增加，工业投资和利润增速稳定。在乐观情景下，发达经济体的 GDP 增速高于预期，资本市场资金回流，与美国贸易协商基本达成一致共识，净出口不降反升。消费仍然是扩大内需的主动力，三产投资稳步提升。在悲观情景下，发达经济体的 GDP 增速低于预期，全球贸易环境进一步恶化，净出口负增长；工业企业营收利润率继续下滑，货币政策从紧。

2. 各种情景下上海经济形势预测

在各种情景下，2019 年上海经济主要变量的预测结果如表 5 所示。

表5　2019 年上海主要宏观经济指标预测

单位：%

指标名称	基准情景	乐观情景	悲观情景
GDP 增长率	6.5	6.8	6.3
工业增加值增长率	2.0	3.0	1.0
第三产业增加值增长率	8.0	10.0	7.0
固定资产投资增长率(不含农户)	6.8	7.0	5.5
社会消费品零售额增长率	9.0	10.0	7.9
出口总额增长率	5.0	6.0	3.0
进口总额增长率	9.5	10.0	9.0
CPI 增长率	2.5	3.0	1.1
PPI 增长率	1.5	4.0	− 1.0

注：数据均为同比增长率，预测的样本数据截止到 2018 年 9 月。

采用马尔科夫状态转移等计量模型，结合三种情景下变量参数的不同设定，我们判断，经济处于基准情形是大概率事件，发生的概率为 65.5%，悲观情景和乐观情景发生的概率分别为 23% 和 11.5%。

四 促进上海经济高质量发展的对策建议

2018 年是上海全面贯彻落实党的十九大精神的第一年，是"十三五"规划承上启下的关键之年，也是国际政治经济形势最复杂多变的一年。在这个背景下，我们建议着重从以下三个方面发力，促使上海经济实现更高质量发展。

1. 优化营商环境，释放制度红利

释放制度红利，优化营商环境是重要抓手。通过优化营商环境，可放大供给侧结构性改革的效应。为此，一是要紧密结合政府机构改革，提高各级政府的行政效能。重点是减少审批事项，缩短审批时间，统一审批标准，破除各种潜规则，尤其要解决好一些基层政府部门或工作人员不依法施政，以及不作为、乱作为、瞎作为的问题。二是要加快证照分离改革。重点是梳理、取消照后的各类许可证，能减则减，能合则合，企业最需要看到的是政府尽快排出取消各类许可证的清单和时间表。三是要加大减税清费力度，尤其要清理取消各类收费，大幅降低企业的非税负担，继续阶段性降低社保缴费比例，切实解决好企业成本高企问题。四是要降低公共服务和公共产品的价格，重点是水、电、气、通信等领域，尽管政府已对电价调整做了部署，已经取消流量漫游费，但仍需研究是否还有下降的空间，同时物流成本中的路桥费用等，也应该有所调整。五是要采取必要措施构建好新型政商关系。尤其要保障企业家权利，包括知识产权、财产安全等，使其能全心创业、安心发展、恒心安居。

2. 落实经济政策，激活实体经济

目前，企业家不愿意搞实体经济是一个很大的风险，尽管各级政府的政策措施不少，也确实起到了很好的作用，但在实施过程中依然受到一些企业的诟病。为此，一是要解决好政策难以落地问题。一直有很多企业反映，目前很多政策"不接地气""不能落地""干货不多""不够解渴"，使得企业发展的动力、活力、能力、潜力，以及企业家精神等受到很大影响。以后，凡没有实质性内容和具体措施的微观政策，建议不出为好，出多了反而影响政府形象。二是要解决好政策协调不力问题。在现实中，一些企业在落实产业促进政策或者享受相关政策时，往往会碰到政府内部扶持政策之间缺少协调的情况，由于政出多门，政策出台前缺乏协调，政策出台后牵头单位又难以协调同级委办的意见，结果只能在有限范围内推行支持政策。三是要严格把握各项调控政策出台的准则和门槛。近期来讲，凡是可能增加企业经营成本的政策决不能出台，凡是能够降低企业经营成本的政策要抓紧出台。此外，受上半年以来银根收紧的影响，实体经济面临资金短缺问题，不少民企"投靠"国企，要谨防国企救民企产生的诸多问题。

3. 建设开放型经济新高地，应对外部经济不确定性

当前，面对复杂多变的国际政治经济形势，以及国际贸易保护主义抬头和中美贸易摩擦的现实态势，应通过扩大开放切实推动我国开放型经济上新台阶，持续释放中国国际进口博览会的经济效应。为此，一是与比较成熟的自由贸易试验区联合建立同步扩大开放的压力试验平台，共同推进自由贸易港建设。二是以举办首届国际进口博览会为契机，全面谋划好扩大进口的规模、领域、商品等，作为扩大开放的重要平台。三是针对国内大量消费外流的现实，继续对一部分进口商品实行必要的减税政策，促进消费回流。四是建议以"桥头堡"作用为引领，推进"一带一路"倡议的全面落实。以"节点城市、产业园区、相关项目"为推进策略，予以重点突破，联合国内其他自由贸易试验区建设若干个服务"一带一路"建设的"桥头堡"。同时，充分利用上海与国外建立的一大批"友城"，推进一些合作项目的建设。

参考文献

陈磊、隋占林、孟勇刚：《2015年经济景气形势监测与分析》，《科技促进发展》2015年第11卷第5期。

李扬主编《2017 年中国经济形势分析与预测》，社会科学文献出版社，2017。

张兆安：《稳定企业是稳定经济增长的基础》，《文汇报》2016 年 3 月 22 日。

张兆安、邸俊鹏：《2017 年上海经济运行预测与对策》，《上海经济研究》2017 年第 2 期。

张晓峒：《季节调整软件 NBS-SA 使用指南》，南开大学出版社，2014。

朱平芳等：《浦东新区二次创业指标体系研究》，课题研究报告，2017。

供给侧改革篇

Supply-side Reform

B.2

供给侧背景下上海房地产
发展的分析与思考

姚玲珍　张雅淋*

摘　要： 上海房地产业发展面临国家、城市与市场三大"新"机遇：国家经济发展进入新常态，供给侧结构性改革成为解决深层次矛盾的重大战略部署；城市进入深度转型新时期，追求卓越建设；市场进入"房住不炒"新时代，规模与存量和谐共振。在此背景下，长效机制构建成为当前工作重点。基于长效机制构建的现实基础，本研究从优化供应结构、保障要素供给两个层面，提出政策建议：①推动租售并举，提升住房供给效能；②创新制度激励，丰富住房供给主体；③建立土

---

* 姚玲珍，经济学博士，上海财经大学教授，主要研究方向为房地产经济理论与政策、住房保障；张雅淋，上海财经大学博士研究生，主要研究方向为房地产经济、房地产金融。

地规划动态机制，提高单位产出效率；④发展政策性住房金融，鼓励住房金融产品创新；⑤深化户籍制度改革，均衡基础教育资源配置。

关键词： 上海房地产业　健康发展长效机制　供给侧结构性改革

一　上海房地产业所面临的形势与担负的任务

（一）面临的形势

1. 国家层面：经济长期稳中向好，提质增效成着力点

当前，我国经济步入新常态，稳中向好态势更加明显，供给侧结构性改革成为解决深层次矛盾的重大战略部署，其旨在调整经济结构，实现要素最优配置，提升经济增长质量与数量，最终匹配居民不断升级的消费结构与消费质量。① 国家统计局数据显示，2017 年中国 GDP 达 82.71 万亿元②，相当于 12 万亿美元，增长速度高达 6.9%，比 2017 年初计划的 6.5% 高出 0.4 个百分点。一年的经济增量超过 8 万亿元，折合约 1.2 万亿美元，据测算对全球经济增长的贡献率达 30% 以上。但与此同时，中国经济对提质增效方面的要求也更加紧迫。2017 年 10 月，党的十九大报告提出"创新、协调、绿色、开放、共享"的新发展理念，围绕建设现代化经济体系，推动产业创新、促进企业转型升级，成为今后长期的战略导向。房地产业作为国民经济的支柱产业，在新的发展理念下，如何构建其健康发展的长效机制成为我国经济工作所关注的重点。

---

① 王春丽：《创新视域中的供给侧结构性改革研究》，《经济问题》2018 年第 7 期；王国刚：《金融脱实向虚的内在机理和供给侧结构性改革的深化》，《中国工业经济》2018 年第 7 期。
② 《统计局：2017 年中国 GDP 总量超 82 万亿　全年增速 6.9%》，http://finance.ifeng.com/a/20180209/15979978_0.shtml。

2. 城市层面：上海定位于建设卓越全球城市，进入深度转型新时期

伴随着城市综合实力的上升，上海在全球的地位不断上升，已进入全球城市指数前 25 名。① 但横向比较显示，上海的国际地位与卓越全球城市尚存差距。如在 2014 年普华永道发布的机遇之城指数（City of Opportunity）、2016 年科尔尼咨询公司发布的全球城市指数（Global City Index）排名中均位列第 20 名，位序与纽约、伦敦等城市差距明显。2017 年 12 月 15 日，国务院批复的《上海市城市总体规划（2017—2035 年）》（以下简称"上海2035"）将上海的城市性质确定为："我国的直辖市之一，长江三角洲世界级城市群的核心城市，国际经济、金融、贸易、航运、科技创新中心和文化大都市，国家历史文化名城，并将建设成为卓越的全球城市、具有世界影响力的社会主义现代化国际大都市"②。要实现这一目标愿景，需要推动科技创新与经济、社会、文化、城市发展的深度融合；需要集聚和配置全球范围内引领潮流、掌握资源、具有影响力的人才；需要全方位打造具有认同感、归属感和幸福感的宜居城市。而这一切都离不开房地产业的支撑。

3. 市场层面："房住不炒"新时代，规模与存量共振

党的十九大报告提出，要"坚持房子是用来住的、不是用来炒的定位，加快建立多主体供给、多渠道保障、租购并举的住房制度，让全体人民住有所居"。"房住不炒"的顶层设计宣告了新时代的到来，确定了未来一个长期的住房制度安排，是自 1998 年房改以来最大的制度变化，住房市场的不平衡不充分有望通过长效机制设计得到改变。为更好地满足居民的居住需求，一方面，要回归住房的居住属性，保障居民住房的基本权益，降低住房的财富预期；另一方面，要强化房地产市场的分类调控，遏制热点城市房价过快上涨。此外，就上海而言，2016 年二手房交易额占比高达 72%，已达到成熟国家和市场的水平，进入住房存量时代。③ 除迎合市场需求，增加租赁住房供应规模外，更应注重存量住房的运营管理。应围绕民生和安居两大

① 《美媒：中国城市的世界排名不断上升》，http：//tieba. baidu. com/p/5728138268？ traceid =。

② 上海政府网，http：//www. shanghai. gov. cn/nw2/nw2314/nw32419/nw42806/index. html#。

③ 《何谓存量时代？》，http：//www. sohu. com/a/124496117_ 481741。

重点，"以人为本"，继续完善住房保障体系与房地产市场体系"两个体系"建设，坚持以居住为主、以市民消费为主、以普通商品房为主的"三个为主"原则，多渠道解决居民最为关注的住房问题。

（二）担负的任务

1. 关注住房需求变化，着力住房供给侧结构性改革

在生活水平不断提高、老龄化程度逐渐加深、家庭规模小型化以及二孩政策放开的多重影响下，居民住房需求也呈现新变化。坚持推进住房供给侧改革，满足人们多层次居住需求和提高供给质量，无疑是上海房地产市场当前和今后一个时期的发展主线。

面对人口结构的变化、居住和生活方式的新需求，住房市场也应积极与之相适应，要更加注重空间的合理规划布局，更加注重资源的集约节约利用，更加注重以满足居民的住房需求为导向，适度开发中小套型普通商品住房和节能环保住房，切实服务于"住有所居"。

2. 优化城市空间布局，增加产城融合的住房供应

科学的空间规划应该长期稳定，不尽合理的城市布局则需逐步调整。为防止拥堵等城市病，上海积极疏解中心城区人口，将居住社区越来越多地规划到城市外围。但是这种安排加剧了城市病，也不利于空间布局。一方面，造成了居住地与工作单位严重分离的问题，通勤距离被人为地拉长，拥堵反而更加严重；另一方面，靠近市中心的房价飞涨，并不利于更加注重时间与效率的研发创新和现代服务业等行业的发展。

从未来发展趋势来看，上海应着力于完善城市空间布局，构建"网络化、多中心、组团式、集约化"的城市格局，随着产业结构的调整增加产城融合的住房供应，合理安排住宅、写字楼、商业、现代服务业、物流、工业各类用地之间的关系，优化房地产市场的空间布局，提高资源供给效率，减少闲置浪费。

3. 重点发展租赁市场，切实落实租售并举

上海作为人口净流入的特大城市，具有庞大的住房需求，租赁住房是其

解决居民住房问题的重要手段。上海需着力培育和发展住房租赁市场，促进租赁住房的稳定供应。在继续鼓励个人出租住房的基础上，培育机构化、规模化的住房租赁企业。同时，进行制度创新，引导居民将租房作为住房梯次消费的方式。一方面，优化租赁服务，改善租赁住房的居住体验；另一方面，可探索租金抵扣个人所得税等方式，以此来适度降低租客群体的租金负担。

二 上海房地产业健康发展长效机制构建的成效与不足

（一）经济效应显著，但供求失衡、价格非理性上涨严重

1. 投资规模总体上升，对国民经济贡献显著

2003～2016 年，上海房地产开发投资呈现逐年上升趋势，住宅房地产开发投资虽然在 2006～2007 年出现下降，但 2008 年之后又呈上涨态势。上海房地产业在带动国民经济发展中发挥了巨大的作用。从房地产开发投资占 GDP 比重来看，除在 2009 年，该比重为 9.78% 之外，其余年份均在 10% 以上，2004 年甚至高达 15.79%。与此同时，房地产开发投资增长率与 GDP 增长率的比值除在 2007 年出现急速下降外，其余年份均处在平稳状态（见图 1）。这在一定程度上说明上海房地产业投资规模在整体上处于稳定健康发展状态。

2. 市场存在供不应求状况，住房价格存在非理性上涨现象

从上海市住房销供情况来看，住房销供比总体呈现提高态势，反映了住房市场存在总量上供不应求的状况（见图 2）。而根据市场规律，供不应求通常会表现在价格上。相关数据表明，2010～2016 年上海商品房①销售价格呈现平稳上涨趋势，累计涨幅高达 71.09%；商品房均价增长率/居民可支配收入增长率、商品房均价增长率/CPI 增长率两个指标均呈现波动上涨趋

---

① 因住宅数据缺乏完整指标，故使用商品房数据指标进行分析。

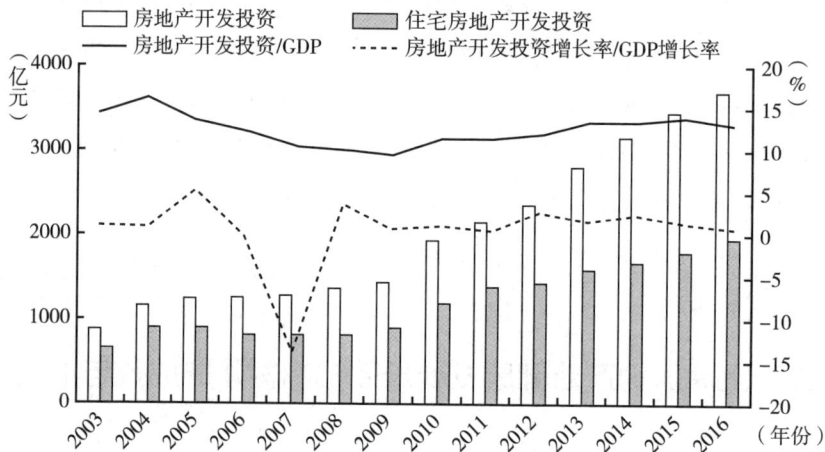

图1　2003～2016年上海房地产开发投资规模及其与GDP关系

资料来源：中经网统计数据库。

势。从商品房均价增长率与居民可支配收入增长率对比情况看，2015年两者差值达到最大，在一定程度上反映了上海商品房价格的非理性上涨（见图3）。同时这也表明上海住房市场发展呈现一定的非稳定性。

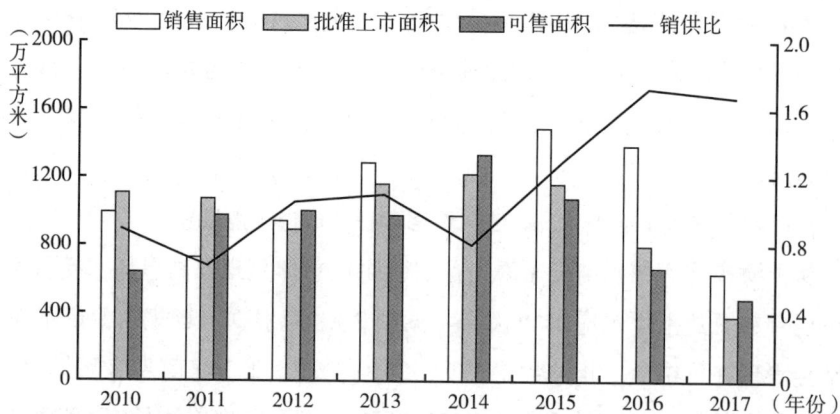

图2　2010～2017年上海市住房销供情况

资料来源：国家统计局、中国指数研究院。

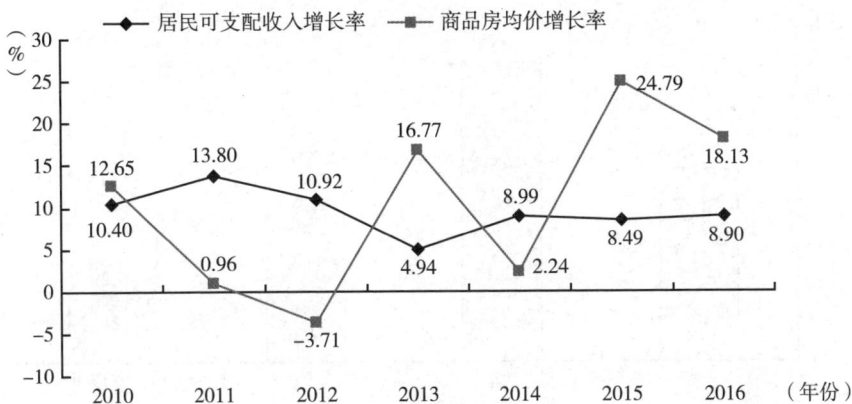

图3 2010~2016年上海商品房均价增长率与居民可支配收入增长率对比

资料来源：根据上海市历年统计年鉴相关数据测算所得。

3. 住房产品供求结构失衡，市场空间分化现象明显

上海住房产品供应结构与实际需求脱节，一方面体现在房型设计上，如图4所示，住房供给以大户型为主，小户型供应不足。而现阶段购房群体多为年轻家庭，其住房或租房意愿更加倾向于节约居住。另一方面体现在区位选择上，上海在逐渐疏解中心城区人口，居住社区将越来越多地规划到城市外围。但一般而言，社区越成熟，租赁需求越活跃。上海市2017年全年的租赁房交易中，内环内活跃小区占比最高，达到42.5%，其次是内中环活跃小区，占比为34.4%，外郊环、中外环次之，最低是郊环外。① 供应与需求脱离，容易造成职住分离。此外，各区域的房价、租金差距明显，存在明显的空间分化现象。

（二）调控机制具有一定综合性和系统性，但重短期、轻长远，分类与精准调控不足

1. 调控政策短期立竿见影，长期效应不足

自1998年房改以来，从上海房地产调控实际看，各项政策大多只注重

---

① 《〈上海市住房租赁市场发展报告〉首度发布》，http：//www.sohu.com/a/217528277_10001 0098。

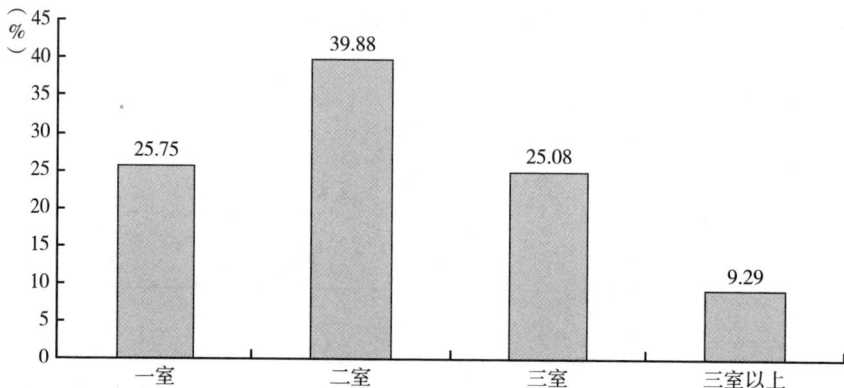

图4　2017年上海住房市场户型供给结构

资料来源：上海财经大学房地产数据库。

短期目标，效果立竿见影。例如，当2004年上海商品住房销售价格和面积上涨幅度超过全国平均水平，2005年上海便立刻通过取消个人住房贷款优惠利率，提高首付款比例以及开征差别化营业税的方式来抑制房价上涨，取得一定的效果。① 再如，2016年3月25日，上海市政府发布相关文件，规定非上海户籍居民购房需连续缴纳个税及社保5年及以上，拥有1套住房的居民家庭再买自住房首付款比例不低于50%，购房人在申请贷款时应承诺首付款为自有资金。而在该项规定生效的前一天，一手房成交量便创造史上单日成交纪录1706套。网签系统甚至贴出公告称，网上合同备案系统签约时间延长至24时。政策效应非常明显，在该项政策发布半个月后，上海楼市出现"量价齐跌"的状况，开发商也纷纷加快推盘节奏。这种情况屡见不鲜，每轮调控的主要政策都是针对当时的市场状况，但尚未建立一套能够维持长期稳定发展的政策机制。

2. 调控机制具有一定综合性和系统性，但分类调控与精准调控不足

基于上海房地产业快速发展的实际，针对各阶段特点，上海房地产业调控能综合采用金融、税收、法律、土地等手段，总体而言，各项调控手段可

---

① 唐旭君、姚玲珍：《上海商品住房市场宏观调控机制研究》，上海财经大学出版社，2013。

在宏观层面上实现综合应用，目标明确，但在具体领域却缺乏较为准确的制度规定。一方面，在市场分类上，目前的调控手段大多是针对住房销售市场而言的，对租赁市场特别是对长租公寓市场发展的规范与激励不够；在如何运用大数据加强对住房租赁线上交易的管理和调控方面，也非常滞后。另一方面，在精准调控上，尽管调控历程中限购、限贷、首付款比例等多个细则内容均有所涉及，但在市场实际运行过程中，精准调控的水平尚待提高。

3. 房地产市场调控陷入房价越调越高的怪圈

商品住房市场存在严重的失灵现象，价格为主导的"看不见的手"无法有效地发挥作用。与此同时，国内外长期实践也证明，仅仅通过市场的自身调节，难以实现总量和结构的均衡。因此，政府会运用法律、经济、行政等手段，通过对供给端、需求端、价格以及信息对称等方面进行规制或调控。2005 年，国务院办公厅《关于切实稳定房屋价格的通知》更是将房地产调控上升到政治高度，之后两年调控进一步升级。然而，2008 年，受金融危机影响，加之住房供求矛盾有所缓解，房地产市场开始降温，调控也进入放松阶段，降准、降息等宽松金融政策以及地方政府鼓励住房消费等相关政策的推行，助推房地产市场迎来新一轮的暴涨。

2009 年 12 月以来，房价过快增长，调控再度加码。2014 年开始，全国房地产市场呈现区域分化特点，一线城市房价飞涨，二线以下城市则出现供过于求状态。政府陆续实施控制价格、限制交易及收紧信贷等紧急措施。然而，这依然阻挡不了房地产市场的进一步扩张，由市场反映出来的结果是房价越调越高。

三　构建上海房地产业健康发展长效机制的政策建议

长效机制是使制度能够长期运行并发挥预期功能的制度体系和运行机制，更加重视政策的稳定性、连续性和可预期性。[①]　房地产业调控长效机制

---

① 朱庄瑞：《经济新常态背景下我国房地产市场长效机制建设研究》，《现代管理科学》2016 年第 10 期。

是指有利于中国城镇化的长期发展、人口的合理聚集以及空间的科学分布的机制,同时也是有利于房地产业的供求短期均衡与长期均衡不断趋近的机制。在全面深化改革的新形势下,房地产业长效机制的构建,必须将政府、市场和社会等多元利益群体纳入有序框架,构建和创新各类机制体系,从根本上化解中国住房市场的脆弱性难题,以促进中国城市住房市场可持续的稳健发展。[①] 鉴于此,本研究提出上海房地产业健康发展长效机制体系,如图5所示。具体的,长效机制由四大主体机制和两大配套机制构成。四大主体机制包括税收体系重塑机制、住房产品结构供应优化机制、土地供应规划动态调整机制、资金融通规范机制;两大配套机制包括住房消费引导机制和公共服务配置机制。六大机制相互依存、相互影响,其核心可归纳为重塑税收体系、优化供应结构、保障要素供给三个层面,其中,重塑税收体系主要针对需求端发挥作用,后两者主要针对供给侧实现效果。本研究将重点阐述构建供给侧长效机制的建议。

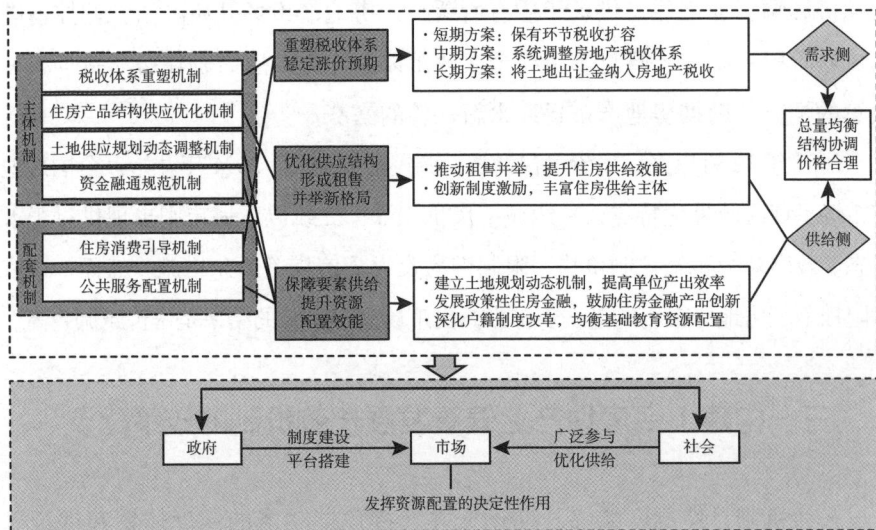

图5 上海房地产业健康发展长效机制体系

---

① 杨继瑞、丁如曦:《中国城市住房市场的脆弱性及其化解路径》,《经济社会体制比较》2014年第5期。

（一）推动租售并举，提升住房供给效能

上海商品住房市场表现出"重售轻租"的发展不平衡现象，租赁市场发展明显滞后、不充分，住房市场的租售比例失调导致住房价格持续走高。租金回报率整体偏低，不仅抑制房源拥有者的出租意愿，又进一步加剧了住房市场的租售分割。对此，建议在供应渠道上进行创新，增加租赁市场上住房总量，盘活销售市场上住房存量，优化住房产品供应结构。

1. 增加租赁住房供应总量

（1）供应租赁住房专项用地，优化租赁住房供应渠道

上海市以城镇建设用地专项供应租赁住房的形式在当前受到广泛关注，区位优势明显、国企拿地、底价成交是其共性。这也在一个层面说明这一新兴租赁住房供应渠道的问题所在：一是对租赁住房用地价值认定的困惑；二是对土地这一国有资产流失的担忧。对此，建议如下：①在明确建设商品租赁住房的土地用途、土地使用年限和租赁住房开发投资的合理报酬率三个关键参数设定上，通过对土地所在位置当前住房租赁价格和未来区域租赁价格变化趋势预测关键假设，科学合理确定租赁住房用地价格；②合理设定土地供应参数，防止国有资产流失，鼓励民营企业参与；③在出让合同中明确"租转售"时的地价补偿机制。

（2）鼓励集体土地建设租赁住房，增加郊区新建租赁住房供给

集体土地上的租赁住房入市在很大程度上会平抑租金水平，具有一定的保障性质，主要是解决中低收入者及夹心层的"住有所居"问题。而研究发现，上海租赁住房的需求特征非常明显。在上海需要租房的年轻人中，对于合租的需求占比达到61%，整租的需求占比达到32%，可整可合的占7%。[①] 合租需求的主导地位，可以从侧面说明小户型租赁住房供给的严重不足。为此，建议租赁住房的供应以一室为主（如一室占比不小于70%），并适当控制其单套面积大小，符合上海租赁人群的户型及面积需求偏好。对

---

① 链家研究院：《2016 年度上海房地产市场（大数据研究报告）》。

于具体面积，建议参考公共租赁住房的标准进行。

（3）利用产业结构调整，改工商业房产用于租赁住房

一方面，上海的工业房产占比，在 2011 年和 2015 年分别为 21.34% 和 22.40%①，大大高于纽约（4% 左右）、东京（5% 左右）等城市，不符合国际经济中心城市的定位。工业房产逐渐减少是必然趋势。另一方面，上海正在进行产业结构调整，将许多生产率低、不符合上海产业发展方向的企业转移出去，留下较多存量工业房产。如果全部将其进行土地收储，在整理土地后由国家改变土地性质并出让，再建设其他房产，需要很长时间。因此，建议选择地理位置和房屋主体结构合适的工业及商业房产，将其改建为租赁住房。据调研，目前租赁住房经营企业改建这类工商用房的时间只需 3~6 个月，可以快速增加租赁住房供应。而且，这类房产由企业整体租赁给租赁住房经营企业，签约时间一般为 10~20 年，如此也有利于政府今后对这类土地的整体规划和重新利用。

2. 盘活销售住房存量

北大光华 REITs 课题组发布报告指出，全国存量市场已达到 180 万亿元规模，一线城市更是以存量为主，北、上、深 2016 年二手房销售额已分别是新房销售额的 3.3 倍、1.6 倍和 2.3 倍，房地产市场开始进入"存量房时代"。② 如何盘活销售住房存量，挖掘存量住房改善发展空间，走一条质量型发展的新道路，是当前推动住房销售市场健康发展的主要思路。

从国内实践来看，2016 年，杭州突破原有监管服务模式，建立"杭州市二手房交易监管服务平台"；2017 年，平台充分运用互联网技术，整合行业大数据，实现了市区全覆盖。通过这种方式，将存量住房纳入统一监管平台，实现了存量房供需两方面的信息对称。上海可借鉴杭州的经验，搭建二手房交易监管服务平台，打造闭环式二手房交易智慧网络平台，既能充分盘

---

① 《上海统计年鉴》（2012 年、2016 年）。

② 《租赁住房市场当前面临的一些主要问题》，http://news.officese.com/2017－12－13/6233.html。

活存量住房，又能有效阻止问题房源的挂牌申请，有效保障消费者合法权益。

3. 优化住房产品结构

如前所述，上海住房市场在房型设计与区位选择上均存在供需脱节的问题。对此，建议增加小户型住房供应尤其是在住房租赁市场，但租赁房应契合高、中、低三个档次。在区位选择上，应适当考虑住房租、购群体的区域性需求差异。租房群体对靠近市中心区域的需求更大，这主要与城市公共交通集中于中心区域，而租房群体日常出行更加依赖公共交通有关。因而，在住房产品区位供给上，可考虑在靠近市中心区域适当增加租赁住房供给。

（二）创新制度激励，丰富住房供给主体

党的十九大报告提出，中国特色社会主义进入新时代，社会主要矛盾已经转化为人民日益增长的美好生活需要和不平衡不充分的发展之间的矛盾。如何进一步完善多主体住房供应体系，满足多层次住房需求，实现全体人民"住有所居"的目标，成为现阶段中国住房市场发展和住房制度改革的关键内容。充分发挥市场机制作用，丰富住房供应主体，是进一步优化发展与住房购买需求和租赁需求相匹配的住房供应体系的必然选择。

1. 以机构租赁为主导，壮大住房租赁市场

从国际经验看，机构型住房租赁主体可以出于不同目的，以不同组织形式从事住房租赁。如果将其分为成本型租赁主体和营利型租赁主体，就上海而言，目前前者主要由政府公租房公司参与，后者主要是市场性的专业租赁企业。

相比其他国家和地区，上海住房租赁市场的机构参与者构成仍然非常单一。参考德、美、日等国经验，结合上海实际，本文提出丰富租赁市场参与者的思路（见图6）。

具体建议如下：①鼓励现有专业租赁运营机构发展长租公寓。上海租赁市场空间广阔，租客的居住需求也在由"有的住"向"住得好"转变，

```
                    ┌──────────────┐
                    │  住房租赁体系  │
                    └──────┬───────┘
            ┌──────────────┴──────────────┐
    ┌───────────────┐            ┌───────────────┐
    │  成本型租赁类   │            │  营利型租赁类   │
    │  （成本定价）   │            │  （市场定价）   │
    └───────┬───────┘            └───────┬───────┘
     ┌──────┼──────┐              ┌──────┴──────┐
 ┌────────┐┌────────┐┌────────┐ ┌────────┐┌────────┐
 │公租房公司││企事业单位││农村集体 │ │专业租赁 ││房地产开发│
 │（政府） ││住房合作社││住房租赁 │ │公司    ││企业    │
 │        ││        ││组织    │ │        ││        │
 └────────┘└────────┘└────────┘ └────────┘└────────┘
```

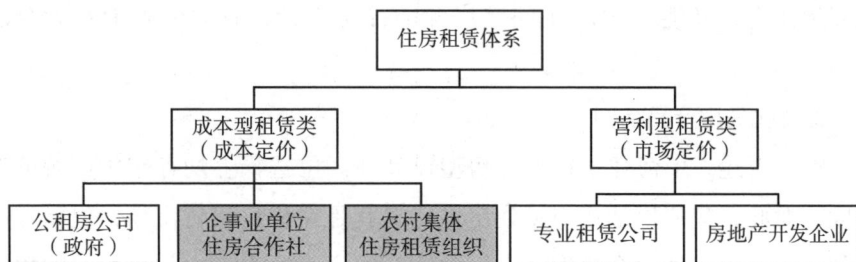

图6　上海住房租赁市场参与者构成

长租公寓可通过资源整合并提供标准化服务，有效解决租客在租房时遇到的一系列痛点。②允许国有企事业单位自建租赁住房。我国大型国有企事业单位自建租赁住房有三大天然优势：一是单位大多设基建部门，具有住房建设管理能力；二是自建住房，更易吸引优秀人才；三是单位内有闲置土地，可用于建设成本型租赁住房。③允许小产权房用于租赁，组建农村集体经济组织。城市边缘的小产权房，是我国城市化发展过程中的一个现实问题，将小产权房纳入城市成本型租赁住房，运用农村集体统一管理模式规范其运营，既可以作为城市低收入者住房供给的重要来源之一，也可作为解决小产权房问题的突破口。④坚持土地开发中部分用于租赁，使开发商成为租赁市场主体。上海自2016年开始，实施在居住用地出让中要求开发商将部分持有用于出租的尝试，这是一个较好的举措，应该在较长时间内坚持下去。

2. 发展非营利性组织，优化住房销售市场

从完善住房供应体系的视角来看，中国需要深化发展住房销售市场，既要调节增量，也要盘活存量，突出多元供应主体在住房市场体系优化中的重要作用。当前，上海销售住房市场中的供应主体主要是商品房开发商和居民家庭，缺少住房合作社、社会团体等非营利性组织。

国际上，法国、德国等国家最早成立住房合作社等非营利性组织，距今已有200余年历史。目前，遍布世界40多个国家和地区，数量超7万个，社员2000余万人。一些欧美国家的住房合作社数量不一，少则数百，多则

数千，已成为解决住房问题的主要形式之一。

参考法、德等国经验，结合上海实际，本文提出优化住房销售市场参与者的思路（见图7）。

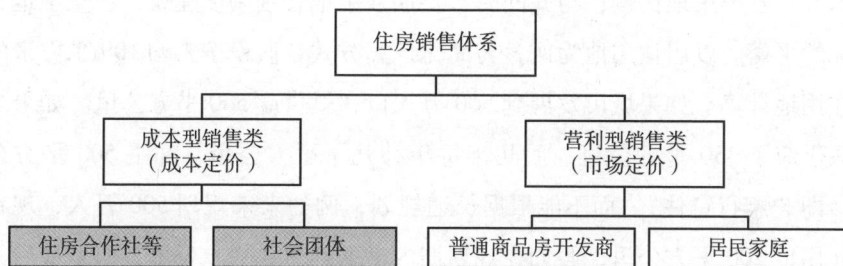

图7　上海住房销售市场参与者构成

具体建议如下：①制定住房合作社产权归属及市场化的办法。根据国际经验，住房合作社的法律地位一般通过立法确定，其经济性质、组织原则、社员权利和义务等也都有相关规定。因此，发展住房合作社，首先要制定住房合作社产权归属及市场化的办法，根据不同主体的负担比例差异化产权归属；同时，出台市场准入管理细则，调动社会积极性。②在住房金融方面应有所倾斜，对合作建房者，适当放松个人抵押贷款的发放，延长贷款期限，降低贷款利率，简化贷款手续等。③鉴于其非营利性，合作社建房、社会团体建房等都应享受国家的有关优惠政策。通过政策优惠，降低运行成本。④建立一套完整、高效、精干的组织管理机构，确保住房供应体系运行的经济、科学与高效。

（三）建立土地规划动态机制，提高单位产出效率

土地是房地产业发展的根本性核心资源，土地的供应规划将在相当长一段时间内影响各类市场行为主体的预期和决策，因而房地产业的长效机制应首先从土地供给的完善着手：从数量角度提高房地产业土地供求的匹配度；从适度提高容积率角度提升土地集约利用效率；根据城市人口规模建立动态评价指标体系和完善动态维护管理规则。

1. 根据城市人口变动，动态调整各类用地比例

城市的土地供应总量是有限的，但城市人口总量是变动的。建议借鉴"爬行钉住汇率制"[1] 思想，使土地爬行跟踪钉住城市人口总量和结构变动，动态调整各类用地比例；与此同时，要加强土地管理制度建设，注重土地各指标的平衡。以居住用地为例，为简化计算方式，假设按人均 100 平方米的居住用地计算。如果城市发展到 500 万人口，就供应 500 平方公里。如果之前只供应了 350 平方公里，后几年每年补几十平方公里，补平 500 平方公里，即"爬行钉住"。而不能根据长远规划，例如未来规划 500 万人，现在居住用地 200 平方公里，假如在规划期内增加到 500 平方公里，但是最后人口却只增加了 100 万人，那么就会造成土地资源的浪费和错配。[2]

2. 增加租赁用地供给，满足租赁房建设需求

租赁用地的供给可分为城镇建设用地专项供应（即"只租不售"地块）和集体土地建造租赁住房两种。

"只租不售"地块的推出，从理论上讲，必然会挤占商品住房用地，在一定程度上会使存量住房和部分增量住房变得更为稀缺，从而可能引发新一轮的房价上涨，加剧"炒房"行为。为此，可借鉴美国模式，在规划上绑定不同地段土地开发权，鼓励开发商在开发较好区位土地的同时，联动开发与其绑定土地的租赁房项目；同时，可借鉴德国等国的经验将房租稳定纳入调控范围。

在集体建设用地上建设租赁住房，既是农村土地制度改革的深化，也是新型城镇化大背景下住房供应体系的发展。当然，集体建设用地上建租赁住房，也应坚持"因地施策"原则，避免阶段性的过度建设或供给不足；同时，应探索建立集体建设用地租赁住房的金融支持体系，鼓励政策性金融机

---

[1] 所谓爬行钉住汇率制（crawling peg），是固定汇率制和浮动汇率制的折中，是视通货膨胀情况，允许货币逐渐升值或贬值的一种汇率制度。在此制度下，平时汇率是固定不变的，但视通货膨胀的程度而定，必要时可每隔一段时间做微小调整。

[2] 资料来源：根据黄奇帆 2017 年 5 月 26 日在复旦大学《关于建立房地产基础性制度和长效机制的若干思考》演讲报告整理。

构为集体建设用地租赁住房的建设与租赁，提供相对优惠的信贷政策。

3. 适度调高容积率，提升单位用地产出效率

作为"宗地"内单位土地面积上允许的建筑容量，容积率是反映城镇建设用地利用效率的重要指标。对开发商而言，容积率决定地价成本的占比；对住户来说，容积率则关系到居住的舒适度。

根据"上海 2035"，上海将实现规划建设用地总规模负增长、规划建设用地只减不增，重点通过推进集约用地和功能适度混合来提升土地利用绩效。为更好地调控人口与居住用地规模之间的匹配关系，可适当提高居住用地的建筑容积率。如果以上海"十三五"规划提供的住房用地供应 5500 公顷为测算基础，按照目前高密度居住用地容积率控制指标 2.5% 来计算建筑面积，即 5500 × 2.5 = 13750（万平方米）。假设将容积率提高到 3.0%，那么建筑面积 = 5500 × 3.0 = 16500（万平方米），可增加 16500 - 13750 = 2750（万平方米）。按照 2017 年末上海城镇人均住房建筑面积 36.7 平方米计算①，增加的建筑面积可容纳 2750/36.7 = 74.93（万人）。同理，如果将容积率提高到 3.5%，则增加的建筑面积可容纳 149.86 万人。

（四）发展政策性住房金融，鼓励住房金融产品创新

作为资金密集型产业，房地产业的发展需要发达规范的资本市场作为后盾。房地产业长效机制的构建需要进一步优化资金供给机制，既要发展政策性住房金融，又需鼓励住房金融产品创新。

1. 发展政策性住房金融，降低企业融资成本

美国的政策性住房金融体系比较完善。其突出特征是，建立"政府特许机构"（Government Sponsored Entity，GSE），专门从事住宅金融服务，在住房抵押贷款一级市场上增补信用，在二级市场上以证券化等方式提高住房抵押贷款的流动性。德国也已形成以契约储蓄制度为核心的住房市场融资机制，其中，契约储蓄以自愿互助性储蓄为主，以政府奖励为辅。借鉴国际经

---

① 资料来源：http：//news. officese. com/2018 - 4 - 7/7577. html。

验，建议上海可成立单独的政策性住房金融机构，建立规范的公司治理结构和资本金制度。一方面确保以政府为主导的住房基本保障的资金供应，另一方面引导商业企业拓展保障性住房供给，更有效地发挥资金效用。政策性住房金融机构的资金来源主要包括四类：一是政府保障性住房建设的预算拨款；二是住房公积金存款；三是居民住房专项储蓄；四是政策性住房金融机构发行的住房建设债券。

2. 发放住房租赁贷款，开辟间接融资渠道

从 2017 年 11 月初中国建设银行进军住房租赁市场起，租赁贷款成了房地产金融的热词。当然，银行除了为地方政府和开发商或长租公寓机构提供授信服务外，有的直接与企业联手，向市场推出长租房源，并发放租房建设和安居贷款。此外，阿里、京东也将金融引入了租赁市场。京东已上线白条租房功能，通过京东金融旗下小贷公司给用户授信租房。

无论是免押金租房还是贷款租房，各金融机构无不加大介入房屋租赁市场的力度。过去支持开发商建房、个人买房是以开发贷、个人按揭贷款等方式，而现在发展房屋租赁市场则是通过支持机构发放租房贷的方式。如此一来，既可为租赁市场的融资提供新思路，又可借助互联网工具实现供需双方信息对称，让租户充分感受房源真、租房快、品质优的租房体验。这对于购房市场有很大的分流作用，对抑制房价也有一定积极功能。鉴于此，建议政府在政策上积极鼓励金融机构通过租赁贷款发放形式支持住房租赁市场的发展，并考虑通过适当放开利率浮动限制等方式，放宽间接融资渠道，实现资金有效利用。

3. 加大政策支持力度，推进房地产投资信托基金发展

房地产信托投资基金（Real Estate Investment Trusts，REITs）是一类由专业管理机构对分散投资的不动产标的实施管理的产业投资基金，它以发行股票或收益凭证的方式汇集投资者的资金，并将投资收益以分红方式分配给投资者。[1]

---

[1] 王庆德、闫妍：《我国房地产信托投资基金税收制度的问题与建议》，《税务研究》2017 年第 8 期。

国外成熟市场的 REITs 产品通常可享受一定税收优惠。首先，建议上海也可探索"优化税基，降低税负"的扶持政策。可借鉴美国做法，例如，缩短现有 20 年的租赁房屋主体结构的折旧期限至 10 或 15 年；对装修成本按照 5 年计提折旧，抵扣应税所得等。前者可使重资产租赁企业受益，后者可为轻资产租赁企业减税。其次，也可通过财政直接补贴、设立保证金账户、设立租赁房建设公益基金等方式为租赁性住房营运提供财政补贴，提高住房租赁投资收益率。最后，搭建 REITs 公开交易和退出平台，简化审批流程，积极推进由私募向公募转变。具体操作如下：其一，以证券交易市场和银行间市场为基础，建立公开交易场所，实现个人和机构投资者的 REITs 份额自由买卖，以交易转让替代持有到期。其二，降低投资准入和转让门槛，放宽投资人数限制，保持市场活跃度。其三，完善上市登记和退出机制，鼓励现有 REITs 计划对接上市。

（五）深化户籍制度改革，均衡基础教育资源配置

城市公共服务主要包含公共医疗、社会保障和教育资源三方面，而教育资源是最受社会各界广泛关注的。基础教育资源、户籍与住房所有权，是"三位一体"的。发展租房市场，或者租购同权的落地，关键在于改革户籍制度，均衡基础教育资源配置。

1. 推进户籍制度改革，降低基础教育资源与住房的关联度

中国户籍制度的本质，在于户籍背后附加了诸多行政、经济或福利功能，造成城乡和区域间差异。户籍制度改革的目标是建立城乡统一的户籍管理制度，从而可以剥离教育、医疗、养老等公共福利与户籍之间的关联，提升社会整体的经济效率。[①] 改革的过程并不是一蹴而就的，需要逐步推进。

居住证制度是户籍制度改革的内容之一。当前，上海在办理居住证方面，各区、各街道都有不同的要求，有的区域要求一套房子只能办理一个居

---

① 黄燕芬、李志远、张超：《坚持"房住不炒"深入推进房地产市场供给侧结构性改革》，《价格理论与实践》2018 年第 2 期。

住证,有的要求办理居住证必须业主本人出面等。这些规定就导致居住证的办理相对不会特别顺畅。为此,建议上海全市统一居住证申领程序,实行属地化人口管理;针对不同群体,逐步优化积分制度,细化居住证转常住户口和落户政策及其之后的教育资源分配问题,逐步弱化基础教育资源与住房的关联。

2. 优化基础教育资源配置

基础教育阶段的学校(中小学)都具有空间服务范围或招生范围。在多数情况下,只有居住于学区之内的适龄居民才有资格获得学区内公立中小学校所提供的教育服务。对于购房群体而言,重点中小学教育质量是影响其需求和产生溢价的主要原因;对于租房群体而言,虽然有"租购不同权"问题的存在,教育质量不会直接资本化到租金中,但出于高素质(收入)居民购买学区房而使得邻里社区品质提高、这些住房为跨区就读重点学校的家庭提供便利性等原因,住房租金也可能会形成溢价。

优化基础教育资源配置,均衡师资是核心。为此,首先,统一核定教师编制,实行统筹和动态管理。对于关注度较高的热点学校,推进集团化办学、校长教师交流轮岗等,扩大优质教育资源覆盖面。其次,加大教育投资力度,给予弱校一定财政补贴,完善教师薪酬福利制度,优化培训体系,引培结合提升教师队伍的水平。最后,稳步推进"公民同招",加强对民办学校的规范化管理。通过区域试点方式快速验证政策推行效果。与此同时,加强对民办学校的规范化管理,建立星级评估制度,对通过相应等级评估的民办学校给予表彰和奖励等。

B.3
上海推进农业供给侧结构性
改革问题研究

郭 岚*

摘 要: 农业、农村、农民问题历来是全党工作的重中之重,要坚持把坚持农民主体地位、增进农民福祉作为农村一切工作的出发点和落脚点,突出农业发展优势,重点促进创新和供给侧结构性改革,迅速促进农业发展形式的转变,推进农业稳定发展的同时提升农民收入。现阶段,上海需要围绕市场需求变化,以保障有效供给、增加农民收入为主要目标,优化农业产业体系、生产体系和经营体系,着力破解农产品供需不匹配、农业补贴精准度不高等问题,促进农业发展绿色、生态、健康和可持续,尤其是在"质"方面下功夫进行转变。

关键词: 上海农业 供给侧结构性改革 现代都市农业

"三农"问题一直是党工作的关键核心之一,要想很好地完成全面小康的建设任务,应该把坚持农民主体地位、增进农民福祉作为农村一切工作的出发点和落脚点,以理念创新解决好"三农"问题,凸显农村、农业的特色和优势,在创新方面加大力度,促进其在供给侧结构方面进行改革,让其

---

* 郭岚,上海市社会科学院副研究员,博士研究生,主要研究方向为农业经济、城乡关系。

发展方式得到迅速转变，从而在推进农业稳定健康发展的同时提高农民的收入，以高效产出、产品安全健康、资源合理利用、环境良性发展的现代化农业，实现新型城镇化和农村发展建设双核驱动、互为动力，让广大农民平等参与现代化进程、共同分享现代化成果。《中共中央　国务院关于深入推进农业供给侧结构性改革加快培育农业农村发展新动能的若干意见》提出，国内在农业方面的主要矛盾已经从总量不足向结构性转变，表现就是局部供大于求和供给不足两种情况同时存在，而矛盾凸显在供给侧方面。"十三五"规划提出要"着力构建现代农业产业体系、生产体系、经营体系，提高农业质量效益和竞争力，走产出高效、产品安全、资源节约、环境友好的农业现代化道路"。2017年中央农村工作会议也提出"要坚持新发展理念，把推进农业供给侧结构性改革作为农业农村工作的主线，培育农业农村发展新动能，提高农业综合效益和竞争力"。

一　上海推进农业供给侧改革的新内涵

（一）农业供给侧改革的概念

2015年的中央农村工作会议第一次将"农村供给侧结构性改革"提上议程，这项改革的重点在于"去库存、降成本、补短板"。也就是说要提升农产品的加工效率，在发展方面要对规模进行适当控制、对生产过程中化肥和农药的不合理使用进行控制、加强社会化服务，不断提升农业效益，通过降低成本的形式来提升其竞争力，加强基础设施等方面的建设，扩大紧缺产品的生产规模。当下，国内在农业方面存在结构性的过剩及紧缺这两个突出的问题。一是一些政策导致了市场价格机制无法正常的形成，过于侧重粮食生产而产生高库存，就拿玉米来说，其库存量和一年的产量相当，就形成了严重过剩问题；二是质量特别好的产品往往供不应求或者极度紧张，高生产成本致使国内和国外形成了倒挂现象，粮食就有了进一步依赖于进口的趋势，其中表现最为突出的就是大豆。和进口产品相比，国产大豆在质量和价格方面没有任何优势可言，这样就导致国内大豆在库存上越来越高，也大大打击了种植者的积极性，最终导致产量不断下降。要想妥善解决这些问题，则需要从制度上进行改革，为更加先进的生产模式在政策方面奠定基础；再基于对农村生产方式的调整来达到去产能、降成本的目的，规范可持续的粮食价格并形成良好的补贴机制，充分发挥市场的作用，以高竞争力的农业产品实现对国家粮食安全的维护。

1. 农村土地制度层面

就土地这种要素而言，现存的撂荒、过度耕作这两种现象都清晰地表明其在资源配置方面出现了严重的结构问题，致使土地并没有得到充分的利用，这必然使土地在使用效率及粮食产出率方面存在较大的问题。因此，亟须对当前的土地流转制度进行健全和完善，让土地资源得到最大化利用，解决土地供需在结构上的问题。土地流转制度的完善和调整作为农村进行供给侧改革的第一步，只有与实际情况结合并严格执行下去，才有可能进一步提升农民在生产方面的积极性，避免出现过度垦荒等情况的出现；对农业经营的新型实体进行大量培育，实现农业生产向集约化、机械化、规模化发展；充分有效地对农民合法权益进行保护，为农村多元经济发展奠定基础；尽可能多地将农村剩余劳动力解放出来。

2. 农业生产经营模式层面

在农业供给侧改革时有几个重要的要素要深入考虑，具体的是耕种地、经营投资、技术进步和诱导需求、供给这四个要素。要对农业生产链的复杂性进行充分思考，采用单一或简单的经验方式或组织形式是没有办法解决相关问题的。环节和形态多、规模不大、高度分散这些问题都使得农产品成本较高、技术缺乏、质量不能得到保证。所以，对农村经营制度、组织制度进行创新和改革是势在必行，以土地流转制度为切入点实现农村土地的集约化经营，对新型农民进行培养，第一是要对新型农业经营主体进行培育，以此激活农村土地产权这个市场，从而发展集约化农业；第二是要对农业经营服务主体进行重点培育，形成服务多元化的经营组织形式，并将经营和服务这两个主体有机结合，实现纵向和横向一体化规模的提升。

3. 农产品价格机制层面

眼前，国内粮食市场中最主要的矛盾之一为粮食安全与成本二者间的矛盾，一是因为国家实行的粮食补贴政策，让存储量的成本非常高；二是因为国外在粮食进口方面有很强的价格优势。处理这个矛盾，需要做两方面工作：①对粮食价格机制进行调整，让市场将其主体作用充分发挥出来，从而对供需进行调节。从 2004 年之后，粮食行业向市场化方向转变，这种改革方向无疑是正确的，然而长时间实行的托底政策，致使粮食价格和市场差距不断加大。当粮食价格正常后，国家只需保留既定库存则可。②对粮食补贴政策进行改革。从过往的"一刀切"向种植大户、家庭农场等经营主体合理倾斜，就政策层面推动农村向集约化经营转变。另外，进一步加大力度促使新型农业保险迅速在农村落地，尽可能降低粮食价格问题对农民收入产生的影响。所以，一定要在保证粮食安全和价格的同时充分保障农民的利益。

（二）农业供给侧改革的特征

习近平总书记于中央经济工作会议中明确："深入推进农业供给侧结构性改革。这是供给侧结构性改革的重要一环。要适应农业由总量不足转变为结构性矛盾的阶段性变化，创新体制机制，推进科技进步，优化农业产业体系、生产体系、经营体系，加快实现农业向提质增效、可持续发展转变。"

切实推行农业供给侧改革，是对以前推行的农业结构调整和农村工作的一个传承及延续，但也要花更大的力气进行创新并谋求发展。以往工作的重点在于解决农产品数量平衡问题，当下既要促使数量平衡还要重点关注质量，形成可持续发展；以往重点是从农业生产结构进行考虑，当下在关注产业结构的同时还要侧重产业、经营结构，帮助农民实现有效增收；以往都是在农业生产力范围内的调整，当下既要凸显生产力发展还要加强体制方面的改革，从而提升内生动力。农业供给侧改革，是一项范围广、层次深，从思想上转变的工作，因此，一定要严格遵循党中央的总体要求，并结合实际和各地特色积极创新执行，切实深入开展这项工作。

1. 要把握创新体制机制这个主要着力点

农业供给侧改革的唯一方式是深化改革，以改革的方式进行结构调整。以体制机制创新为手段对资源要素的潜力进行充分挖掘，在不断解放生产力的同时不断发展，对传统的动能进行提升，让新动能得到培养和壮大。

2. 要把握形成市场导向这个关键切入点

农业供给侧改革的终极目标是充分满足需要。通过对当下不合理的农业供给结构进行改革，更加有效地满足需求，因此一定要将市场在资源配置中的关键作用发挥好，通过市场的力量进行结构调整，减少甚至避免无效供给的产生，大力提升有效供给。政府部门要认清自己的立场，不可以越俎代庖，尽可能地强化政策引导，不断提升服务水平，形成并维护一个优良的市场环境。

3. 要把握提高质量和效益这个根本着眼点

农业供给侧改革最主要的方面为提升供给质量，从而实现农业在综合效益及竞争力方面的提升。必须坚持以质量兴农的方针，促进农业科技不断进步，全面提升农业生产率。必须坚持效益强农方针，让一、二、三产业有机的融合发展，从整体上提升农业效益，从而使农业在所有产业中形成很强的竞争力。

4. 要把握促进绿色发展这个重要关切点

农业供给侧改革，在具体执行时一定要以人民为中心，想群众之所想，要在绿色、健康、生态、优质的农产品供给方面下功夫。要将"绿水青山就是金山银山"的思想在意识形态中扎根，在建设方面要加快资源节约和环境友好型农业的建设，让农业发展、生态协调、环境不断改善三者进一步有机结合和统一。

5. 要把握增加农民收入这个基本立足点

农业供给侧改革的成功与否，要以供给体系是不是得到优化、效率是不是得到提升、农民收入是不是得到提升、各种实惠是不是能够享受到为标准。而对于改革的成效，可将农民的钱袋子是不是鼓起来作为评判的标准。

农业供给侧改革，直接关系到我国农业以后的发展，一定要在方向上进行严格把控，因此要做好三个确保工作：①确保粮食生产不可减少。保障粮食安全无疑是国家最重要的事情，何时何地都不可放松。改革要维持粮食总量的平稳，让粮食生产出现普遍预期及共振。②确保农民收入不断提升且不可逆转。在进行改革时可能会出现阵痛现象，无论如何要确保农民的利益，不能让其收入水平降低，不能出现城乡差距加大的情况。③确保农村不出现不稳定的因素。在正常调整和出台措施时，要对各个阶层的承受能力进行深入思考，尤其是农民阶层，要切实考虑到当下农村还是一家一户的社会现实，在节奏及力度上进行掌控，一定不可出现顾此失彼的问题，政策措施的主要目标群还是普通农民，要对农民的意愿进行充分尊重。

所以，农业供给侧改革，一定是基于保证粮食安全的前提，以市场需求为导向，以提升农民收入和确保有效供给为最终目标，以提升农业供给质量为指导方向，以体制机制改革和创新为基本手段，从而对农业涉及的生产体系、经营体系进行优化，提升土地产出率、资源合理利用率、劳动生产效率，进而让农业由对资源的严重依赖并以满足量为目的向绿色、生态、可持续、满足质方面迅速转变。

二 上海推进农业供给侧改革的新情况

（一）上海都市农业的相关概念

1. 上海都市农业的内涵

现代都市农业是在社会经济发展至一定水平的时候，以城市区域为基础并为城市服务，让城乡和谐发展、功能和业态丰富健全、产业良好融合的一种综合体系，是城市经济及生态体系中的重要构成。在上海其已经形成为现代农业的一种业态，其特殊之处有以下几方面：①地域方面，农业和城镇用地相互交织融合，让农业和城市联系、互动更加深入和充分；②功能方面，农业自身的功能得到最充分发挥，并且在经济、生态、服务等方面得到集成（如服务城市、生态环保、绿色健康、创新、富民等），农业的经济能力得到充分的显现（如原材料供给、生活资料保证、就业增收等），并产生生态功能（提升绿化率、对生态进行调节、灾害抵抗等）、服务功能（休闲、旅游、示范等）；③发展模式方面，以上海农业的优势为出发点，以高效农业为主要发展模式。

2. 上海都市农业的特征

从 20 世纪 90 年代始，上海农业的发展方向就定为都市农业，伴随社会经济的发展，上海形成的都市农业也发展到全新阶段，较国内其他地域，其有自身的优势和特殊情况，主要表现为：①在总的体量上比较小，农业增值在 GDP 中所占比重不高，在全市的 GDP 增值中第一产业仅仅占 0.44%，在体量上的弱小导致上海在农产品方面极度依赖外来供给；另外，农业的小体量也为城市支援农村、工业反哺农业铺平了道路。②农业收入在农民总收入中比重比较低。目前，超过七成的土地被流转，尽管大多数农民有土地承包经营权，却已经不再从事农业工作。③都市农业特性清晰，在农业的多功能方面有非常强的意向和诉求。就农业上海而言其作用已经不再是单纯的保证供给和实现经济诉求，而是更侧向于应急保障、环境保护、生态调节、文化传承、教育基地等。

3. 上海都市农业的效益

从效益方面来看，上海都市农业具有经济、生态、社会、文化等方面的效益。所以，在对上海都市农业进行效益提升的时候其目标也必须是多元化协同的。①基于人、自然和谐发展的总体要求，让种养以良性循环的方式发展，全面实行标准化、清洁化的生产原则，将绿色消费作为市场导向，全面进行优质、安全产品的生产开发，建立由农田至餐桌全过程优质安全的保障网，充分发挥农业的生态功效。②与高投入、高产出、高效益画等号。让上海高土地级差地租、资源属性比较优势的内在要求得到充分满足，也是带动农民致富的必然要求。效益方面的提升，一定要基于生态这条红线，提升土地、资源、劳动等要素的综合效益，进一步提升上海农业的影响力及带动、服务能力。

（二）上海都市农业发展情况

1. 都市现代绿色农业发展有序推进

充分利用上海科技、人才、资金、市场等方面优势，全面提升都市现代绿色农业综合生产水平。①调整优化粮食种植结构。调优种植茬口布局，夏熟两麦面积比上年减少 26.2 万亩，减幅达 45%，绿肥和冬季深耕面积达 102 万亩。继续调优水稻种植品种，扩大早中熟品种种植。②菜篮子产品供给稳定。针对连续高温天气，抓好防灾抗灾措施落实，保障"夏淡"期间的稳定供应，地产蔬菜上市量 248.2 万吨，其中绿叶菜上市量 133.3 万吨。畜禽养殖业继续减量提质增效，现代渔业稳步发展。③编制上海市都市现代绿色农业发展三年行动计划（2018~2020 年），以绿色发展为引领，以品牌建设为抓手，以质量效益为目标，提出了推进绿色生产、提升农产品质量等七项主要任务。

2018 年 1~2 季度，种植业产值 54.39 亿元，下降 3.8%；林业产值 3.13 亿元，下降 3.7%；牧业产值 23.64 亿元，下降 24.3%；渔业产值 22.25 亿元，增长 12.9%；农林牧渔业总产值 110.98 亿元，下降 3.0%（见表 1）。全市农作物播种面积 29.63 万公顷，比上年减少 13.3%，其中，粮食播种面积 14.01 万公顷，减少 13.5%。粮食产量 99.55 万吨，比上年下降 11.2%；生牛奶产量 19.36 万吨，下降 11.38%；水产品产量 14.20 万吨，上升 21.29%（见表 2）。截止到 2017 年末，上海全市有 1670 家企业 7289 个产品获得"三品一标"农产品认证。其中，绿色食品证书使用企业 209 家，绿色食品 305 个；无公害农产品证书使用企业 1450 家，无公害农产品 6957 个。

表1　2018年1~2季度上海市农业总产值

单位：亿元，%

指标名称	1~2季度全市	同期增长
农林牧渔业总产值	110.98	-3.0
种植业	54.39	-3.8
林业	3.13	-3.7
牧业	23.64	-24.3
渔业	22.25	12.9
农林牧渔服务业	7.57	251.2

资料来源：上海统计网。

表2　2018年1~2季度上海主要农产品生产和存栏情况

指标名称	全市	同期增长
生猪出栏	75.08万头	-27.98%
生猪季末存栏	108.09万头	-12.29%
家禽出栏	438.69万只	-40.24%
禽蛋产量	1.58万吨	-10.43%
生牛奶产量	19.36万吨	-11.38%
奶牛季末存栏	5.99万头	-12.02%
水产品产量	14.20万吨	21.19%
海水产品	8.15万吨	34.56%
淡水产品	6.05万吨	6.88%
蔬菜产量(不含食用菌)	143.15万吨	-6.7%

注：范围包括上海市8个郊区县和浦东新区行政区划内所有的建制乡镇、行政村、涉农街道及涉农居委会辖区内的生产经营单位和农户；上海行政区划内的市属、其他农业生产（经营）活动单位；域外是指上海光明食品集团所属的外地农场。

资料来源：上海统计网。

2. 农业现代化水平进一步提高

（1）农业基础设施建设加快

高水平粮田、设施菜田建设有序推进。截止到2017年底，上海全市累计建成设施粮田面积86.53千公顷，市级蔬菜标准园150家，标准化畜禽养殖场304家，标准化水产养殖场270家。超额完成11000亩标准化水产养殖场建设任务。以标准化的思想进行水产养殖，是上海第一个在国内提出并实施的有关渔业发展，并对基础设施进行大力建设的项目，是非常好的支渔惠渔政策。

（2）农业科技信息装备水平不断提升

以市场需求为导向，以企业为主体，构建农业科技创新平台，推动产学研结合。大力发展农业信息化，利用信息化手段，指导生产，引导市场，改善管理，强化服务。①促进农业科技不断创新和实际应用推广，并加快相关创新中心建设，完善农业科技成果转化机制，修订《上海市科技兴农项目立项评审管理办法》《上海市科技兴农项目验收管理办法》，制定《上海市农业科技成果转移转化实施细则》。②大力发展种源农业，加大国家级"育繁推一体化"种业企业的培育力度，积极推进本市水稻供种体系改革、畜牧和渔业种源工作。祥欣畜禽有限公司获首批全国生猪遗传改良计划种公猪站、大白种猪遗传进展全国第一和全国育种工作优秀奖三项农业部荣誉。鱼类良种覆盖率达 96%，虾类良种覆盖率达 50%。③提高农业机械化水平，完善农机设施用地政策，全年新增烘干能力 3000 吨，蔬菜机械化生产推广力度进一步提升。

（3）农产品质量安全监管力度不断加大

坚守农产品质量安全底线，全市未发生重大农产品质量安全事件，农产品质量安全处于可控状态。①提升农产品质量安全监管能力，加速形成农产品在质量安全方面的可追溯体系。尽快完成农产品质量安全示范市创建，嘉定、崇明两区被农业部列为第二批"国家农产品质量安全县"创建试点。全年对农产品进行质量安全监督抽查 970 份，总体合格率 99.38%。完成兽药质量监督抽检 217 批次，兽药残留监控计划 400 批次，监测合格率均为100%。②完善农业标准体系，稳步开展"三品一标"认证，全市在有效期内的认证农产品总数达到 6866 个。③强化农业投入品管理，制定《2017 年上海市农资打假和监管工作要点》《关于实施食用农产品产地准出和市场准入制度的意见》，建立地产食用农产品全程监管机制。

3. 新型农业经营组织快速发展

随着农业生产的机械化、组织化和规模化水平不断提升，上海都市现代农业加快发展，农产品供应保障能力不断增强，上海全市粮食种植面积保持在 150 万亩左右，菜田面积稳定在 50 万亩，主要农作物生产综合机械化水平达到 83%，农业劳动生产率达到 8.5 万元/人，居于国内领先水平。上海全市有农业产业化龙头企业 383 家，全年实现销售收入 1275 亿元，生产基地建设规模 375 万亩，带动本地农户 10.5 万户；农民专业合作社 7806 个，年销售额 1000 万元以上的农民合作社 215 个；家庭农场 4516 户，家庭农场水稻种植面积 58.62 万亩，占全市郊区水稻种植面积的 50.78%。农业生产已逐渐成为体面的职业，45 岁以下的中青年家庭农场经营者占全市家庭农场经营者总数的 24%。

4. 农村改革取得新进展

深化农业农村制度改革，激发农业农村发展潜力。①积极培育新型农业经营主体。全年发展家庭农场 4516 户，其中粮食生产家庭农场 4041 户，占全市水稻生产总面积的 50.78%，粮食生产的组织化水平明显提高。②稳定并完善农村土地承包关系。全面完成农村土地承包经营权确权登记颁证工作，完成率达 99.6%，为全国最高；建立健全市、区、镇三级农村土地流转交易和管理平台，积极引导土地集中流向高能级、高水平的经营主体，承包地流转率达 75.1%。③深化农村集体产权制度改革。村级改制完成率为 98%，镇级改制完成率为 50.8%；积极推进《上海市农村集体资产监督管理条例》立法工作，成为 2016 年中央 37 号文件发布后的全国第一个地方性法规；积极引导农村集体经济组织发展不动产及物业和租赁管理项目，发展壮大农村集体经济，确保农村集体资产保值增值。

（三）上海都市农业发展存在的问题

1. 农业产业延展性不强

产业延展性有待进一步提升，在产业链方面还有很大的增值空间可以挖掘，2016 年，上海第一产业从业人数为 43.43 万人，形成的生产总值为 124.26 亿元。台湾地区同比数据为第一产业从业人数 54.4 万人，形成生产总值 580 亿元，约为上海的 5 倍。同时，上海食品链的延展性并不强，因此农业产业链增值空间有待挖掘。2015 年，在农林牧渔方面劳动力占比为 3.42%，食品饲料制造占 1.2%，销售业（批发）占 0.93%，销售员（零售）占 0.32%，餐饮业占 2.79%。农食链上的从业人员占社会从业人员的 8.66%，农、牧、渔三个产业就业人员和延伸产业就业人数的比为 1∶1.53。在台湾，2015 年，其就业人数为 189 万人，占总就业人数的 17.1%，农食链生产总值为 11650 亿元，占 GDP 的 7.3%，也就是说有 16.7% 的人员是在农业产业链上工作的，而一线和延伸产业上的人数比为 1∶2.45；日本农业年总值为 8.5 兆日元，而其食品延伸产业总产值却达到 75 兆日元，基本上是农业生产总值的 9 倍[1]；英国年农业食品总值为 960 亿英镑，从业人员为 380 万人，占总就业人数的 14%[2]。

2. 农地的规模化程度较低

根据联合国粮农组织的统计数据，我国大陆地区农地的规模化程度较低，93% 的经营单位小于 1 公顷，户均耕地面积仅为 0.8 公顷左右。和欧美相较而言，我国农场规模较小。2011 年，美国的家庭农场规模平均在 95 公顷，并且 50 公顷以上的农场占总数的 44%，占总面积的 94%；欧盟所有成员的平均家庭农场面积在 14.2 公顷，在规模方面，法国、德国、英国分别达到 53.94 公顷、55.85 公顷和 90.37 公顷。在亚洲，家庭农场的面积普遍较小，日本为 1.8 公顷，韩国为 1.4 公顷，中国台湾为 1.1 公顷。这些年来，日、韩、中国台湾等地区都在大力推进农场规模化经营，就日本而言，其规模化的比例要超过八成。虽然这些年来，上海一直在大力推进家庭农场发展，但是小规模的家庭农场依然是重头。2016 年统计数据表明，上海的家庭农场有 3555 家，就每家 120 亩的面积进行计算，其规模也仅仅为 40 多万亩。

3. 农业对政府有较强的依赖性

农业的经济效益普遍偏低，所以其必须提升经济效益，这种提升基本上

---

① 张国益：《安倍政权之农业成长产业化之评析》，台湾农村经济学会，2015。
② 资料来源：*Food Statistics Pocket Book*，2013。

依赖政府进行相关的政策扶持。因为上海农业的体量不大，政府可以在农林牧渔等方面给予较大的支持。相关统计表明，2015 年上海在农林水方面的支出为整个农业增加值总额的 1.45 倍，2016 年更达到近 1.5 倍。① 根据国家农业示范区域的相关检测数据，2014 年在示范区农务支持农林牧渔增值的比例为 18.3%，国内在这方面的目标值为 20%。就全球其他国家在这方面的支持情况不难看出，至 20 世纪结束，欧美等发达国家财政在这方面支出比例的平均值都高于 25%，20 世纪 80 年代日本就达到 35%。② 以上数据表明，上海在这方面的支出是远远高于国内其他省区市的，也高于欧美发达国家，这充分说明上海对都市农业的关注和重视，但也从侧面表明上海的都市农业有点过于依赖政府的财政支持，而这种大力支持显然是无法长久持续的。

4. 农业缺乏高素质的人力资本

现在国内的二元结构是非常显著的，农业是传统的且效率低下的产业。在这种情况下，农民进行农业生产是由自身和外部条件共同作用的必然选择，这也是农业方面从业者素质低的原因。就欧美发达国家在这方面的状况而言，农民不只是身份的标签，已经上升成为一种职业并且有不低的门槛。就美国、德国而言，农民必须拥有高等教育的经历，最低也要获得中职教育证书。当下，发达国家对农民培训方面的资源和经费投入越来越大。但就上海的状况而言，2016 年，上海地区相关证书的农民比例为 49%，从农业技术推广领域来看，国外农技人员在学历方面都要求是研究生时，上海这方面的人才学历在大专以上的仅为 69.30%。

5. 农业的综合效益不明显

就农业效益而言，其一方面是直接用农产品的经济效益来评估，而另一方面则可以用农业的生态效益来衡量。作为典型都市农业的上海农业，需要将生态效益放到更高的位置上来开展工作，就当前农资（主要是农药、化

---

① 资料来源：《上海统计年鉴》。

② 资料来源：世界银行发展报告。

肥）的投入力度而言，上海与欧美发达国家还有非常大的差异。从2014年、2015年的数据来看，上海的亩均农药、化肥用量为1.37和1.34千克、29.5和29千克；农药用量分别是德国、美国、日本的6.3、8.5、1.6倍，化肥用量是欧盟、美国、日本的3.7、4.2和2.1倍。单位能耗形成的增值方面，上海当下为1.7万元/吨标准煤，在1995年日本则达到4万元/吨标准煤，而2000年韩国为2.7万元/吨标准煤。根据《国家现代农业示范区建设水平监测评价办法（试行）》，国内全面实现农业现代化后这方面的目标值为3万元/吨标准煤，当下上海距离这个目标都还有一段路要走。

6. 农村的基础设施还有待完善

根据相关的统计，2015年上海9个区县的农民合作社由网络平台销售的农产品比例还不到30%，而农户更是只有仅仅的6.4%。① 受制于规模、受教育程度等，其网络渠道的销售量非常低。调查表明，超过八成的合作社都表示由电商促进农产品消费的成本非常高，这就从侧面说明了上海在农业物流方面还要进一步改善。

三　上海推进农业供给侧改革的新思路

（一）上海推进农业供给侧改革的新模式——实现"三新"

1. 新农业

新的产业理论认为，可以把国民经济划分为六个产业。除传统的一、二、三产业以外，信息公共平台支撑的电子商务及服务业为第四产业，文化公共平台支撑的文化创意及服务业为第五产业，一、二、三产业融合的综合产业为第六产业。现代农业不再是第一产业，不再是单纯的种植业、养殖业，它的新定位是"第六产业"。六次产业的理论突破，有利于破解城乡二

---

① 资料来源：根据2015年国家统计局上海调查总队在上海9个区县中抽选297户农户（种植蔬菜、水果）和379家蔬果专业合作社开展电子商务促进农产品销售情况的调查数据。

元结构问题、发展现代农业。要实现农业从一产、二产、三产，一直发展到拥有最高附加值的一端，就必须促进全产业链升值。一、二、三产业如何降低系统成本，提高生产效益，产业融合是关键。产业融合不仅要降低生产成本和改变技术手段，还要进行商业模式的创新。其中最关键的是充分提升第四产业和第五产业的自身价值，而第四产业和第五产业本身具有独立价值，同时这两个产业又是一、二、三产业融合的核心手段、核心平台。

2. 新农村

广大的新农村就是未来城市化布局的方向，《国家新型城镇化规划（2014—2020 年）》明确提出要建立信息化的田园城镇，把农村建设成信息化、城镇化的新农村，要促进城乡基本公共服务均等化。[①] 2013 年，中央一号文件首次对"美丽乡村"的目标进行明示，必须更加深入开展农村生态、环境保护、综合治理的工作。"美丽乡村"要求实现外美的同时体现出发展的美。因此，必须加强农村基础设施建设，加大环境保护和治理力度，形成良好的生态环境，提升农村经济水平，帮助农村提效、农民增收。实现城乡的协调、同步发展，让广大群众真真实实地感受到幸福和满意。

3. 新农民

新农民，是职业化、专业化的农民。新农业的条件下，农民自然会走向职业化。2014 年的中央农村工作会议已经明确农民不再是一个身份，而是一个体面的职业，开展农业工作也是"有面子"的生活。农民工、大学生都是职业农民的重要来源。只要一、二、三产业融合的新农业发展起来，就会有更多的人成为职业农民。

（二）上海推进农业供给侧改革的新理念

以当地的市场优势为靠山，进行品牌建设，实现宜粮则粮和宜经则经，重点形成以高品质瓜果为抓手的特色农产品，提升其竞争力。以市民的消费需求为指向，充分遵循生物自然规律，在各个区域有针对性地进行特点新产

---

① 中共中央国务院印发《国家新型城镇化规划（2014—2020 年）》，中发〔2014〕4 号。

品开发，迅速调整和淘汰落后的种类。在种植结构及茬口上进行安排，大力推行三三模式，适当降低小麦种植量，扩大深受市民欢迎的优质早、中熟水稻面积。从结构上进一步完善蔬菜品类，对绿叶菜的品种及品质进行提升。以200万生猪储栏量为标准进行生猪养殖量调控，适当调整牛奶产能，进一步稳定鸡蛋产量，适当发展草食畜牧业。不断深入推进水产养殖结构调整，提升高品质、名优水产的养殖量，大力推进生态高效循环养殖模式，并在节水节地养殖上大力探索。

（三）上海推进农业供给侧改革的新路径

若想顺利达到现代农业发展目的，一定要在科技、体制方面进行创新，在生产、生态、服务、示范方面形成"四位一体"，让上海农业由以往的传统农业向现代农业、从单一生产向全面服务、从引进向创新、从量向质等全面转变。

1. 新农村建设战略

首先，加强和农业生产生活有关的基础设施和环境建设，有效提升农村生活质量。在农村基础设施、公共服务方面加大投入，让功能更加多样、布局更加合理，让农村生活的面貌迅速发生改变，尽快降低城乡公共事业的差距，让城乡一体化进程更快。

其次，促进城乡基本公共服务均等化。形成并完善村级管理服务在财政保障方面的制度，提升村级组织在政策执行方面的补贴量，让公共财政可以很好地深入农村管理、服务、福利等方方面面，强化推行教育、医疗、文化、体育等优质公共资源向农村地区延伸拓展。

最后，狠抓对基本农田和乡村环境的改造。基于科学规划、基础第一、资源统筹的原则，实施乡村改造事宜，其应侧重于修缮、功能提升，让田园风光及江南水乡的格局和生态完整保持，让历史文化得到传承和沉淀，把基础设施及配套规划纳入城乡一体化进程中，让农村的生产生活环境得到真实的改善。

2. 农业深度开发战略

让上海在农业生产方面切实地从粗放向精细、品质转变，要花大力气妥善解决生产和加工、掺入和流通、设施和生产行为标准化这三个问题。积极引进和现代农业相契合的加工业，让农产品工业化率得到提升，提升农产品的深加工率及其附加值。不断加大"农超对接"等的力度，让优质农产品形成品牌效应并构建完善的网络平台，建立健全产地农产品市场体系。加强和世界其他农业发达和先进区域的交流合作，如技术、管理、人才、产品等方面，形成知名的新兴农产品，推进先进农业科技的展示、跨区域采购的配送服务等。形成农业从业准入制，让农业设施标准化、生产标准化的培训同步进行，实现"两手抓两手都要硬"的目标。

3. 农业发展方式转变战略

在策略方面，要以科技为支撑，以市场为导向，以组织为载体，以服务为依托，就"扶、改、调、创新、提升"这五个方面做足功课，从而实现高效生态的现代农业。

（1）政策扶持

切实贯彻"城市支持农村、工业反哺农业"的总方针。以工反哺农，突出重点是"反哺"。政府扶持要和实效结合起来，在以下四个方面取得突破：①合作社组织类型及数量；②线上销售点的数量及全覆盖；③科技、良种、技术等方面；④人才、农民培训、方式等。

（2）改革农业经营体制机制

打破镇域行政管理界限，加强农业专业化管理，加大农业要素统一配给和一体化力度，提升相关园区的引领带动力。进一步加强农村集体资产产权的改革，开展并落实集体资产股份化及宅基地置换的试点工作，让农村土地流转活起来。

（3）调整优化农业结构

促进农业科技、种源、人才、服务、生态、循环、设施等现代化发展。加大农业结构的调整及优化力度，对农业区域进行精确的功能划分和定位。充分发挥科技、大都市、口岸农业的销售及市场优势，加强域外农产链模式的发展。

（4）建立上海农业创新体系

对科技和农业、业态和经营、文化和产业等进行创新，形成和上海形象完全契合的生态、循环、优质的农业新体系。通过这些创新，力争实现经济、社会、生态的有机统一，力争在农业科技创新及应用、农业产业经营等方面达到领先地位。

（5）提升农业能级

从组织、设施、产业、能级等多方面进行全面提升。①提升生产标准及规模化水平。对农业基础设施进行全面建设和完善，尤其是在基本农田区涉及的基础设施方面，加强农业涉及的桥、设备、灌溉等方面的建设，提升农田对自然风险的防范能力。②在农业实物和价值产能上实现新的提升。促进点面结合，对优势产业要进一步加大扶持力度，对具有特色的区域和产品加大提升强化力度。③建立健全农业的社会化服务体系，具体要形成高效、覆盖广、优势突出的农资、农机、检测、保险、培训等服务体系。

4. "三品"战略

切实落实"三品"（品牌、品质、品种）战略，从科技层面提升兴农的力量，从各方面形成现代农业的支撑体系，将具有优势的农业科技作为发展的重点，在种源方面也要做大做强，特别是在品质结构方面。在"减量化、再利用、节约资源"等方面开展农业的低碳循环试点，尽可能引入新型、高效、危害小的生物来源的农药及肥料。大力发展标准化农业，严把质量关，特别是农产品加工、销售环节要加强检测、监管，保证原产地农产品是优质、生态、健康、安全的。将市场作为发展的导向，通过多方面的整合形成优质农产品的知名品牌。

5. 非农就业转移战略

增加非农就业率，对部分农村富余的劳动力进行有效转移，尽可能减少农民数量，让农业增效保证农民增收，此为缩小城乡差距的有效方式和途径。

首先，形成和完善城乡一致的市场和就业机制。以户籍的方式对农村富余劳动力情况和城镇失业人口情况进行统计，从全市就业规划方面进行统筹；落实城乡一致的就业机制和用工制度，在城乡劳动力的地位和权益落实方面做到公平、公正；科学合理配置城乡劳动力，区、镇两级要制定好和执行好对各种企业、经济体雇用当地农民的奖励机制。鼓励创新创业，在解决自身就业问题的同时尽可能地带动农民就业。其次，加大农民、非农人员在执业技能方面的培训力度。要对工业园、开发区企业雇用人员进行对应式职业技能培训，对有技术含量且收入较高的"灰蓝领"开展相关的职业培训是重中之重，通过这种方式提升就业率和群众的平均工资收入。最后，一定程度上鼓励具有区位优势的地方适当发展劳动密集型产业，大力支持非公经济的发展。基于统一规划，让各个镇域尽可能地发挥其优势，积极主动地承接主城区部分产业的战略转移，引入具有巨大市场、效益高、生态环保的人口或资本密集型产业群，发展对大工业有配套作用的服务业，鼓励发展民营经济、农业的社会化服务，从内部扩展就业空间。

四　上海推进农业供给侧改革的新动能

（一）延伸农业产业链

适应市场，延伸产业链，以农业＋食品产业链为着手点，在生产中提升质量、增加效益、节约成本，在食品产业链方面通过延长产业链和增值，让产品更加实用，从而让产品的附加值更高。要着重鼓励食品产业中的龙头企业通过向上延伸产业链来提升农民收入，鼓励农民尤其是有一定经营规模的农民、合作社等从事农业经营的主体，基于大农业，进行创业创新，鼓励"第六产业"的发展，作为主体身份参与到市场中并共享其增值带来的效益。

1. 以链提效，大力推进农业"第六产业"

农地作为上海农业的限制性因素，如果想更进一步提升农业经营效益，提升农民经济收入，就一定要打破传统农业的思维限制，扩大农业的提升空间,这就必须在产业链延伸上下大力气。①从观念上进行转变,从经营模式上进行创新。尽可能提高都市农业的效益,这就要求经营主体和市场结合并迅速适应市场的竞争,从这点来看思维观念的转变必须是第一位的,同时再以现代经营的方式和手段对传统农业进行改革。在满足本地市场的同时还要以网络、物流业等实现配送网,把整个"地球村"作为销售市场。②大力提倡和鼓励农民进行创业和创新,让农业向下游发展,通过这种方式把农业资源、市场结合起来,以主体的身份不断延伸产业链,从特色产品加工、销售和旅游方面实现增值。更加关注"第六产业",有针对性地进行规划,从资金、用地、指导等方面给予更加清晰的支持。③由政府组织构建"农食一体化"体系和产业发展的政策体系。从理念上进行农业施政,把农业和食品产业放在同一体系中,形成完善的"农食链"产业的统计系统,从而为制定相关产业政策提供数据支持;打破体制限制,探索把食品产业的有关职能和农委对接,从而让"农食"相关的产业链能最大可能地做大做强。此外,扩展农业经营从而更好地适合现代农业和市场的需求,尽可能满足人民对种类、数量、高质量、良好体验等多方面的不同需求,通过经济创新的方式促使农业增值增收。

2. 以质提效,培育地产农业品牌

上海在发展都市农业时应该充分发挥其区位优势,在有效发展特色产品的同时尽可能地提升产品质量,对相关产品的品牌进行培育,提升相关产品的附加值。大力发展和推广生态农产品。生态农产品在适应市场需要的同时还更加契合都市农业在生态方面的需求。上海要遵循国家要求,从社会、生态、经济效益等方面进行农业综合效益评价,对发展生态农业的要提升其补贴力量,让经营生态农业的农民既可以提升产品价值带来收益,还能获得尽可能多的转移支付;对具有特色的农产品进行品牌培育,在质量和特色的基础上形成农产品品牌,这是相关产品溢价的重要手段,上海可以花大力气打造一个统一的农产品品牌。上海农业相关的职能部门、行业协会等组织可以采用大量举措进行约束和引导,让本地农产品在质量方面得到保障,对优势品种进行培养,让本地农产品得到市场认可的同时具有较高的知名度,给大家一个上海农产品可与高品质画等号的印象，从而让上海区域的农产品溢价整体提升。

3. 以游提效，推进上海都市农业旅游

上海应该把农旅作为重点增效产业，推进特色和生态农业发展的时候，让农业景观、农耕文化和体验从无形发展为商品，如此可以大幅提升农业效益。上海发展的都市农业旅游一定要有政府在政策和规划方面的统筹。要想让农业景观和文化都能呈现出来，就不是单家单户能够完成的，因此，政府必须从总体上进行有关农业旅游的规划及支撑；将市场的力量充分发挥出来，在旅游产品方面积极创新，发展都市农业。将市场这一资源引入其中，不断满足市场的需求，将上海都市农业发展为重要的旅游产业；同时，联合发展，抓住农业旅游的重要作用，带动其他产业发展。除此之外，各个景点可以联合发展，一方面可以制定科学的旅游路线，另一方面可以在不同的时间安排不同的景点；更重要的是不断开发相关产业，以农业旅游促进食宿产业以及其他商品的消费。

（二）提高农业要素配置效率

1. 积极完善家庭农场

不断提升农业效益，尤其是大田作物，规模化的发展是其必经之路。农业用地流转时，在相关的政策上做出适当的改进，如承包权的退出等相关政策。现在，上海从事农业种植的人口越来越少，相应的农业经济效益也在这些家庭中的占比逐渐下降，很多农村人口不再依赖农田，而农用土地的相关制度对承包权有特别大的限制，影响到土地的重新配置，权利的分配太过细碎。所以，农业用地操作的中间机构必不可少，该机构可以逐步实施承包权的相关措施，不断推进规模化发展。推动劳动力转移，提高城镇化水平。相应的，上海应不断推进农业方面相关劳动力转型。2016 年，上海从事农业种植的人口 454500 人，耕地面积达到 200 万亩，平均下来，每人仅有 5 亩。若要求每人耕地面积达到 3 公顷，则只需 4 万 ~ 5 万人，由此可知，上海需要大力推进农业方面的劳动力转移。

2. 促进农业经营效率的提升

从事农业生产经营，还需要投入一定的资本，上海在这方面主要存在以下两个缺陷：①从带动效果上看，资产产出并不理想，没有起到相应的带动作用，政府方面投入了大量资本，但是效果仍然不太理想；②对政府的依赖太强，要注重市场机制，充分发挥市场的作用，合理进行资源的配置，不仅要充分保障农民的相关权益，还要积极引进社会资本。一方面，积极推进社会资本的引入。为了充分保护农民的相关权益，社会资本在进入时会有较多的顾虑，为进一步发展都市农业，提高效益，尤其是在发展第六产业的过程中，上海应积极引进社会资本；同时，政府要保障农业用地实实在在地开展农业生产活动，并在这方面进行严格的监管。另一方面，将社会资本投入农业服务以及相关产业，尤其是在农业服务以及农产品加工等相关领域，政府应该大力支持，引入社会资本。对于政府而言，可以设立相关的扶持款项，在资本引进的过程中，对符合条件的进行相应的补贴。以这种形式，对相关的专业人才进行支持，并满足他们的某些需求。

3. 加强对职业农民的培育

不断提高经营水平，并出具专业证书，在专业人员比例不断提升的过程中，不断提高劳动人民的素质，使农民的收入水平也有一定的提升。第一，建立完善的专业认证体系，对农民的管理进行细化。在我国，农业人口还占我国人口总数的很大比例，农民主要还是依赖田地，国家在农民的细分管理方面工作开展相当困难，也没有这个必要。但是，对于上海而言，不管是农业人口还是农业用地都不是很多，真正从事农业生产的人员不断减少，应借鉴其他发达国家在这方面的经验，对农民的管理进行细分，并在认证方面建立相应的制度，与相关政策的实施相配合，实现精准补贴，细分管理。第二，农业方面还要实行学徒制。农业水平的提高依赖于从事农业生产的人员素质以及专业能力，一些发达国家会对农民进行相应的专业技术培训，培训合格之后方能进行农业生产。高素质的农业生产者能够及时掌握新技术，实现农业的规模化发展，同时还能够保障农产品的质量，加强质量安全。所以，要实现都市农业的发展目标，满足提升效益的需求，上海应该借鉴其他发达国家的经验，对农民的管理进行细分，制定相关的认证制度，让农民成为真正的职业，同时还要组织农民，对其进行专业以及系统的培训。

（三）提升上海都市农业科技水平

上海在推进都市农业项目时，非常重视科技，一直都以科技来支撑农业的发展，科技贡献水平相当高，将近70%，在全国范围内都处于领先水平。尤其是上海已确定要建立一个在全球都具有一定影响力的关于农业的科创中心。第一，将大数据与农业相结合，发展农业4.0。注重大数据在农业方面的应用，在农业方面实现信息化以及自动化，在农业生产方面，实现智能、精准、可追溯的目标，对开发技术以及相关设备的企业给予大力支持，并在都市农业的发展中积极应用相关的技术以及设备。降低在农业生产上投入的资本，实现对农业的精细化管理，提高农产品的质量。第二，将生物技术应用到农业生产中。就上海而言，其生物技术以及农作物育种的相关技术相当成熟，尤其是在特色农产品方面，上海具有坚实的基础。上海应进一步提高农业技术水平以及科技对农业的贡献水平，积极对农业的科技创新进行合理规划，设立在全国乃至全球都具有一定影响的科创项目，比如将现在较热的转基因技术等应用于农业生产，在人才、资金以及政策等多方面的优势下，以国家层面直接推进农业的科技创新。除此之外，还应注重科技的转化，使科技和农业精密的结合，并加强科技的应用，在农业生产中积极推行，以科技的进步促进农业的发展，推进城市农业项目的进程，提升农民的经济效益。

（四）积极发展外向型农业

在上海，农业以及相关的资源相当有限，主要供给本地市场。所以，上海农产品在国际上的贸易数额不大，出口数量很少，并且主要出口的农产品是渔业产品。就上海而言，应充分利用优势，对农业产业结构进行适当调整，在有限的农业可用资源的基础上，找到特色产业，尤其是农产品的再加工方面，要运用好地域优势以及政策优势，大力推进农产品出口贸易。同时，在目前大的政策环境中，鼓励农产品加工企业向国外发展，成为外向型农业，并将其作为促进上海农业经济效益提升的新内容。上海设立了一些自由贸易实验点，为产品的销售提供了基础，上海应在此基础上进一步发挥其政策方面的优势，进一步发展壮大农产品贸易市场。在农业方面，上海有很多龙头企业，应充分利用外资，不断发展农业。另外，还特别要注重无形农产品的发展，比如在农业旅游以及专利技术输出等方面。在这一阶段，在农产品交易的基础上还要不断开发新的产品，进一步增加农业经济效益。针对国际旅游，应制定相关的规划，将农业旅游列入都市旅游中，以此赢得更多海外游客的关注，进一步促进其农业经济效益提升。

（五）提高农业社会服务水平

1. 发挥合作经营优势

在农业生产经营过程中，合作社起到了至关重要的作用，联合农户，一方面能有效减低成本，另一方面可提高设备的利用效率，并掌握农业的专业技术，最重要的是可以得到更多的销售渠道。为更好地发挥合作社的重要作用，首要任务是对合作社进行规范，其不仅要发挥带头作用，还要保障广大农民的利益；另外，合作社要实现层级化，以合作社的服务来支撑农业发展，在经营方面，尤其是在农产品附加值的开发方面，形成品牌效应，提升市场竞争力。

2. 提升服务规模化水平

上海各区县农业的服务模式主要有以下几种：①依赖农业相关的机构进行相关的培训指导，然而功能上还不完备；②由相关的行政单位来进行农业指导，但这种方式的效率不高，而且容易将政府和环境之间的关系混淆；③村上组织人员进行相关的帮扶，但其服务的范围有限，能力也会受到一定的限制。

出于以上原因，上海可以成立市级服务公司，由国有资本注入，为其农业生产以及经营直接提供相关的服务。为都市农业项目配置资源，实现规模化发展，农业经营以及增值服务方面都由市场介入，划分清晰，不失公正，在全市范围内都能够获得同等质量的服务。

（六）优化农业政策补贴制度

1. 资金应向重点领域倾斜

现在，上海在农业方面有很多的补贴形式，资本不够集中，应对补贴的方式进行科学合理的改进，将其分为几个大项，统一安排。增加给农户的直接补助，给他们带来更多的收入；注重基础设施的建设，并延伸到生态农业方向，多方面推动农业的发展。而上海在发展生态农业方面做出了努力，但是没有统一的规范，并且支付的方式还有待优化，同时应该加大在这方面的补贴力度。由此可知，上海在借鉴其他国家农业生产经营相关经验的同时，还应树立好观念，加大资金投入。

2. 重点支持实际从农农户

现在，一方面上海对农业的补贴力度还不够，另一方面其补贴并不是非常精准，应对真正从事农业生产的农民进行补贴。在制度上，只有一小部分农户实实在在地从事农业生产，但补贴针对的是全部农民，补贴方式很笼统，也就是效果不理想。所以，上海应该提高补贴精度，对农民进行分类认证，建立完善的体系，实现精准补贴，并跟踪观察，制定激励体制，与此同时，还要进一步提升农业的经济效益以及增加农民收入。

3. 发挥农业补贴的引导作用

虽然上海有一定的农业补贴，但是在政策方面其导向并不是非常明显，形成的影响也不够广泛。补贴应该与政策相结合，并使其在一定程度上具有杠杆的作用，实现以更小的财政投入，开拓更广阔的市场，推进农业内生发展，尽可能地将补贴的影响扩大化，以此方法来调动农民的积极性，改善农业投资商的经验方式，进一步推动城市农业项目，实现可持续性的农业发展机制。

（七）优化现代农业产业布局

上海农业的布局是：稳定农业现有的用地，对于耕地要严格的守护，对基本农业用地进行永久保护，并在此基础上不断优化改善，实现规模化经营。主要的区域是：浦东、松江等9个地方的农业用地，以及在这些区域之外建立的现代农业生产的地区，如图1所示。

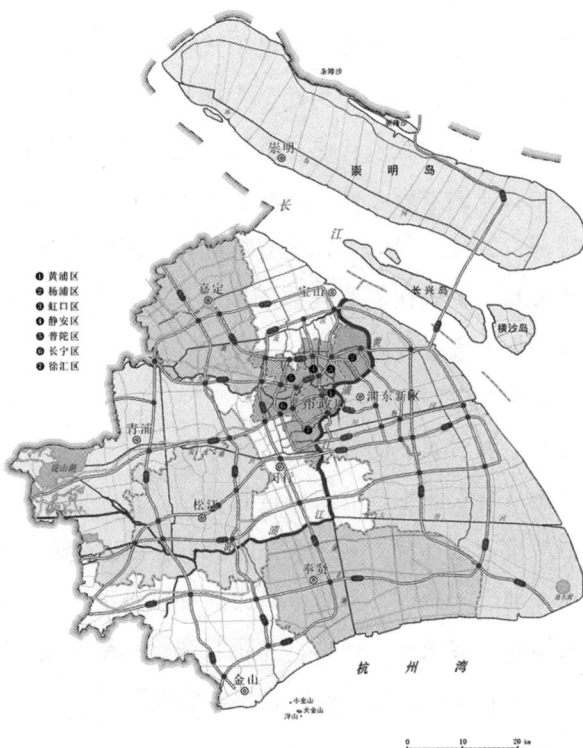

上海市行政区划图

图1 上海农业产业布局范围

资料来源：根据相关的资料作者自绘。

1. 区域布局

（1）崇明三岛生产区

包括崇明、长兴以及横沙这三个地方，崇明是上海规模最大、农用地非常集中、生态环境也相当优越的农业生产区，主要有农业生产区以及该地方光明集团成立的一个农场等。这三个农业生产区在上海是最大的绿色农产品生产区，也是一个农产品的综合生产区，其农产品具有优良的质量。

（2）杭州湾北岸生产区

该区域主要包括金山中北部的农业生产区和松江浦南、奉贤以南以及浦东南部的农业生产区，还包括光明集团农场的南部区域，该生产区主要生产蔬菜，也有其他种类的农产品种植。

（3）黄浦江上游生产区

该生产区主要是黄浦江上游的农产品生产区域、水产农产品生产的特色区域，包括水稻、水生蔬菜以及水产养殖等。

（4）沪北远郊生产区

该生产区主要是青浦以及嘉定以北、宝山西北部的农业生产区域，主要种植水稻、生产蔬菜，并有一些具有一定规模的养殖场，也涉及瓜果以及花卉等的种植栽培。

（5）环都市田园生产区

城外农业生产区域，该区域城市化水平较高，分布比较分散，农业生产用地也不够集中，主要是瓜果蔬菜、水稻以及经济农作物等的生产区域，农产品比较多样。

（6）上海域外农业生产区

该区域是以上农业生产区的补充地域，也是上海农业布局中非常重要的区域。该区域主要的农业生产集中在粮食和种源、水产以及畜牧业，围绕生态文明建设，建立可持续发展农业生产体系，其目标是保障上海农副产品的生产，并进一步扩展到其他农业生产基地，打造一个全国范围内都具有一定影响力的可持续发展农业的示范点。

2. 种植业生产布局

（1）粮食生产布局

最重要的是大力发展主产粮食的区域，主要包括崇明、松江以及奉贤等6个粮食生产区，以及光明集团在该区域建立的农场中主产粮食的区域。

（2）蔬菜生产布局

就上海而言，蔬菜种植主要分布在杭州湾的北岸、黄浦江上游以及崇明三岛这三个区域，主要包括几个较大的生产区域，这些区域为上海提供蔬菜等农产品。

（3）其他经济作物生产布局

主要的任务是保护现有的产业，并在此基础上不断升级，注重错位发展。不断推进这些区域中瓜果等一系列经济作物的发展，其中重点发展西瓜、黄桃、水晶梨等10种经济作物的种植，建设具有特色的示范园区。

3. 养殖业生产布局

（1）畜牧业生产布局

注重管理，实现减量化的管理调控模式，对于不规范的养殖场，要进行整改或关闭，实现规模化养殖。上海市在这一方面的布局主要是稳定发展现有的具有一定规模的养殖场，其主要包括杭州湾沿岸、崇明三岛等已经具有一定规模的养殖场。针对猪、牛等畜牧业的发展要不断向外扩展，逐步形成域外基地占主导的生产模式。

（2）水产养殖业生产布局

注重管控，适当减少养殖业的数量，对于经济条件较好、具有一定特色、有较大的发展优势以及竞争优势的养殖场要大力支持，进一步扩大优质、具有特色的水产品养殖规模，在此基础上不断向外拓展，在域外形成具有特色的水产品养殖区域，不断发展海洋产品。

4. 休闲农业和乡村旅游布局

以人民群众的精神文化、消费观念等多方面的因素为导向，对休闲农业以及乡村旅游等项目的市场进行细致划分，打造一个层次分明、内容丰富的旅游行业，制定个性化的旅游服务，为消费者提供特色产品以及服务，对以往的项目进行科学合理的升级。对于近郊，要充分利用该区域的交通以及经济技术优势，注重在农园、公园以及科普园等方面建立观光农业生态园；对于中远郊，根据实际情况，大力发展乡村旅游以及休闲农业，促进农业和旅游、文化相交融，促进农产品的再加工并适当开展一些展销活动，促进该区域实现深度的融合发展，以绿色生态以及完善的服务体系为基础，发展成为一个能够提供个性化服务的度假休闲以及养老的综合旅游基地。

上海推进供给侧结构性改革的
实践创新研究

马海倩　郑　睿*

摘　要：　上海全面贯彻落实党中央、国务院的决策部署，全力加快推进供给侧结构性改革，结合自身发展特点，在实践中不断创新。一方面，把落实中央关于"三去一降一补"等重点任务与上海实际紧密结合起来，着力在降成本和补短板上下功夫。另一方面，把科技创新中心和自由贸易试验区建设与供给侧结构性改革紧密结合起来，着力推进技术创新和制度创新。本报告在深入分析上海推进供给侧结构性改革的实践背景的基础上，系统梳理了上海相关方面的创新举措和成效，研究提出下一步上海持续推进供给侧结构性改革的思路和建议。

关键词：　上海供给侧结构性改革　"三去一降一补"

一　基础与背景："三去一降一补"的上海要求

"三去一降一补"，是针对经济新常态下全国范围内相对突出的结构性矛盾，基于问题导向提出的改革重点任务。[①]上海既有与全国相同的共性问

---

* 马海倩，经济学硕士，上海市发展改革研究院副院长，高级经济师，主要研究方向为宏观经济、产业经济等；郑睿，管理学博士，上海市发展改革研究院经济研究所副所长，高级经济师，主要研究方向为产业经济、体制改革等。

① 龚雯、许志峰、王珂：《七问供给侧结构性改革——权威人士谈当前经济怎么看怎么干》，《人民日报》2016年1月4日，第2版。

题，也有自身特有的个性问题，这也就成为上海推进供给侧结构性改革的出发点和着眼点。

（一）去产能：产业结构调整由来已久，"上新"比"去旧"更紧迫

就全国而言，去产能主要是为了化解供过于求矛盾突出的传统行业的过剩产能，减少无效和低端供给。[①] 而对于上海来说，由于经济结构国际化程度较高，受国际金融危机的影响更早更深，启动产业结构调整的时间也更早。早在 2008 年国际金融危机爆发之际，上海就已经打出结构调整"先手棋"，至 2015 年国家提出去产能任务之际，上海已基本完成落后产能淘汰任务，因此，上海产能过剩问题并不突出，总体来说"去旧"压力不大。相较而言，上海"上新"的形势更加紧迫。由于"去旧"步伐较快，上海对于"上新"的需求也早于全国。然而，前期确定的战略性新兴产业近年来发展势头并不理想，无法及时弥补传统产业结构调整形成的缺口，加快培育新动能的任务迫在眉睫。

（二）去库存："总量过剩"问题不存在，区域分化的结构性矛盾更明显

国家提出去库存任务，主要目的是解决当时国内大部分城市，尤其是三、四线城市房地产库存积压过多，供给远大于需求的突出矛盾。本市房地产市场调控的重点任务并不是去库存，相反是要有效抑制房地产市场非理性过热现象。[②] 此外，上海要重点关注房地产市场区域分化存在的潜在风险。尤其是在商办楼宇方面，核心商务区与非核心商务区的两极分化日趋加剧。"十三五"期间，各区都将有一批新增商务楼宇资源推向市场，特别是郊区供应量明显加大，可能进一步加剧商办楼市场的区域分化。

---

① 王一鸣、陈昌盛、李承健：《正确理解供给侧结构性改革》，《人民日报》2016 年 3 月 29 日，第 7 版。

② 滕泰：《更新供给结构、放松供给约束、解除供给抑制——新供给主义经济学的理论创新》，《世界经济理论》2013 年第 12 期。

（三）去杠杆：总体压力不大，"脱虚向实"提高金融服务功能更重要

国家提出去杠杆主要是为了解决当时国内部分地方政府债务水平相对较高，系统性和区域性金融风险隐患较大的突出矛盾。[①] 相比之下，上海总体债务风险可控，偿债能力较强，去杠杆的压力并不大。就上海而言，更为紧迫的任务在于提升金融服务功能，推动金融"脱虚向实"，不断加大上海金融对实体经济的支持力度。

（四）降成本：高商务成本有其客观必然性，降"制度性交易成本"和"收费成本"更关键

国家推进降成本，主要是为了帮助实体经济企业缓解成本上升压力，增强企业竞争力和发展活力。[②] 上海作为国际大都市，高端产业集聚，商务成本高有其客观必然性。对于上海而言，降成本的关键在于降低制度性交易成本和收费成本两方面。一是制度性交易成本和国际先进水平相比仍有较大差距。衡量制度性交易成本的重要标尺就是"营商环境"，2016 年上海营商环境平均得分只有 63.38 分，与国际先进水平的差距显而易见。二是降低收费成本方面仍有潜力可挖。本市行政事业性收费类目中涉企收费 64 项，有些环节收费项目较多、规费较高，有些收费明显不合理，对企业来说负担过重。

（五）补短板：围绕活力、品质与均衡的严格要求，国企改革、城市治理、城乡发展等短板更突出

国家补短板任务主要集中在脱贫、加强软硬基础设施建设等领域。[③] 相

---

① 许小年：《为何要强调供给侧》，《上海保险》2016 年第 1 期。
② 刘元春：《论供给侧结构性改革的理论基础》，《人民日报》2016 年 2 月 25 日，第 7 版。
③ 胡鞍钢、周绍杰、任皓：《供给侧结构性改革——适应和引领中国经济新常态》，《清华大学学报》2016 年第 2 期。

较而言，上海主要是从建设全球卓越城市的角度，围绕市场活力、生活品质和社会均衡对国企改革、城市治理和城乡发展提出更高要求，审视上海的短板问题。一是国有经济活力不足，表现在国有企业发展内在动力和创新活力不足。二是城市治理不到位，表现在"五违"乱象依然存在，水环境治理形势依然严峻，公共交通管理不完善，道路拥堵严重，交通违法行为高发。三是城乡发展不平衡，表现在城乡收入差距较大，农业劳动生产率较低，城乡公共服务差距不小。

二 实践与成效：以创新举措深入推进供给侧结构性改革

围绕上述出发点和重点任务，上海近远结合推进供给侧结构性改革，既着力解决当前难题，又着眼长效发展，构建供给侧持续发力的动力机制和发展环境。

（一）"三去"成效明显，经济发展步入新的良性轨道

"三去"对于上海而言实际上关系着工业经济、房地产、金融这三大重点领域的转型升级和功能提升。从实践来看，近年来上海加快推进产业结构调整升级，取得了积极的成效。

1. 去产能方面，工业经济实现超预期发展，产业结构性转型效应凸显

自2015年以来，上海下定决心减少"四个依赖"，每年淘汰"三高一低"的落后产能约1000项。同时，持续推进实体产业结构战略性调整，加快推进实体经济能级提升。贯彻落实国家制定的"互联网+"行动和"中国制造2025"计划，稳步推进实施提振实体经济能级"50条"，深入推进工业强基、"四新"经济、产业创新、质量提升、智能制造等系列工程，华力二期、中芯国际、和辉光电二期等百亿元以上投资以及136个十亿元以上投资的重大项目陆续开工建设。产业结构升级调整成效逐步显现，上海工业经济于2016年三季度开始企稳回升，实现了超预期增长。2017年至今，全

市工业增加值累计同比增速均超过 6%（含）。其中，2017 年第二季度，全市工业增加值累计同比增速达到 7.3%，近年来首次超过服务业增速，2017 年第三季度更达到 8.9%，增速创 2012 年以来新高（见图 1）。

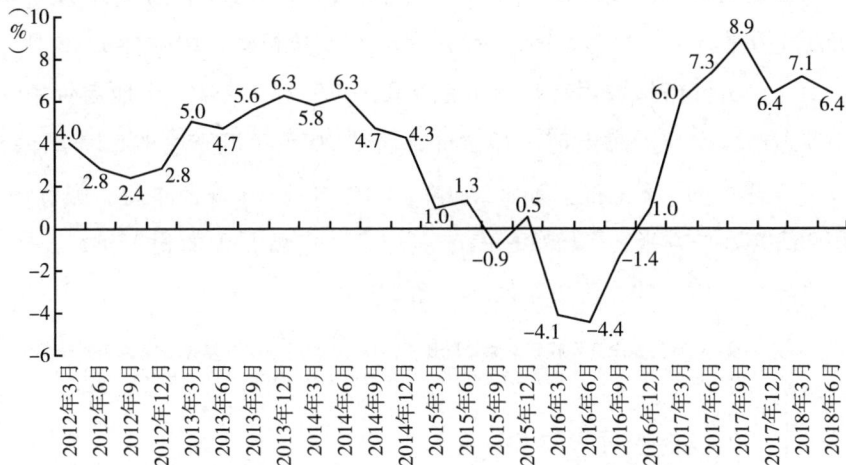

图 1   2012 年以来上海工业增加值累计同比增速

资料来源：Wind 资讯。

同时，战略性新兴产业呈现加速态势，有望成为经济增长和动力转换的有效支撑。经过多年培育，上海战略性新兴产业一改以往缓慢增长态势，2018 年上半年产值增长 8.1%，高于全市规模以上工业总产值增速 2.9 个百分点；贡献率达 8.7%，高于汽车制造业 0.7 个百分点。其中，新能源汽车、生物医药、新一代信息技术产值均实现两位数增长，分别为 29.6%、15.0% 和 14.2%，生物医药、新一代信息技术、新能源汽车增速较 2017 年全年分别提高 8.1 个、6.9 个、3.3 个百分点。目前，在新型显示、集成电路、生物医药、新能源汽车、高端装备制造等众多领域，上海的产业优势渐显端倪。

2. 去库存方面，房地产市场调控效果明显，进入长效机制建设良性轨道

为抑制房地产市场非理性过热，上海推出了堪称"史上最严"的调控政策，打出了限购、限贷、提高首付比、预售证管理、价格管控等一系列调

控组合拳，取得了令人满意的调控效果。主要表现为"五降"：房地产开发投资增速降，上海房地产开发投资增速由 2017 年初的 10% 下降到 2018 年上半年的 3.6%，低于全国水平，表明上海经济摆脱对房地产的依赖快全国一步。市场成交量降，2018 年上半年上海市一、二手房成交面积分别为 239万和 620 万平方米，均为 5 年来最低水平。成交价格降，2018 年 1~5 月一、二手商品住房价格指数累计环比分别下降 0.7% 和 1.4%。土地溢价率降，据中原地产数据，上海土地市场溢价率已从 2016 年四季度的 12% 下降到2017 年三季度的 1% 左右。新开工面降，2018 年 1~3 月上海商品房新开工面积 262.8 万平方米，下降 50.3%；其中，住宅新开工面积 130.5 万平方米，下降 55.2%，均为历史新低（见图 2）。

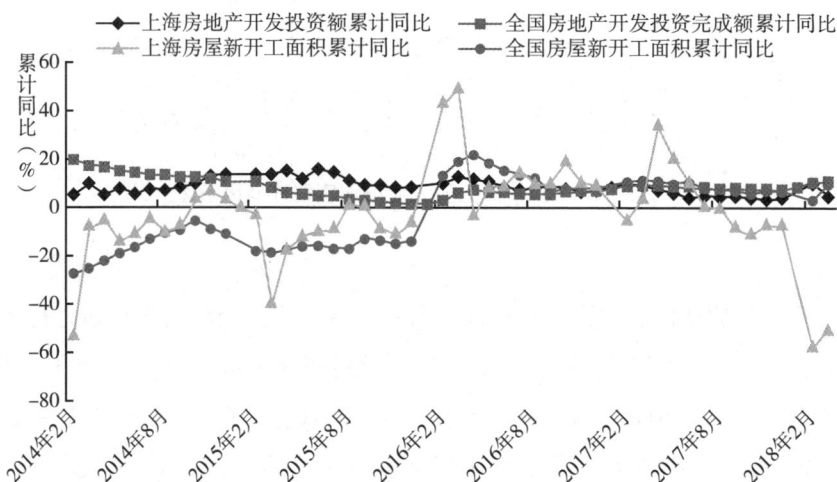

图 2　上海与全国房地产投资额和新开工面积累计同比增速变化

资料来源：国家统计局、上海市统计局。

同时，上海大力构建购租并举的住房体系，加快发展住房租赁市场，颁布了《关于加快培育和发展本市住房租赁市场的实施意见》，率先探索推出租赁住房用地。截至 2018 年 5 月底，本市已推出租赁住房用地 32 块，累计土地出让面积超过 90 公顷、规划建筑面积 204.5 万平方米，预计将形成约3 万套左右租赁房源。总体来看，上海房地产市场进入平稳发展阶段。

3. 去杠杆方面，金融风险总体可控，"脱虚向实"成效明显

在金融供给侧结构性改革的有力推动下，近年来上海金融业持续健康平稳运行，呈现风险可控、"脱虚向实"的良好发展态势。

一是不良双控成效显著。截至2017年末，在沪银行业机构不良贷款余额380.3亿元，较2016年初减少99.79亿元；不良贷款率0.57%，较2016年初下降0.34个百分点，远低于全国商业银行1.74%的平均水平。

二是金融支持科创中心力度不断加大。上海已有3家法人银行入围银监会第一批10家"投贷联动"试点银行范围，并设有6家科技支行、77家科技特色支行，为4303家科技型企业提供贷款余额合计1500.36亿元，有力支持了科创中心建设。

三是呈现"瘦身"＋"向实"的良好态势。2017年以来，上海金融业表外业务大规模收缩，资金持续回流实体经济，主要表现为"五升一降"："五升"是五大产业贷款升，2017年1~8月全市各项贷款累计增加5252.7亿元，其中65.3%是体现实体经济融资需求的"非金融企业贷款"（见图3），高于全国53.3%的水平。"一降"是银行同业资产降，大力加强对银行非标投资、表外理财、同业资产等非信贷资产的"严监管、去杠杆"，截至2017年8月末银行同业资产余额合计7139.5亿元，比年初减少1320.8亿元。

（二）围绕"营商环境"降制度性交易成本，多措并举降收费成本

为减轻企业负担，上海多措并举，在制度性交易成本和收费成本两方面推出"政策组合拳"，有效降低企业经营成本。2016年上海为企业综合减负500亿元左右，2017年新增减负超过530亿元，预计2018年新增减负500亿元左右，另清退保证金约142亿元。

1. 加快推进政府职能转变，优化营商环境，降制度性交易成本

在制度性交易成本方面，通过对世界银行营商环境报告的分析，上海找准了较为突出的四大"短板"（小股东权益保护、办理施工许可证、获得信贷和办理破产），以此为着力点，通过持续推进行政审批制度改革和中介服

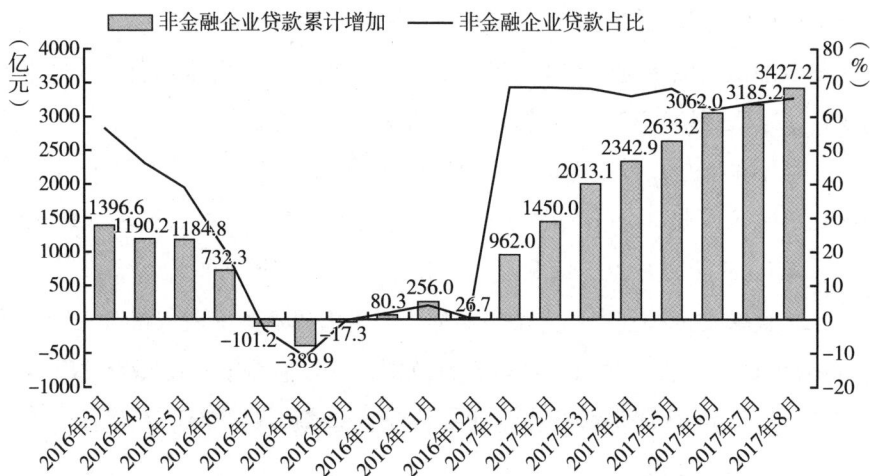

图3　2016～2017年上海市非金融企业累计新增贷款情况

资料来源：中国人民银行。

务改革、优化产业项目行政审批流程等手段，有效降低了制度性交易成本。一是行政审批制度改革稳步实施。进一步推进证照分离改革试点，1854项行政审批事项、341项评估评审事项均已取消调整。108项政府定价项目减少到53项。当年落地、提前服务、当场办结等"三个一批"改革全面实施。二是中介服务改革持续推进。近年来，共611家商会和行业协会完全与政府部门脱钩，292家与审批相关的中介服务机构彻底与行政机关脱钩。

通过不懈的努力，上海的营商环境得到明显改善，在世界银行最新出版的《2018年营商环境报告》中，上海得分从两年前的63.38分提升至65.57分，中国内地（上海得分占比为55%）排名也从第84位上升至第78位（见表1）。

2. 多措并举降低税费和收费成本，有效减轻企业负担

为降低企业成本负担，上海推出一系列举措。

一是降低企业税负。在前期试点基础上，本市持续优化完善"营改增"试点政策，不断扩大减税效应，五年为企业累计减税3112亿元。此外，贯彻实施针对小微企业的税收优惠政策。自2017年起，将科技型中小企业的

表1   2018年上海和部分城市营商环境主要指标比较

单位：分

主题指标	奥克兰	新加坡	伦敦	纽约	上海			
					得分	较上年	排名	较2013年
开办企业	99.96	96.49	94.58	91.61	85.70	↑4.45	94	↑50
办理施工许可	86.36	80.26	80.39	73.44	45.88	↓0.5	183	↓3
获得电力	83.97	91.33	93.29	83.39	70.51	↑0.1	99	↑10
登记财产	94.47	83.57	74.51	76.80	75.32	→	45	↓8
获得信贷	100.00	75.00	75.00	95.00	60.00	→	82	↑5
保护少数投资者	81.67	80.00	75.00	64.67	48.33	↑3.33	134	↓26
纳税	91.08	91.85	86.70	83.85	62.98	↑2.51	136	↑1
跨境贸易	84.63	89.57	93.76	92.01	71.34	↑0.82	97	↓9
执行合同	71.48	83.61	69.69	72.61	79.77	↓0.31	3	↑30
办理破产	71.85	74.31	80.24	89.19	55.82	→	60	↑19

资料来源：《2018年营商环境报告》。

研发费用加计扣除比例从50%提高至75%，允许创投企业按投资额的70%抵扣投资种子期以及初创期的科技型企业的应纳税所得额，并将可享受减半征收所得税优惠的小微企业范围，从年应纳税所得额上限为30万元提高至50万元。

二是降低企业收费成本。上海持续加大力度，取消或停征部分涉企行政事业性收费和政府性基金。自2017年4月起，新型墙体材料专项基金和城市公用事业附加等2项政府性基金取消；环境监测服务费等4项收费项目取消；根据国家相关要求，取消或停征由中央设立、上海市现行执收并纳入地方管理的涉企收费项目共14项，取消上海市设立的深基坑工程评审费、内河货物港务费等收费项目共5项。此外，对由中央有关单位执收的其余21项收费项目，将按国家统一部署落实清理。上海现在的行政事业性收费比例为12.2%左右，目前是全国范围内最低的。

三是降低社保缴费。2016年上海社保费率总共降了2.5个百分点，全年全市企业降低缴费135亿元左右。2017年上海继续降低社保费率，总计1个百分点，降低企业缴费80亿元左右。2018年上海市进一步降低社保费率，包括继续阶段性降低失业保险费率和工伤保险费率、扩大失业保险援企稳岗政策范围、暂停征收企业欠薪保障费等，全年预计可减轻企业负担94.9亿元。

四是降低企业能源成本。2017年4月，上海市下调工业用户的天然气价格，并通过促进电网企业降本增效，加快推进输配电价改革，先后两次下调了工商业用电价格，共降低本市工商企业年电费支出约24亿元。

（三）经济、社会领域"双拳出击"补短板，制度性、框架性推进城乡一体化

针对国有经济活力不足、城市治理不到位和城乡公共服务不均衡等突出问题，近年来上海推出一系列创新举措，加快补齐薄弱环节短板。

1. 持续深化国资国企改革

近年来，上海国资系统认真贯彻党中央和国务院的精神，全面落实《关于进一步深化上海国资改革促进企业发展的意见》（"上海国资国企改革20条"）和《本市国有企业混合所有制改制操作指引（试行）》，以创新发展一批、重组整合一批、清理退出一批"三个一批"为着力点，持续推进国资国企改革。

一是加强国企分类监管，推动国资统一管理。2016年，将金融、体育等企业改革纳入国资整体布局。2017年，完成了文化、教育等国资的统一管理。目前，上海已将80%的国有资产按要求集中到战略性新兴产业、现代服务业、先进制造业以及民生保障和基础设施等领域，同时，由市国资委直接监管的企业，已实现营业收入、资产总额和利润占市属经营性国企总量比重均为99%。此外，按照公共服务、功能性和竞争性三类对地方国有企业实施分类考核、分别定责和分策改革。

二是打造专业化平台公司，促进国资有序流动。加快推动国盛和国际两大集团参与企业改革和金融产品创新，目前已盘活存量资金总计约200亿元，共拥有股权价值合计约800亿元。两大平台通过战略转型，构建"以股权运作为核心、以运营规则为基础、以业务细则为补充"的制度体系，

确保了运作的程序科学和透明规范。

三是坚持公众公司导向，大力发展混合所有制经济。目前，实现核心业务资产上市或整体上市的竞争类企业占 2/3，2014 年以来，员工持股企业累计 338 家，境内外上市共 16 家。基本形成了以公众公司为最主要实现形式的混合所有制经济发展格局，市属国有企业的公司制改革已实现全覆盖。混合所有制企业的总户数、资产总额、营业收入、净利润占市国资委直接监管企业的比重分别为 68.5%、86.4%、88.9%、93.4%，已经成为上海国有企业中最有实力、最具活力和发展潜力的组成部分。

四是以国资收益支持为杠杆，推动企业加快创新。完善创新导向的考核评价体系，对跨国经营、创新转型和研发投入等类型的费用视同于利润进行考核，并在考核中对未实现回报的境外投资进行单列。试点推进了职业经理人"市场化选聘、契约化管理、差异化薪酬"的薪酬制度改革。

2. 补齐城市治理短板

针对城市环境治理中群众反映最强烈、问题最集中、难度更大的区域，近年来上海在实践中推出一系列创新举措，加快补齐薄弱环节短板，有效提升人民群众的幸福感。

一是推进"五违四必"区域环境综合整治。针对违法用地、违法建筑、违法经营、违法排污、违法居住等"五违"乱象，全市各级部门互相协调、有效沟通，形成专项沟通协调推进机制，明确落实主体责任，全面推进区域环境综合整治，做到安全隐患必须消除、违法无证建筑必须拆除、脏乱现象必须整治、违法经营必须取缔。目前，"五违四必"综合整治行动已取得了重要的阶段性成果，基本消除了"五违"问题的集中成片区域，拆除违法建筑共计 1.6 亿平方米，三批共完成了 666 个区级和 50 个市级地块的整治。

二是打响中小河道综合整治攻坚战。2016 年，上海颁布了《关于加快本市城乡中小河道综合整治的工作方案》（沪府办〔2016〕94 号），提出了 5 个方面共 17 项措施，做到区域联动、水岸联动，狠抓区区交界之处，狠抓水环境治理，切实提升市民群众对水环境的获得感和满意度，为上海建设卓越的全球城市和社会主义现代化国际大都市构筑了城市安全和生态环境的牢固底线。目前已实现了河长制的全覆盖，全市中小河道已基本实现消除黑臭，综合整治已全面完成的水域包括了 1864 条段共计 1756 公里的城乡中小河道。

三是实施道路交通违法行为的大整治行动。针对交通秩序混乱、交通违法违规和道路严重拥堵等重点问题，自 2016 年 3 月 25 日起，上海道路交通违法行为大整治拉开序幕，打出了一系列组合拳。整治行动中，上海警方划分交通执法管理责任区，分别建立队社联动和队所联动机制。以交通大整治为契机，打破了各警种之间的界限，实施全警动员。加快改革交通管理勤务机制，通过机制创新盘活警力，为整治行动注入了强大动力。同时，大整治行动开展以来，警方全面启动安装了共 1.8 万套电子警察，并应用创新科技升级了已有的电子警察功能，提升了其对违停、压实线等重点违法行为的自动识别率。通过创新科技的引入，有效弥补警力不足的短板，并促使驾驶员自觉养成遵守交规的良好习惯。此外，针对交通基础设施的短板问题，近年来上海新增了共计 225 公里的公交专用道，累计建成了 61 条区区对接道路，成功创建了"国家公交都市"。

3. 全面推进城乡一体化发展

在 2014 年市委二号课题"推进本市城乡一体化"调研成果基础上，陆续出台"1 + 21"政策文件，形成了推进城乡一体化发展的政策框架。同时，全力推动基本公共服务均等化，实现了居民养老保险、低保和医保等基本保障制度的城乡统一，受益群众数量超过 350 万人。

一是促进城乡基本公共教育服务均等化。上海市教委等 9 家单位联合出台《促进本市城乡义务教育一体化的实施意见（暂行）》，以义务教育资源配置标准化、均等化为目标，启动实施公办学校建设、设施设备配置、信息化建设、教师配置与收入、生均经费等城乡统一的义务教育五项标准。

二是促进城乡基本公共医疗服务均等化。优化医疗资源科学布局，实施郊区三级医院建设"5 + 3 + 1"项目（新建 5 家、提升等级 3 家、迁建 1 家）。加强规划引领和政策引导，推动部分二级医院功能转型。社区卫生服务综合改革不断深化，率先启动了创新的以家庭医生为基础的"1 + 1 + 1"分级诊疗模式，即每位居民与"一家市级医院 + 一家区级医院 + 一家社区卫生服务中心"进行组合签约。基于居民电子健康档案的卫生信息化工程持续推进，实现 16 个区共计 600 多家医疗卫生机构的信息共享和互联互通，实现了全市健康档案数据的整体入库。此外，全市范围的"两个任何"也已初步实现，即在业务规范允许的情况下，任何医务人员或居民，都可以在任何一个联网的医疗卫生机构调阅相关的健康档案。

三是促进城乡养老服务均等化。构建"五位一体"的社会养老服务体系，持续优化农村养老服务的基础设施，全面增强农村养老服务能力。通过提升农村地区的综合为老服务水平，最大限度地满足居民多样化和多层次的养老服务需求。

此外，上海的美丽乡村建设、新型城镇化也在稳步推进，已完成共计 30 万户的村庄改造和 27 万户的农村生活污水设施改造。国家现代农业示范区已率先整建制创建，家庭农场从 1173 户增加至 4516 户。基本完成了村级集体产权制度改革，全面完成了土地承包经营权确权登记颁证。同时，新一轮农村综合帮扶已初步取得了预期的效果。

（四）用好自贸试验区和科创中心两项国家战略，打造上海供给侧结构性改革创新优势

自贸试验区和科创中心建设两项国家战略，是上海深化供给侧结构性改革的重要载体。近年来，上海充分利用两大国家战略，加快推进制度创新和科技创新，为上海持续深化供给侧结构性改革提供制度保障和动力支持。

1. 用好自贸试验区打造制度创新优势，形成降低制度性交易成本、优化营商环境的"创新源"

上海自贸试验区率先探索制度创新，取得了一系列可复制推广的重要成果，全面创新了制度供给，为上海全面优化营商环境，有效降低制度性交易成本提供了制度"创新源"。[1]

---

[1]　阮青主编《求索超大城市创新转型发展之路——2015/2016 上海发展改革研究报告》，上海人民出版社，2017。

一是形成了对接国际通行规则的投资管理制度。上海自贸试验区已基本形成了与国际投资贸易通行规则相衔接的投资管理制度，率先建立以"负面清单"为核心的外商投资市场准入制度，为我国创新外商投资管理体制提供了重要的核心制度。同时，上海自贸试验区不断拓展外商投资准入领域和业务范围，多次对"负面清单"进行"瘦身"（从2013年版的190项缩减至2018年版的45项），在众多领域实现了全国范围内对外开放"零的突破"。建立以备案制为主的境外投资管理制度。上海自贸试验区率先实行企业对外投资从前置审批制改为备案制管理，规定额度内项目无需提交任何可行性研究报告，企业在5个工作日之内就能拿到境外投资开办企业或境外投资项目的证书，大幅提升了对外投资便利化程度，极大地简化了境外投资程序。同时，率先构建了境外投资服务平台，集聚多种国际化专业服务资源，打造企业境外投资全生命周期服务体系。

二是建立了贸易便利化为重点的贸易监管制度。围绕贸易便利化的核心目标，上海自贸试验区构建了一套完整系统的制度体系，主要包括五项制度：第一，"一线放开、二线管住、区内自由"的通关监管制度。对标国际通行做法，一线实施"先入区、后报关"、"先入区、后报检"、检验检疫"入境免签"、中转检疫负面清单管理等监管创新制度，二线建立以智能化监管、风险管理、分类管理、信用管理为基础的差别化监管制度，区内实施"自行运输"等创新制度。第二，通关便利化监管制度。探索实施了"批次进出、集中申报"、"自主报税、自助通关、自动审放、重点稽核"、关检联动"三个一"、通关无纸化等创新举措，大大提升了企业通关便利化水平。无纸化率从挂牌时的8.4%上升到87%以上，70%报关单实现低风险快速验放，进、出口平均通关时间分别较区外减少41.3%和36.8%。第三，国际贸易"单一窗口"制度。对标国际先进做法，率先建立国际贸易"单一窗口"，实行"一个平台、一次提交、结果反馈、数据共享"，基本实现所有上海口岸货物和船舶申报手续通过单一窗口办理。第四，货物状态分类监管制度。按照管得住、成本和风险可控原则，建立"分类监管、分账管理、标识区分、联网监管、实货管控、风险可控、信息共享"的货物状态分类监管新模式，实现了从物理围网监管到电子围网监管、从货物监管到企业供应链监管的模式转变，促进了内外贸一体化发展。第五，新型贸易业态的系列监管制度创新。积极推进跨境电子商务、平行进口汽车、生物医药研发、国际中转集拼、保税维修、融资保税租赁等新型贸易业态模式的监管制度创新，在通关便利化和安全监管方面实现重要突破。

三是构建了开放与防风险并重的金融创新制度。服务于深化金融改革和扩大金融开放，基本形成了扩大开放和防控风险并重的金融开放创新制度框架。坚持开放与安全并重的原则，以自由贸易账户为载体建立了创新的跨境资金管理制度。自由贸易账户体系（简称 FT 账户）创设运作，为探索金融市场开放和金融管理制度创新提供了重要的试验平台和制度基础设施。创新突破了人民币跨境使用制度，有力推动人民币国际化。通过进一步简化经常和直接投资项下人民币跨境使用业务流程，推出跨境双向人民币资金池、经常项下跨境人民币集中首付业务、跨境电子商务人民币结算业务等创新性制度设计，进一步扩大了跨境人民币使用范围。推进金融市场体系建设，面向国际的金融交易平台建设取得成效。聚焦金融国际化突破，对标国际通行规则，先后设立了上海保险交易所、上海国际能源交易中心、国际金融资产交易平台、上海国际黄金交易中心等面向国际的一系列金融要素交易平台，并推出了利率衍生品交易、沪港通、大宗商品衍生品和现货清算、黄金国际板等众多的重大功能创新，加快推动了金融要素市场体系向纵深发展。

四是打造了以治理现代化为目标的政府管理体制。围绕治理能力现代化和政府职能转变，持续深化政府管理体制改革。建立符合市场需求的现代商事登记制度。通过推行企业准入"单一窗口"、注册资本认缴制、先照后证、三证合一、集中登记、简易注销等一系列措施，大幅提升了企业注册设立环节的便利化水平，初步建立符合市场需求的现代商事登记制度。区内企业注册设立时间从平均 30 个工作日缩至 4 个工作日，接近新加坡、中国香港的水平。同时，推动证照分离改革试点，进一步将准入改革延伸至业务准入环节，营造企业全生命周期便利化环境。建立便捷高效的事中事后监管制度体系。按照"放管结合"理念，推进"6 + 1"事中事后监管制度创新，探索建立起市场自律、业界自治、社会监督、政府监管的"四位一体"综合监管体系，形成一套相对完整的事中事后监管制度体系。推出厘清政府权力边界的清单管理模式。上海自贸试验区注重厘清政府权力边界、明确政府责任，进一步推广清单管理理念，推出了权力清单、责任清单、减权清单"三张清单"。

2. 结合科创中心建设打造科技创新优势，形成提高供给质量、补充新动能的"活力源"

制定了科技创新中心建设的 22 条意见和 9 项配套政策，通过推进重点创新载体建设、建立科技成果转移转化机制、构建激发创新动力的收益分配制度、打造多层次科技金融体系和完善创新人才发展制度等举措，全力推进科技创新加速发展，有效提升创新活力，加快培育经济发展新动能。

一是全力推进各类重点创新载体建设。已开工建设了活细胞结构和功能成像平台、软 X 射线自由电子激光用户装置、上海光源线站工程、超强超短激光用户装置等一系列大科学装置项目，正在推进建设国际人类表型组创新中心、李政道研究所等重量级科研机构，已启动建设了类脑芯片、石墨烯、智能制造等 6 个共性技术研发与转化平台。

二是建立高效的科技成果转移转化机制。发布了《上海市促进科技成果转移转化条例》，建立健全专业化技术转移服务机构，加快落实高新技术企业认定和研发费用加计扣除等政策。国家技术转移东部中心先后设立了新加坡、北美、欧洲三个分中心，辐射全球的技术转移交易网络逐步形成。组建了上海知识产权交易中心，并在浦东新区率先建立了知识产权侵权查处的快速反应机制。国家科技成果转移转化示范区已启动建设，并推进亚太地区知识产权中心城市建设。

三是构建激发创新动力的收益分配制度。通过对提高科研人员成果转化收益比例和科技成果市场化定价机制的明确规定，进一步完善了职务发明的法定收益分配制度。通过对 19 项财政科技专项的优化与整合，有效提升了政府性资金使用效率。通过将原来 20% 的基础类项目劳务费资助比例提高到 50%，并将 20% 的科研计划项目劳务费资助总额提升到 30%，全面增强了科研单位的经费使用自主权。股权奖励递延纳税政策落地实施。

四是打造多元化多层次的科技金融体系。正式开通了上海股权托管交易中心的科技创新板，并开始筹建重点服务科技创新的民营张江银行。建立有效鼓励创新的国有企业激励、评价和考核体系，对国有企业的创新研发投入费用视同利润进行考核。成立了上海市中小微企业政策性融资担保基金，推动科技型中小企业的融资服务体系加快完善。此外，上海开展投贷联动试点，探索实施债券和股权相结合的金融服务模式。

五是完善市场化的创新人才发展制度。上海在"人才20条"政策的基础上，又率先出台了海外人才引进30条等政策措施。允许外国留学生毕业后直接在沪创新就业，并启动试点共22项海外人才出入境政策，进一步降低了海外人才在沪工作的门槛，目前在沪就业创业的外国人位居全国第一，达到21.5万人，申请永久居住的高层次外籍人才是政策实施前的将近9倍。

三　思路与建议：新时代深化供给侧结构性改革的新作为

供给侧结构性改革是一场持久战。党的十九大对继续深化供给侧结构性改革提出了"提高供给体系质量"的新方向。上海必须立足更高起点、更宽视野、更严标准，以发挥市场配置资源的决定性作用和政府自身改革为突破口，着力于供给体系质量，持续推进供给侧结构性改革的实践创新，重点聚焦"五个抓"。

（一）抓高质量发展的机遇空间

推动高质量发展是当前和今后一个时期我国经济发展的根本要求。在高质量发展"上台阶"的过程中，上海供给侧结构性改革要关注三大机遇空间。

1. 产业"补新"的空间

随着供给侧结构性改革的深入推进，以资源消耗为主导的旧产业动能调整基本到位，逐步转向以科技创新为主导的新产业动能上来，产业发展

"补新"的力度将加大。其中，以创新与产业融合为核心，以"互联网＋"、数字经济、人工智能等产业为代表的新兴增长点和绿色低碳、中高端消费、创新引领、人力资本服务、共享经济、现代供应链等经济新动能成为关注点。

2. 区域"协同"的空间

以协同为特征的城市群经济正成为我国经济增长的重要支撑。作为率先实现东部地区优化发展的引领性区域，长三角城市群正在向更高质量的一体化发展迈进，以《长三角一体化发展行动计划（2018～2020年)》为抓手，提升公共服务、交通能源、科创产业、信息信用、金融商务、环境保护等专题合作质量，建立完善一体化、网络化的基础设施体系、区域产业体系、协同创新体系、生态治理体系、城镇空间体系，在区域合作中提升上海的服务能级和国际竞争力。

3. 开放"升级"的空间

在全球经济新格局下，我国人力资源丰富、市场规模庞大、基础设施完善、产业配套齐全等优势开始显现，与全球经济的互动关系正发生新变化，价值链升级、市场"红利"释放等效应开始显现。上海应高度关注对外贸易和投资方面出现的升级变化。

（二）抓供给侧动力的品牌塑造

品牌是城市竞争力和综合实力的集中体现，也是一座城市最具识别度的标识。面对激烈的全球竞争，上海要构筑具有强力支撑作用、难以被人取代的战略优势，就必须通过全面深化产业结构调整，提升产业功能，打造供给侧动力的"上海品牌"。

1. 打响"上海制造"品牌

深入推进供给侧结构性改革，紧密结合科创中心建设，推进传统制造业拥抱互联网，推动信息技术和制造技术深度融合，向产业创新链、价值链的高端迈进，向高端制造、智能制造迈进，提高企业核心竞争力，重振"上海制造"的雄风。

2. 打响"上海服务"品牌

瞄准国际最高标准提升"四个中心"的核心功能，进一步深化服务业的供给侧结构性改革，加快发展现代服务业，促进生活服务业快速向精细化和高品质提升、生产性服务业持续向专业化和高端化拓展，加强重大功能性项目和服务平台的支撑，打响上海服务品牌。

3. 打响"上海购物"品牌

主动顺应消费升级大趋势，提升消费供给质量，打造面向全球的消费市场，打造更有特色的知名专业商圈，汇聚更加丰富的全球高端品牌，创造便利度更高的购物消费环境，不断提升上海消费的集聚度、繁荣度、便利度，真正把上海建设成为人人向往的购物天堂。

4. 打响"上海文化"品牌

用好用足上海文化资源，加快扩大文化领域开放，进一步优化文化供给体系，推动文化市场主体的多元、要素集聚，促进文化与科技、金融、教育、旅游、体育等产业融合发展，激发上海"文化源头"的创新创造能力，激活上海"文化码头"的集聚和辐射作用，擦亮"上海文化"金名片。同时，发挥大城市的科技、人才、资金、市场优势，促进"一二三"产业融合发展，实现农业生产、生活功能互补，走出大都市农业供给侧结构性改革的跨界融合之路。

（三）抓金融、房地产健康发展"长效机制"

金融和房地产在上海经济发展中都扮演着重要的角色，也都有着易受外围环境影响、波动幅度较大的特点。今后，本市推进供给侧结构性改革的着眼点在于建立"长效机制"，促进金融、房地产健康、有序、平稳的发展。

1. 进一步增强金融服务实体经济功能

上海要将国际金融中心建设和供给侧结构性改革有机紧密结合起来，把握好金融支持稳增长、调结构、增效益与防风险之间的平衡，在严控风险和守住底线的同时，持续加大金融市场开放创新力度，提升上海国际金融中心功能，增强金融有效支持实体经济发展的能力，引导资金"脱虚向实"。

2. 加快建立房地产市场长效机制

近期本市房地产市场过热势头得到遏制，市场运行恢复平稳，调控取得明显成效。从长远角度考虑，本市房地产调控仍面临较大压力，应尽快建立房地产市场长效机制，提升精准调控、分类调控水平，保持供需双方中长期预期的持续稳定，保障房地产市场总体平稳健康发展。

（四）抓政府治理和市场环境的"牛鼻子"

未来上海进一步降低制度性交易成本的路径主要有两方面。

1. 遵循"问题导向"，持续优化营商环境

上海要对标国际先进水平，全面落实《着力优化营商环境加快构建开放型经济新体制行动方案》，从投资贸易便利化自由化、市场运行秩序、创新创业环境、政府经济治理水平、法制保障等方面深化改革。通过制度环境"软实力"提升企业获得"硬感觉"，进一步增强营商环境"引力场"效应。

2. 遵循"目标导向"，推进政府部门信息共享

实现治理能力现代化是我国全面深化改革对政府治理能力的要求，也是政府管理体制改革的终极目标。从目前的情况看，政府部门信息共享是全面提升政府治理能力的"牛鼻子"。上海应充分利用自贸试验区平台优势，以"一网通办"为主要抓手，全力推进政府部门信息共享，围绕打破"信息孤岛"推动部门协同，倒逼政府后台流程优化，实现部门前台服务系统整合，推动政府职能转变，提高政府为市场、为社会服务的能力。

（五）抓城市环境治理"补短板2.0"

城市环境治理是关乎人民生活质量的关键"战役"，只有进行时没有完成时。上海应针对民众反映强烈的"短板"问题，继续打好城市环境治理的攻坚战。

1. 打响生活垃圾管理的攻坚战

针对目前生活垃圾管理工作面临的总量压力大、分类效果差、市民感受

度低等突出问题，上海应借鉴国外先进经验，以减量化为主要目标，以垃圾收费和垃圾分类为主要手段，将垃圾产生者纳入管理闭环，推动垃圾处理全过程的权责分配，长效保障生活垃圾管理工作有序推进。

2. 打好水环境治理的歼灭战

上海因水而兴、因水而居、因水而生，可以说水环境治理在上海生态环境建设中处于极为重要的地位。经过多年水环境治理工作的开展，上海基本实现消除黑臭河道的既定目标。但从满足人民日益增长的美好生活需要的角度出发，上海应以全面消除劣五类水为新的升级目标，以更大的决心、更硬的措施打好水环境治理歼灭战。

B.5
上海推进税费供给侧结构性
改革问题研究

陈明艺　王　冬　孙许林　李　倩*

摘　要：　自2012年以来我国处于经济增速放缓与经济结构调整叠加的发展阶段，大量企业经营状况面临挑战、业绩下滑。在此背景下，课题组选取上海的上市公司为样本，考察上海企业税费情况。近年来上海在优化营商环境方面做了巨大努力和贡献，整体情况位居国内前列。与此同时，课题组从企业承担的税金和缴纳的非税收入两方面考察发现，上海上市公司承担的税费负担位居国内前列。其中，上海企业的税收负担与其他省份差异不大，突出表现为社会保险缴费负担偏重。据此，我们提出了进一步深化税费供给侧改革的政策建议，主要包括：多维度激励企业转型升级，进一步降低流转税负担；强化企业创新能力，降低企业所得税负担；尽快降低社会保险缴费比例以降低企业成本。

关键词：　税收负担　缴费负担　所有权　产业结构

---

* 陈明艺，财政学博士，上海社会科学院经济研究所副研究员，主要研究方向为财税理论与政策；王冬，上海理工大学管理学院财政学硕士生，研究方向为财政学；孙许林，上海理工大学管理学院硕士生，研究方向为社会保障理论与政策；李倩，上海理工大学管理学院硕士生，研究方向为财政学。

一 上海企业税费负担现状与突出问题

随着我国进入经济换挡转型关键期，一些学者、企业家提出企业税费负担过重。Wind 数据显示，2016 年全国 31 个省区市的生产税负为 13% ~ 20%，其中税负水平最高的分别是云南、上海、陕西和广西，增加值税负率分别为 20.26%、20.01%、19.68% 和 19.24%。与此同时，以"去产能、去库存、去杠杆、降成本、补短板"为重点的供给侧结构性改革也成为各省区市制定新政策的着力点。其中，税收政策改革主要从"去产能、去库存、降成本"的角度出发，并落实到相关行业。为此，分析并测算上海企业的税费负担、探析其影响因素，进而为提升上海企业竞争力提出解决方案，显得尤为迫切和必要。

（一）2017年上海企业的税费负担现状与主要问题

1. 2017年上海企业税费现状

2017 年上海市生产总值（GDP）为 30133.86 亿元，与 2016 年相比增长 6.9%，增速与上年持平。其中，第一产业、第二产业、第三产业增加值分别为 98.99 亿元、9251.4 亿元、20783.46 亿元，同比增速分别为 - 9.5%、5.8%、7.5%。从产业结构看，2017 年，上海第二、第三产业协同发展，三次产业的比例关系为 0.3∶30.7∶69.0。作为经济发展的主要支柱，第二产业增幅低于 GDP 增幅需要引起足够重视。

2017 年上海市财政收入为 12870.3 亿元，较 2016 年增长 0.85%。其中，税收收入为 5865.5 亿元，较 2016 年增长 4.26%，其中增值税 2460.4 亿元，同比增长 15.2%，企业所得税 1402.3 亿元，同比增长 4.9%；非税收入（含一般公共预算中的非税收入、社会保险基金、国有资产、政府性基金收入等四本账）为 7004.8 亿元，比上年下降 1.84%（见表 1）。

2. 上市公司的利润情况、税费情况

基于数据的可得性，课题组重点分析上市公司的税费情况。来自Wind

表1　上海近三年税收收入、非税收入情况

单位：亿元，%

年份	税收收入 （1）	税收收入 增幅	非税收入 （2）	非税收入 增幅	财政收入 （3）＝（1）＋（2）	财政收入 增幅
2015	4858.16	15.15	6362.04	16.26	11220.2	15.77
2016	5625.9	15.80	7136.03	12.17	12761.93	13.74
2017	5865.5	4.26	7004.8	－1.84	12870.3	0.85

资料来源：上海市财政局，https：//www.czj.sh.gov.cn/was5/web/search？channelid＝209150。

数据库的统计信息显示，截至2017年底，上海市拥有上市公司270家，较2016年增加了38家。其中，第一产业有2家，与上年持平；第二产业有145家，增加26家；第三产业有123家，增加12家。

根据Wind数据库中上述270家公司财务数据报表，选取利润表中"主营业务收入"和"利润总额"指标，以及现金流量表中"支付的各项税费"和"收到的税费返还"指标，进行上海上市公司总体税费负担分析（见表2）。企业"支付的各项税费"具体包含增值税、营业税、企业所得税、印花税、城建税、教育费附加、河道基金、消费税、契税、房产税、土地增值税等，不包括代扣代缴个人所得税，即几乎囊括了上市公司缴纳的所有税费总额。

表2　2015～2017年上海上市公司税费情况

单位：亿元，%

项　　目　　　　　　年　份	2015	2016	2017
主营业务收入（1）	34057.14	36827.26	41971.19
利润总额（2）	4476.66	4531.69	5025.45
支付的各项税费（3）	2396.41	2790.09	2822.88
收到的税费返还（4）	99.95	133.43	153.85
企业支付的净税费（5）＝（3）－（4）	2296.46	2656.66	2669.03
企业的税费负担1（6）＝（5）/（2）	51.30	58.62	53.11
企业的税费负担2（7）＝（5）/（1）	6.74	7.21	6.36

资料来源：课题组根据Wind数据库计算整理所得。

表2显示，近三年上海上市公司主营业务收入上升趋势较明显，主营业务收入总额分别为34057.14亿元、36827.26亿元、41971.19亿元；公司利润总额逐年上升，2016年、2017年增长率分别为1.23%、10.9%；企业支付的净税费总额不断增加，表明企业税费负担有加重趋势，企业减税降费尚有空间。

3. 2017年上海企业税费的主要问题

经过资料搜集和调研，课题组发现，当前上海企业的税费负担主要存在以下三个问题。

第一，企业税费负担因行业、所有权结构、规模不同而存在差异。公开资料表明，税收优惠政策更偏向于高新技术等领域，传统行业的税负较高。因所有权结构不同，企业税负存在差异。基于规模的不同，一方面国有企业纳税集中度或低于民营企业，另一方面中小型企业也会因申报程序复杂、税收优惠政策缺乏长期性、信息不对称等因素而无法享受政策红利。

第二，企业税费负担可能存在"税减费升"的跷跷板效应。目前，多项减税政策的实施减少了地方政府的财政收入，而面对巨大的财政支出压力，政府是否会变相通过增加企业收费来弥补财政缺口。同时，我国收费项目多，行政性事业性收费及服务经营性收费项目难以界定，制度性隐性成本高，还应重点关注游离在预算外的收费项目。

第三，上海企业社保缴费负担过重。近年来，上海市老龄化问题严重，通过不断上调企业社保缴费基数和缴费比例来弥补社保基金缺口。上海市是全国为数不多的，企业缴费比例为20%，这进一步加重企业负担。尤其是在提高工资呼声的前提下，工资增加额中社保缴费占43%，显著增加了企业成本、加重了经营负担，进而降低企业竞争力，导致投资吸引力也随之下降。

基于以上问题，近期主要从上海的上市公司税负问题、企业的缴费状况两方面展开分析。

（二）企业承担的税费概念界定

截至目前，我国理论界和实务界就企业承担的实际税费负担水平始终存在分歧的关键症结是：尚未就衡量税费负担的标准、口径达成共识。课题组在梳理了国内外关于宏观税费、微观税费概念和标准的基础上，确定了衡量上海企业承担税费的标准和口径。

1. 税收负担的定义

税收负担（简称"税负"），是指税收收入和可供征税税基之间的对比关系，是纳税人因履行纳税义务而承受的一种经济负担。按照税负层次可将其划分为宏观税负和微观税负。宏观税负是一定时期内（通常是一年）国家税收收入总额在整个国民经济体系中所占的比重，是从全社会的角度来衡量税收负担，综合反映一个国家或地区税收负担的总体情况。微观税负是纳税人实际缴纳税额占其可支配产品（如营业收入、利润总额等）的比重。

（1）宏观税负的分类及上海的宏观税负现状分析

在测算宏观税负时一般有三种统计口径：一是小口径，指税收收入占GDP 的比重；二是中口径，指税收和社会保险基金之和占 GDP 的比重，此口径与 OECD 国家的测算一致；三是大口径，课题组采用杨灿明、詹新宇（2016）定义的口径，将政府全部收入占 GDP 的比重作为衡量宏观税负的标准。其中，政府全部收入即"政府的财政收入"。

一般来说，小口径的测算依据较为片面，容易低估我国的宏观税负。以OECD 测算口径为借鉴依据的中口径宏观税负测算仍容易低估我国的宏观税负，但此口径下测算的税负便于与国际宏观税负比较。大口径测算方法是将一般公共预算收入、政府性基金预算收入、国有资本经营预算收入以及社会保险基金预算收入（以下简称"四套账"）直接简单加总后计算其占 GDP 的比重。上述四套账中存在部分重叠，例如中央公共财政收入调入政府性基金的资金、国有资本经营收入调入公共财政的资金和公共财政对社会保险基金的补助。因此，计算所得的宏观税负略有偏高。

基于以上概念界定，课题组测算了全国、上海市 2014~2017 年三种口径的宏观税负（见表3）。

表3 显示，小口径宏观税负，上海与全国的水平相近；中口径宏观税负，上海近四年数据明显高于全国水平且差距拉大；小口径宏观税负与中口

表3 全国、上海宏观税负水平

单位：%

年份	大口径		中口径		小口径	
	全国	上海	全国	上海	全国	上海
2014	36.7	40.89 ↑	23.46	28.60 ↑	18.74	17.90 ↓
2015	35.3	44.63 ↑	23.00	32.35 ↑	18.13	19.34 ↑
2016	35.3	45.29 ↑	22.44	33.91 ↑	17.53	19.97 ↑
2017	35.3	42.71 ↑	22.24	33.23 ↑	17.45	19.46 ↑

资料来源：财政部各年全国财政决算报告和《中国统计年鉴2017》；上海市各年财政决算报告，https：//www.czj.sh.gov.cn/zys_8908/czsj_9054/zfyjs/yjsbg_9056/201801/t20180129_176969.shtml。

径宏观税负之间主要相差社会保险基金占 GDP 的比重，据此我们推断，上海缴纳社会保险基金占比高于全国缴纳社会保险基金占比。同时，上海中口径、大口径宏观税负比全国宏观税负要高出约 10 个百分点。为了进一步比较上海和全国的宏观税负水平，将该测算方法下的全国宏观税负和上海宏观税负比较，绘制宏观税负对比图 1。

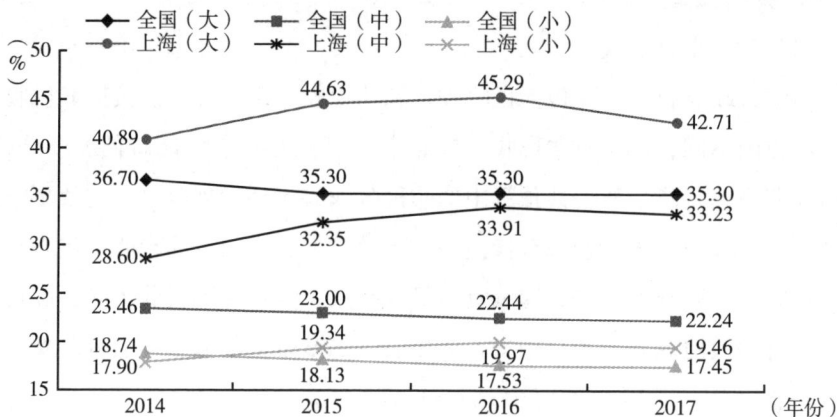

图1 2014～2017年全国及上海宏观税负情况（大口径、中口径、小口径）

图 1 显示，上海宏观税负是高于全国宏观税负的，且在全国宏观税负呈微降局势下，上海宏观税负呈显著上升趋势。这说明，上海宏观税负不仅高

于全国宏观税负而且还在不断上升。因此，分析原因，找出症结所在，进而提出进一步降低上海税负方案迫在眉睫。

（2）微观税负

微观税负是指纳税人实际缴纳的税收金额，即从纳税人角度衡量企业、个人等微观经济主体的税负水平。合理的微观税负比例，不仅有利于调动纳税人的纳税积极性，也可保持合理的利润水平。

关于微观税负水平的测算指标也存在分歧，课题组是以上市公司为样本测算上海企业承担的税收负担，因此选用了目前主要的数据库——国泰安数据库（CSMAR）中衡量企业税负的指标，主要包括：流转税税负、综合税负A、综合税负B、所得税税负、总税负等五项指标。其中，流转税税负是指营业税金及附加占营业收入之比；综合税负A是指营业税金及附加与所得税费用之和占营业收入之比；综合税负B是指营业税金及附加与所得税费用之和占利润总额之比，这一指标与世界银行测算各国企业总税负的指标最为接近，也是我们重点分析的指标；所得税税负是指企业所得税费用占利润总额之比。

2. 企业缴费项目界定

（1）政府收入分类

通常，政府收入主要包括税收收入和非税收入两大部分。按照非税收入组成项目的不同，通常对非税收入按照小、中、大三个统计口径展开分析。小口径非税收入指一般公共预算中的非税收入，包括专项收入、行政事业性收费、罚没收入、国有资源有偿使用收入及其他；中口径非税收入包含小口径非税收入、政府性基金、国有资本经营收入；大口径非税收入是指除税收收入以外的政府收入，即在中口径非税收入的基础上加入了社会保险费、住房公积金（计入缴存人个人账户部分）等。

表4显示，企业缴纳的税主要是增值税、企业所得税、城市维护建设税、房产税、印花税、城镇土地使用税、土地增值税、车船税、耕地占用税、契税，缴纳的费用主要是行政事业性收费、政府性基金、社会保险费等。

表4　政府收入分类与企业缴费对照

	政府收入	企业缴纳部分
税收收入	增值税、企业所得税、个人所得税、城市维护建设税、房产税、印花税、城镇土地使用税、土地增值税、车船税、耕地占用税、契税	增值税、企业所得税、城市维护建设税、房产税、印花税、城镇土地使用税、土地增值税、车船税、耕地占用税、契税
非税收入	纳入一般公共预算部分	涉企行政事业性收费、涉企政府性基金、社会保险费等
	政府性基金预算收入	
	社会保险基金预算收入	
	国有资本经营预算收入	利润、股利、股息、清算等

（2）企业上缴非税项目界定

根据新预算法，政府预算包括一般公共预算、政府性基金预算、国有资本经营预算、社会保险基金预算。以上海2016年的预算体系为例，将大口径非税收入按照这"四本预算"进行分类，列出政府非税收入与企业缴纳费用，涉及的利润、股利、利息及清算等对照表，内容见表5。

表5显示，一般公共预算中近80%的项目均由企业缴纳。而在政府性基金中，除新增建设用地土地有偿使用费外，均为企业缴纳。社会保险基金中，企业缴纳的为养老保险、医疗保险、失业保险、生育保险、工伤保险部分。国有资本经营预算与国有企业的利润、股利、股息、清算等有关，不是企业缴纳的费用。基于数据的可得性，我们将针对企业缴纳的非税项目主要分为涉企收费和社会保险费两部分展开研究。

表5　上海市非税收入项目与企业缴纳部分对照表

政府预算	非税收入项目	其中企业缴纳的非税项目
一般公共预算	1. 专项收入：①教育费附加收入；②地方教育费附加收入；③文化事业建设费收入；④残疾人就业保障金收入；⑤教育资金收入；⑥农田水利建设资金收入；⑦水利建设专项收入；⑧其他专项收入； 2. 行政事业性收费收入； 3. 国有资源（资产）有偿使用收入； 4. 政府住房基金收入；5. 其他收入	1. 教育费附加；2. 地方教育费附加；3. 文化事业建设费；4. 残疾人就业保障金；5. 教育资金；6. 农田水利建设资金；7. 水利建设基金；8. 行政事业性收费；9. 国有资源（资产）有偿使用费；10. 政府住房基金

续表

政府预算	非税收入项目	其中企业缴纳的非税项目
政府性基金预算	1. 新增建设用地土地有偿使用费收入；2. 城市公用事业附加；3. 国有土地使用权出让；4. 国有土地收益基金收入；5. 农业土地开发资金收入；6. 彩票公益金收入；7. 城市基础设施配套费收入；8. 车辆通行费收入；9. 港口建设费收入；10. 彩票发行销售机构业务费收入；11. 污水处理费收入；12. 其他政府性基金收入	1. 城市公用事业附加费（2017年取消）；2. 国有土地使用权出让；3. 国有土地收益基金；4. 彩票公益金；5. 农业土地开发资金；6. 城市基础设施配套费；7. 车辆通行费；8. 港口建设费；9. 彩票发行销售机构业务费；10. 污水处理费；11. 其他政府性基金
社会保险基金预算	1. 企业职工基本养老保险基金收入；2. 机关事业单位基本养老保险基金收入；3. 失业保险基金收入；4. 基本医疗保险基金收入；5. 工伤保险基金收入；6. 生育保险基金收入；7. 城乡居民基本养老保险、医疗保险基金收入；8. 小城镇基本养老保险、医疗保险基金收入	1. 养老保险；2. 医疗保险；3. 失业保险；4. 生育保险；5. 工伤保险
国有资本经营预算	1. 利润收入；2. 股利、股息收入；3. 清算收入；4. 其他国有资本经营预算收入	利润、股利、股息、清算等

资料来源：上海市2016年《一般公共预算收入预算表》《政府性基金收入预算表》《国有资本经营收入预算表》《社会保险基金收入预算表》等，课题组整理所得。

二 上海企业税收负担测度－基于数理分析

基于研究需要，本报告选用了国泰安数据库（CSMAR）2010～2017年的年报数据。截至2017年12月31日，上海证券交易所、深圳证券交易所、中小板交易市场、创业板市场上市的企业中，注册地为上海地区的均纳入我们的研究范围，共计270家企业。对270家公司进行了筛选：第一步，剔除2家农业渔业类上市公司（雪榕生物、开创国际）、3家综合类公司；第二步，剔除所有权属不明确的企业，共计15家；第三步，剔除7家金融保险类企业，由于金融行业财务报表要求和一般非金融企业的要求不一样，所以剔除金融保险企业；第四步，剔除9家ST类上市公司；第五步，剔除2010～2017年数据缺失的87家上市公司。筛选后保留了147家上市公司的相关数据信息。进一步地，我们根据1%的极值剔除标准剔除部分数据后以每年公司数为分母求均值，得到了 2010 ～ 2017 年上海上市公司的流转税税负、综合税负 A、综合税负 B、所得税税负和总税负五项指标平均值，以考察上海上市公司税收负担情况，主要从所有权属性、产业结构两方面分析上市公司的税负情况，即国有、非国有企业，第二、第三产业。

（一）流转税税负对比分析

衡量流转税税负的指标采用了国泰安数据库的流转税作为标准，即：

$$流转税税负 = \frac{营业税金及附加}{营业总收入} \times 100\% \tag{1}$$

根据公式（1）得到了 2010 ～ 2017 年上海上市公司的流转税税负平均值形成图 2。

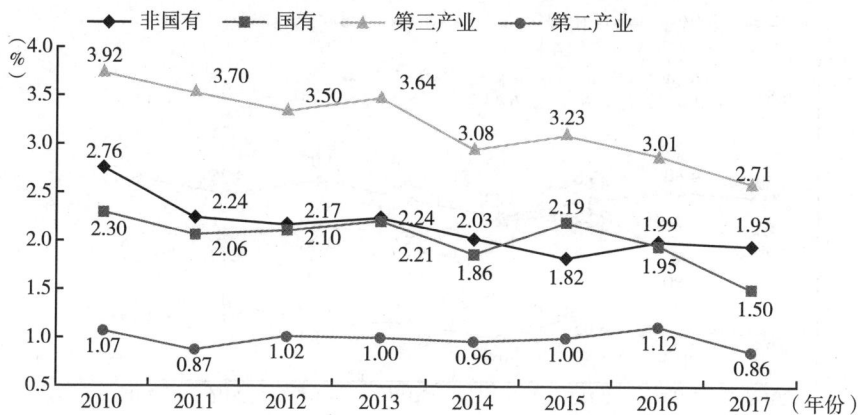

图2 上海上市公司流转税税负趋势

图 2 显示，第二产业的流转税税负平均值一直在 1% 附近浮动，第三产业则整体处在下降趋势，这说明"营改增"后的降税效果逐步显现；除了 2015 年之外，国有企业的流转税税负总体低于非国有企业，"营改增"后下降速度也快于非国有企业。这说明，在这 8 年中非国有企业对上海税收收入贡献较大，同时说明也存在着企业所有权不同，承担的税负负担不同现象。

（二）综合税负 A 比较分析

综合税负 A 是指企业缴纳的营业税金及附加与所得税费用之和占营业收入的比重。这是一个较为普遍的衡量企业整体税负的指标。在国泰安数据库中将其命名为综合税负 A，参见公式（2）。

$$\text{综合税负 A} = \frac{\text{营业税金及附加} + \text{所得税费用}}{\text{营业总收入}} \times 100\% \qquad (2)$$

图 3 显示：2013 年以来，非国有企业的综合税负 A 整体呈上升态势，国有企业的综合税负 A 整体呈下降趋势，且差距逐渐扩大；第二产业的综合税负 A 一直低于第三产业，不过 2016 年以来差距明显缩小。这说明"营改增"带来的进项抵扣有利于此前缴纳营业税的第三产业降低税负。

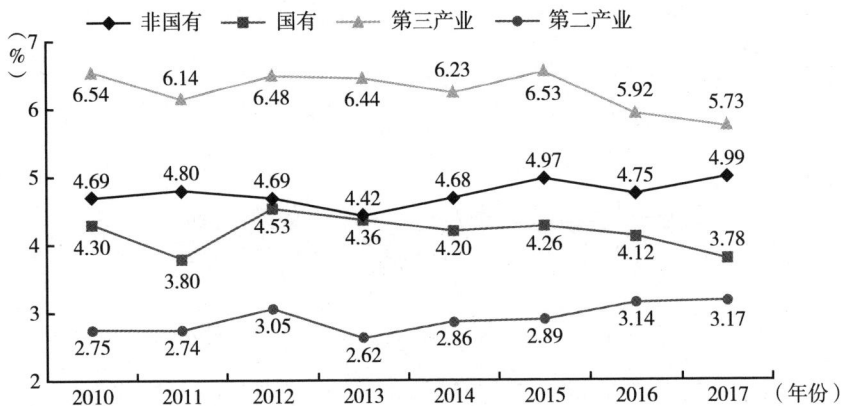

图 3　上海上市公司综合税负 A 趋势

（三）综合税负 B 比较分析

综合税负 B 是企业缴纳的营业税金与所得税费用之和与利润总和之比，以测算其实际承担的总税负，参见公式（3）。这一指标非常接近世界银行测算各国总税负的指标。因此，这一指标的计算结果将会用来做国际比较。基于这一指标绘出综合税负 B 的趋势图 4。

$$综合税负 B = \frac{营业税金及附加 + 所得税费用}{利润总额} \times 100\% \tag{3}$$

图 4 显示，综合税负 B 年平均值波动较大。以 2010 年数据为参照，2011～2013 年，非国有企业的综合税负呈增长趋势，2014 年短暂下降后 2015～2016 年继续上升，2017 年则有所回落，整体波动大；而国有企业综合税负 B 自 2012 年至 2017 年波动较大，且始终显著高于非国有企业。课题组认为，导致国有企业综合税负 B 波动较大的主要原因是营业收入与利润总额之间的差距。2017 年非国有企业综合税负 B 与国有企业综合税负 B 之间的差距显著减小且呈降低趋势，这意味着降税效果显现，但降幅不大，说明还有进一步降低税负的空间。类似的，第二产业的综合税负 B 一直低于第三产业，2011～2017 年的波动也小于第三产业。这说明 2012～2016 年，增值税从扩围至全面"营改增"的税制改革进程中，对第三产业的上市公司影响整体较大，相应地对企业经营也产生较大影响，这是后续税制改革需要考虑的重要因素，以优化第三产业的营商环境。

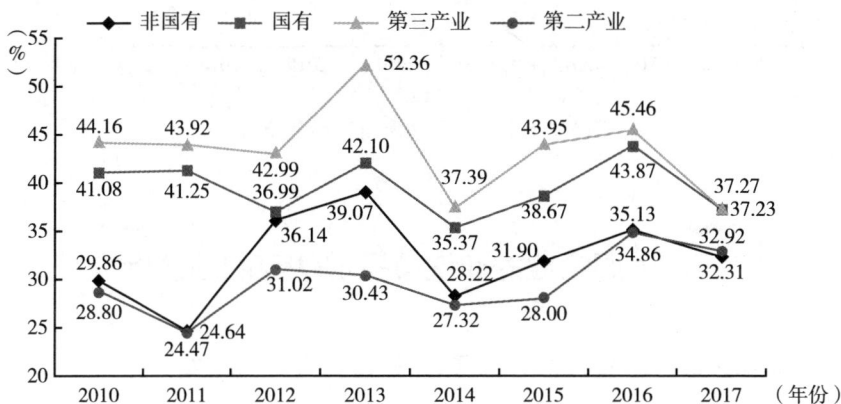

图 4　上海上市公司综合税负 B 趋势

（四）所得税税负比较分析

所得税税负标准是一个通用指标，即企业年所得税费用占利润总额之比，以考察企业所得税占利润的比重，参见公式（4）。

$$所得税税负 = \frac{所得税费用}{利润总额} \times 100\% \qquad (4)$$

图 5 显示，国有企业和非国有企业所得税税负整体呈增加趋势。国有企业由 2010 年的 17.62% 增加到 2017 年的 19.68%；非国有企业的所得税税负在 2010～2017 年波动较大。第三产业的所得税税负始终高于第二产业，但第二产业的所得税税负总体呈上升趋势，2016 年达到约 20%，2017 年下降至 17.71%。

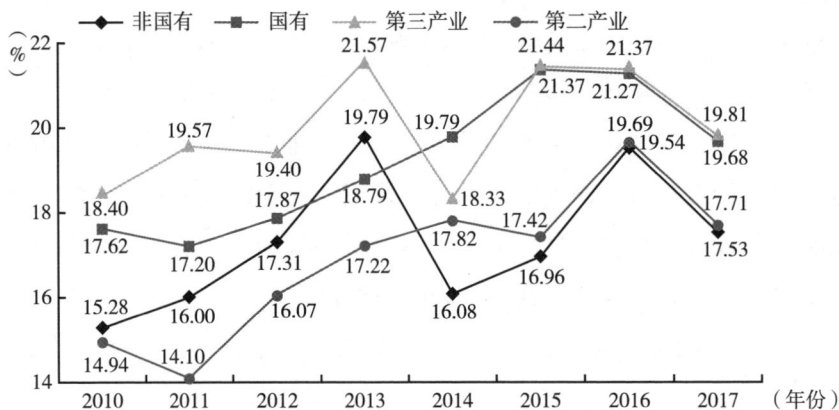

图 5　上海上市公司所得税税负趋势

三　上海企业的非税负担现状与问题分析

企业承担的税费负担中，除了国家征收的税收之外，另一主要构成则是各类收费项目。在测算上海企业承担的税收负担之后，接下来将重点分析企业缴纳的费用，从而全面考察企业缴纳的税费情况。非税收入来自企业和个人，由于公开数据中没有将两者区分，加之个人缴纳的比例小且相对固定，因此课题组用非税收入总额考察企业缴纳的收费规模。即政府预算中包括一般公共预算、政府性基金预算和社保基金预算等各项。

经过历年的持续清理规范，上海的非税收入占一般公共预算收入比重仅高于北京，整体情况良好，这表明上海的营商环境位居国内前列。

（一）非税收入占比全国最低，总量居高不下

进一步考察上海2010～2017年非税收入后发现以下问题：第一，上海非税收入的规模呈现整体递增态势，从2010年的165.78亿元增加至2016年的780.2亿元，2017年非税收入有所下降，至776.80亿元；第二，2010～2016年，上海非税收入占一般公共预算收入的比重整体攀升，2016年达到12.18%，是2010年的2.11倍，2017年则下降0.49个百分点至11.69%；第三，上海的税收收入占一般公共预算收入的比重整体递减，从2010年的94.23%下降至2016年的87.82%，2017年上升0.49个百分点至88.31%（见表6）。

表6　2010～2017年上海市纳入一般公共预算收入中的非税收入变动情况

单位：亿元，%

年份	非税收入	一般公共预算收入	非税收入/一般公共预算收入	税收收入/一般公共预算收入	非税收入/GDP
2010	165.78	2873.58	5.77	94.23	0.97
2011	257.11	3429.83	7.50	92.50	1.34
2012	316.92	3743.71	8.47	91.53	1.57
2013	312.35	4109.51	7.60	92.40	1.43
2014	366.50	4585.55	7.99	92.01	1.56
2015	661.34	5519.50	11.98	88.02	2.63
2016	780.20	6406.10	12.18	87.82	2.84
2017	776.80	6642.30	11.69	88.31	2.58

资料来源：2010～2017年《上海市一般公共预算收入执行情况表》，https：//www.czj.sh.gov.cn/was5/web/search？channelid=209150。

图6显示，上海2017年一般公共预算中非税收入占比仅高于北京，为11.69%，但非税收入总量位居全国第20名。因此，上海具有降低非税收入的空间。

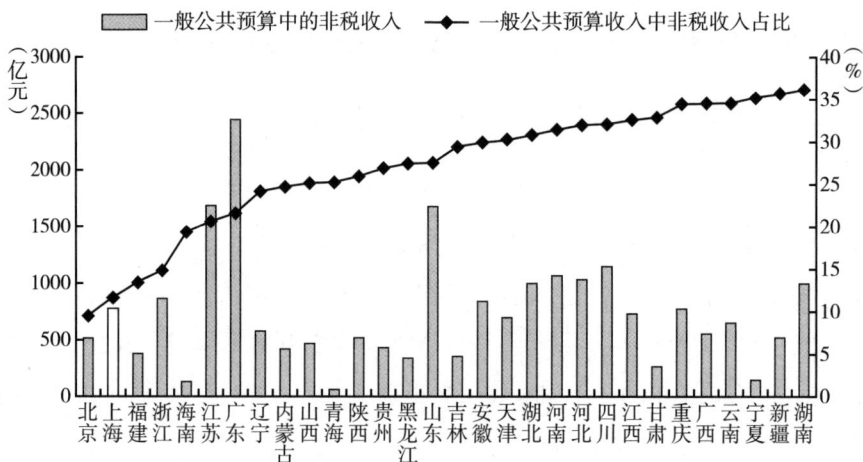

图6　2017年全国纳入一般公共预算收入的非税收入排名

（二）上海企业负担的社会保险费水平偏高

社会保险费包含养老保险、失业保险、医疗保险、工伤保险和生育保险等费用，由企业和个人按照一定的比例共同缴纳，其中企业缴纳占主要部分。上海的个人、企业缴纳社会保险费制度严格和规范。保障就业人员利益的做法必须肯定，但是关于缴费基数大小、缴费比例高低则需要进一步展开分析。

1. 社保最低缴费基数、比例居全国之首

为观测上海社保缴费水平，课题组以2017年一线城市以及根据《2017城市商业魅力排行榜》划分的新一线城市社会保险企业缴费比例进行对比，主要从社保缴费比例展开分析。由于工伤保险多数地区采用浮动比例，因此未统计在内。

表7显示，上海的社保总缴费比例居全国之首。其中，养老保险方面：上海与同处于长江三角洲的其他城市相比，缴费比例最高；杭州、宁波的养老保险缴费比例仅仅为14%，比上海的养老保险缴费比例低了6个百分点。医疗保险方面：上海企业的基本医疗保险缴费比例为9.5%，居全国第三。过高的缴费比例增加了企业的用工成本，压缩了企业的利润空间，制约了企

业的竞争力。并且地域间缴费比例的差异，对企业来说是不公平的，这也是养老保险全国统筹首先要解决的问题。

表7　2017年一线城市及新一线城市社会保险企业缴费基数和比例对比

单位：元，%

类别	地区	养老保险最低缴费基数	养老保险最高缴费基数	基本养老保险企业缴纳比例	基本医疗保险企业缴纳比例	失业保险企业缴纳比例	生育保险企业缴纳比例	企业缴纳比例合计	根据企业缴纳比例排序
一线城市	上海	3902	19512	20	9.50	0.50	1.00	31.00	1
	北京	3082	23118	19	9.00	0.80	0.80	29.60	3
	广州	2906	18213	14	7.00	0.64	0.85	22.49	17
	深圳	2030	22440	13	6.00	1.00	0.50	20.50	18
新一线城市	天津	3159	15795	19	11.00	0.50	0.50	31.00	2
	沈阳	3372	16861	20	8.00	1.00	0.60	29.60	4
	南京	2772	18171	19	9.00	0.50	0.80	29.30	5
	郑州	3057	15287	19	8.00	1.20	1.00	29.20	6
	苏州	2802	19613	19	8.00	0.50	1.00	29.00	7
	青岛	2946	14730	18	9.00	0.70	1.00	28.70	8
	武汉	3093	17991	19	8.00	0.70	0.70	28.40	9
	长沙	2695	13473	19	8.00	0.70	0.70	28.20	10
	西安	3082	15406	20	7.00	0.70	0.25	27.95	11
	大连	3181	15903	18	8.00	0.50	1.20	27.70	12
	重庆	3370	16847	19	7.50	0.50	0.50	27.50	13
	杭州	2820	14097	14	11.50	0.50	1.00	27.00	14
	成都	2193	16445	19	6.50	0.60	0.60	26.70	15
	宁波	3068	15335	14	9.00	0.50	0.70	24.20	16
	东莞	2906	18213	13	1.80	0.50	0.46	15.76	19

注：按照缴费比例合计降序排列。

资料来源：课题组根据各地社保局网站公布数据整理而得。

2. 上市公司社保费负担率居全国前列

课题组选取147家公司2010～2017年年报"应付职工薪酬"附注中基本养老保险费、医疗保险费、失业保险费、工伤保险费、生育保险费当年减少额的合计数作为其上缴社保费，求得企业缴纳社保费的年平均值，据此绘制出图7。

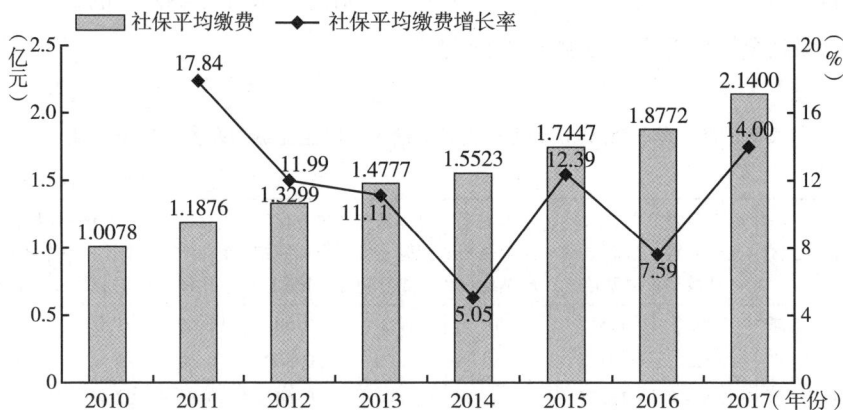

图7 上海市上市公司平均社保缴费数额及增长率

图7显示，上海上市公司平均每年缴纳的社保费均超过一亿元，且呈现逐年递增态势。2014年，社保缴费增长率从上年的11.11%一路下滑至5.05%，降幅约为55%。究其原因是，2014年上海市下调了社会保险费率，企业缴费比例从2011年的37%下调至35%，导致企业缴费总额增长率大幅下跌。而2015年，企业缴费增长率增至12.39%，增幅达到11.5%，其主要原因在于缴费比例的下降，提升了企业缴费积极性，进而提高了实际缴费水平。2016年，企业缴费增长率也有较大幅度的下降，即从12.39%下降至7.59%，降幅为38.7%。主要原因是，2016年上海再次下调社保缴费比例，企业养老保险、医疗保险、失业保险缴费比例分别下调1个、1个、0.5个百分点；工伤保险缴费比例由原来的0.5%调整为0.2%～1.9%的浮动费率。2017年医疗保险、失业保险缴费比例继续分别下调0.5个百分点，但是企业缴费增长率反而增至14%，达到近五年以来的新高，说明缴费比例的适度下降可以提高企业缴费的积极性，但也说明上海上市公司为员工缴纳的社保费增长速度还是比较快的。

进一步地，课题组参照世界银行测算各国总税负的指标，即以企业税金与社保费之和占利润总额之比测算企业的税费负担，形成图8。

图8显示，缴费负担率与税负方面：上海上市公司平均社保缴费负担率

总体水平维持在 19% ~ 30%；2010 ~ 2017 年企业含社保费的综合税负 B 均高于 55%。其中最低是 2010 年为 55.18%，最高是 2013 年为 69.74%，2017 年上海企业综合税费负担为 59.74%。在世界银行和普华永道统计的《2018 年营商环境报告》中，中国以 67.3% 的总税率在亚洲居第 12 名，其中劳动力税费（"五险一金"）高达 48.1%，而美国不足 10%。据此，我们认为，上海企业税费负担较重，并且其主要原因是较高的社保费。

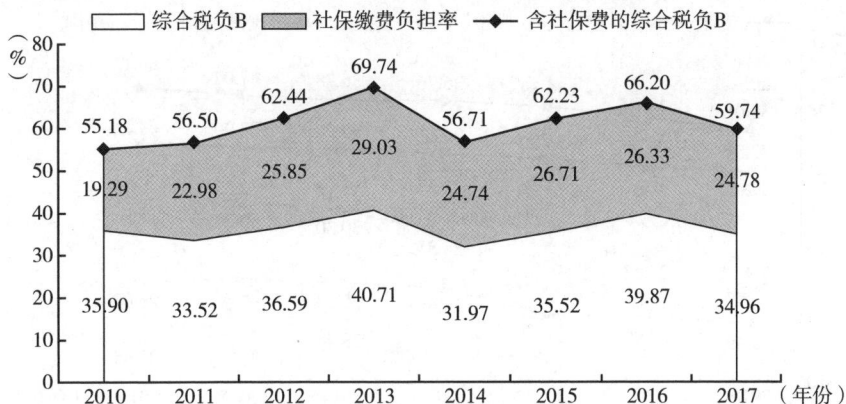

图 8　上海上市公司平均税费负担率

四　税费负担的国际比较—基于 OECE 与世界银行指标

目前，国际上衡量各国企业税费负担的指标主要是 OECD 的宏观税费负担、世界银行的的企业微观税费负担口径。为了进一步考察上海企业的税费负担情况，课题组将分别用这两个口径进行比较。

（一）OECD 主要国家的宏观税负比较

经济合作与发展组织（OECD）官网所提供的税收收入包括所得税、利润税、社会保障费（税）、货物和服务税、工薪税、所有权和转让权税以及其他税收中收取的部分。宏观税负是指税收总额占 GDP 的比重，表示政府通过税收收取的国内产出份额，它也可以被看作政府控制经济资源的程度，是全球广泛采用的衡量一国宏观税负的指标。

由于 OECD 发布的信息只到 2016 年，因此课题组搜集整理了 2010 ~ 2016 年 OECD 主要国家的宏观税负数据，主要包括美国、英国、德国、日本四国。同时，以 OECD 的宏观税负口径为参照，即以税收收入与社会保险基金收入之和占 GDP 的比重计算中国的宏观税负，绘制图 9。

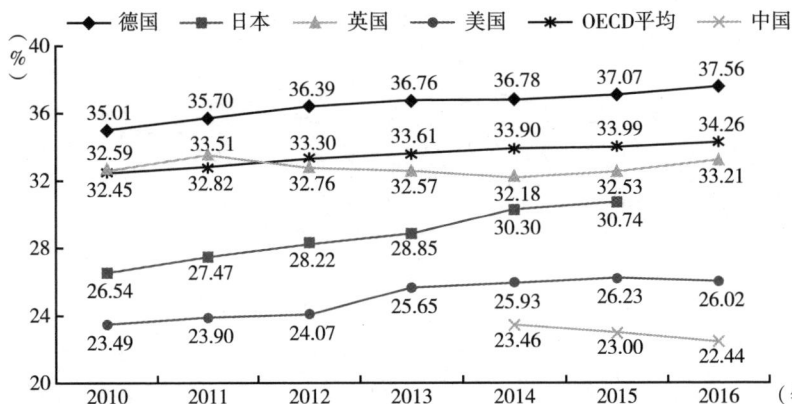

图 9 2010 ~ 2016 年 OECD 主要国家及中国的宏观税负变化趋势

资料来源：OECD 网站，https：//data. oecd. org/tax/tax - revenne. htm? context = OECD；中国数据取自《中国统计年鉴 2017》，http：//www. stats. gov. cn/tjsj/ndsj/2017/indexch. htm。

图 9 显示，就宏观税负而言，中国并不高，处于较低水平。以 2016 年为例，与 OECD 成员国 34. 26% 的平均水平比较，我国的 22. 44% 低了约 10 个百分点。德国的宏观税负处于最高水平，有可能不利于经济发展。但是德国在高税负前提下，保持着高福利水平，如教育、社会保障、公共医疗卫生等福利性支出占国家财政支出的一半以上。经过几次大幅改革，德国的公司税已低于美英等国，这对提高企业竞争力将有很大帮助。我国大部分的政府开支则集中于经济建设，虽然福利性支出每年都在增长和完善，但与发达国家比起来仍相差较远，税费的缴纳与社会福利的失衡使人们加倍感觉到税负的沉重。整体来说，我国的宏观税负水平是比较低的，但是由于不同的税率

设定和计税依据，对于企业而言，宏观税负无法真实准确地反映出企业真正承担的税负。

（二）世界银行测算的各国微观税负

世界银行的总税率是指不考虑增值税及个税等代扣代缴税款，在一定时期内企业缴纳的税费，包括企业所得税、劳务税及其他之和占同期商业利润的份额；劳务税在中国即"五险一金"，包括养老保险、医疗保险、失业保险、工伤保险和生育保险及住房公积金，商业利润指企业缴纳所有税款前的利润总额。课题组运用2013年到2017年的相关数据分析比较主要国家的税负情况。考虑到印度与我国均处于中等收入发展中国家，因此将印度纳入比较范围以体现研究的科学性。

图10显示，主要国家的税负变化情况与OECD口径测算出来的结果相异，中国的税负位于最高水平且始终居高不下，在68%附近小幅波动。近年来，无论是国外的测算还是我国企业家都表示，中国企业承担的税负较重。

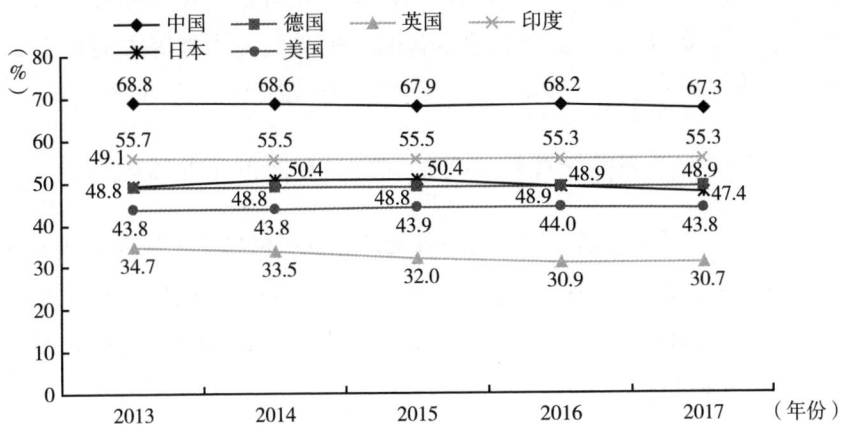

图10 2013～2017年世界银行测算的主要国家税负变化趋势

尽管对中国企业税负全球排名是否居高位各方有不同看法，但针对当前企业税费负担重并没有争议。

五 进一步降低上海企业税费负担的政策建议

世界银行《2019年营商环境报告》显示，中国内地得分仅为73.64分，排在第46位，较上年排名上升32位（排名第1位的新西兰得分为86.59分）。① 上海作为中国内地采集样本地之一，占45%的权重，但其在税收方面的得分只有66.30分。虽然没有进行单独排名，根据印度税收方面得分65.36分排第121位可知上海企业税负在世界上名次不高，且与国际先进水平差距甚远。

与此同时，2018年上海政府工作报告特别指出：上海要深入推进行政审批制度改革，全面实施优化营商环境的行动方案，加快形成行政审批最少、收费最少、效率最高、透明度最高的国际一流营商环境。在宏观层面减税清费的背景下，上海将根据区域的现实特点和未来发展方向提出相应的政策建议。课题组建议，上海应最大限度地激励企业创新，以确保企业充分享受和利用国家税收优惠政策，持续清费降费，完善社会保障体系等。并从"减税"、"清费降费"、试点社会保险税、完善配套措施等方面提出具体措施。

（一）多维度激励企业转型升级，进一步降低企业税收负担

目前，上海进入了第三产业为主导的产业发展格局。在当今全球制造业复兴的浪潮中，建议上海加快传统制造业转型升级、优先发展先进制造业②，同时加快科创中心、自贸区自贸港等建设，以激励企业转型升级，切实降低企业税收负担。

---

① 世界银行：《2019年营商环境报告：强化培训，促进改革》，2018年10月31日。
② 先进制造业，相对于传统制造业而言，是指制造业不断吸收电子信息、计算机、机械、材料以及现代管理技术等方面的高新技术成果，并将这些先进制造技术综合应用于制造业产品的研发设计、生产制造、在线检测、营销服务和管理的全过程，实现优质、高效、低耗、清洁、灵活生产，即实现信息化、自动化、智能化、柔性化、生态化生产，取得很好的经济收益和市场效果的制造业总称。

2018 年全国两会工作报告也从降税的角度提出具体意见，即"改革完善增值税，按照三档并两档方向调整税率水平，重点降低制造业、交通运输等行业税率，提高小规模纳税人年销售额标准。大幅扩展享受减半征收所得税优惠政策的小微企业范围。大幅提高企业新购入仪器设备税前扣除上限。实施企业境外所得综合抵免政策。扩大物流企业仓储用地税收优惠范围。继续实施企业重组土地增值税、契税等到期优惠政策。全年再为企业和个人减税 8000 多亿元，促进实体经济转型升级，着力激发市场活力和社会创造力。"以上具体措施的实施都将进一步降低我国企业税收负担。

1. 促进先进制造业与生产性服务业融合发展，大力发展低税率新兴产业

2016 年 6 月上海发布了《上海市制造业转型升级"十三五"规划》（以下简称《规划》），力争在"十三五"期间综合竞争力迈入世界先进行列，把上海打造成为具有高附加值、高技术含量、高全要素生产率的全球国际高端智造中心之一。不仅如此，上海还于 2018 年 1 月 4 日正式发布《上海市城市总体规划（2017—2035 年）》，也指出要着力保障本地区先进制造业的发展。

基于上文数理分析可知，上海第三产业税负相对高于第二产业。此外，上海已逐步形成以现代服务业为主体、战略性新兴产业为引领、先进制造业为支撑的现代产业体系。[①] 2017 年上海第三产业占 GDP 的比重从 60.2% 提升至 69%，战略性新兴产业中制造业产值占工业总产值的比重提高至 6.8%，为进一步维护和培育第三产业，同时降低企业税负，建议激励并引导发展低税率的战略性新兴产业。

2. 强化企业科研创新能力，降低企业所得税税负

根据《规划》等提出的目标，"中国智造"已成为上海未来发展重心。制造业可以通过技术创新有效降低人工、能源等成本，因此上海企业仍需进一步提升自主创新能力，致力于先进制造核心技术的研发，同时提高产品质

---

① 上海市第十五届人民代表大会第一次会议，上海市市长应勇做政府工作报告，2018 年 1 月 23 日。

量及可靠性等指标。据此，建议充分利用企业所得税税收优惠的优势，大力发展各区特色产业，向各区普及税收优惠政策，尽可能减少门槛设置，真正实现为企业服务。企业所得税各要素的设定应重点关注企业科研创新，增加加计扣除等税收优惠政策，以强化企业整体竞争优势。

3. 深化自贸区自贸港建设，积极争取免税优惠

上海自由贸易试验区是区域性自由贸易园区，于 2013 年正式挂牌成立。同时，上海正按中央部署筹划建立自由贸易港，于 2017 年 3 月印发《全面深化中国（上海）自由贸易试验区改革开放方案》，提出了自由贸易港区建设初步方案，即在洋山保税港区和浦东机场综合保税区等设立高水平自由贸易港区，对标国际上具有代表性的自贸区、自由港，实施新的监管政策和体制机制。2017 年 10 月 19 日，习近平总书记在中共十九大报告中也提出，要赋予自由贸易试验区更大的改革自主权，探索建设自由贸易港。

（二）多层次优化营商环境，进一步清费降费

如何有效降低企业成本负担，保持相对合理的运行成本，是优化上海企业营商环境的重要组成部分，对于促进上海积极培育新的经济增长点，参与全球合作竞争，推动经济实现高质量增长至关重要。因此，只有"清费降费"与"减税"联动，才能切实为企业减负。对于"清费降费"而言，建议全面推开涉企收费公示制，各级地方政府积极开展对外公布涉企收费清单的工作。"继续阶段性降低企业'五险一金'缴费比例。降低电网环节收费和输配电价格，一般工商业电价平均降低 10%。深化收费公路制度改革，降低过路过桥费用。加大中介服务收费清理整顿力度。全年要为市场主体减轻非税负担 3000 多亿元，不合理的坚决取消，过高的坚决降下来，让企业轻装上阵、聚力发展。"以上具体措施的全面施行，都将为企业进一步清费降费，优化营商环境。

值得肯定的是，自 2016 年开始，上海就建立了"行政事业性收费与政府性基金目录清单"专栏以提高收费规则透明度，吸纳全社会监督，有效制止各种乱收费现象。上海的目标一直都是成为"行政效率最高、行政透

明度最高、行政收费最少的地区之一"。在税费结构优化进程中，上海走在了国内前列，非税收入占比全国最低，但仍然有进一步减并的空间。

1. 厘清市区两级收费项目，持续减费降费

自 2008 年上海建立行政事业性收费常态化清费机制以来，2017 年上海市持续深化清理，全年新增降费规模约 175 亿元。进一步下调社保缴费比例，降费 80 亿元。其中，上海市结合自身实际情况自主出台实施的一系列降费措施年减负规模约 46 亿元，包括制度性降低上海市医保费率 0.5 个百分点、取消内河货物港务费等 5 项收费项目、下调残疾人就业保障金计费比例 0.1 个百分点。[①]

因此，一方面，需要继续加大清费降费力度，以减轻企业负担；另一方面，取消或减少部分涉企经营服务性收费，清理、规范社团以及中介服务项目和收费。在涉及特定企业或行业时，建议市级财政在促进特定行业健康发展的前提下，主动减免如药品检测费、房地产交易手续费、环境监测服务费等针对性较强的项目。

2. 着眼于企业长远发展，尽快降低社保缴费率

世界银行发布的《2019 年营商环境报告》显示，在 190 个经济体中，从税负（含社会保险费）的角度看，我国营商环境列第 114 位，而 2012 年我国营商环境排名第 122 位。即中国企业的税负排名在过去 7 年中仅上升了 8 位，远不及我国营商环境整体的上升速度。因此，在全面引导上海企业充分享受国家税收优惠政策的同时，如何进一步深化改革、调整企业另一重要非税负担——社会保险费，进而最大限度地降低企业税负，显得尤为重要。

从各国 2016 年企业社会保险缴费比例来看，其包括高福利国家（瑞典、挪威等），有社会保险型国家（美国、英国、德国、日本等），也有强调个人缴费责任为主的强制储蓄型国家（新加坡、智利等）。我们以国际社会保障总署 2016 年数据观测各国社保项目缴费比例，详见表 8。

---

① 上海市财政局新闻通气会，https：//www.czj. sh. gov. cn/zys_ 8908/xwzx_ 8909/czyw/2017 12/t20171222_ 176711. shtml，2017 年 12 月 22 日。

表8　2016年全球代表性国家企业社会保险缴费比例

单位：%

类型	国家	养老	医疗和生育	失业	工伤	合计
高福利 国家	瑞典	16.23	7.45	2.91	0.3	26.89↓
	挪威	14.1	0	0	0	14.1
社会保险 型国家	美国	6.2	1.45	0.6	0	8.25
	英国	13.8	1.9	0	0	15.7↑
	德国	9.345	7.3	1.5	1.3	19.445↓
	日本	8.914	5	0.7	0.25~8.9	14.864~23.514
强制储蓄 型国家	新加坡	17	0	0	0	17↑
	智利	1.15	0	2.4	0.95	4.5
平均值		10.84	2.89	1.01	1.78	16.52↓
中国		20	1	1	0.75	22.75↓
上海		20	11	1	0.2~1.9	32.2~33.9↓

资料来源：Social Security Programs Throughout the World，2016.

表8显示，2016年中国企业当前的社会保险缴费率为22.75%，同比下降22.22%，但仍然是其他国家平均企业缴费率的1.38倍。而由前文对上海企业社保缴费率的测算可知，上海企业2016年社保缴费率在33%左右，高于全国平均水平，也高于上述代表性国家，企业社会保险缴费水平偏高，企业负担偏重，有进一步优化的空间。

据测算，养老保险存在一定下调空间，若能实现"统账分离"，费率可降低8%。此外，若能保证企业在职员工按照平均工资的100%缴费，企业则只需承担15%的费率便可使退休人员的养老金达到社会平均工资的45%。

因此，建议政府有关部门深入调查研究，在继续推进现行阶段性降低社保缴费率的基础上，尽快制定政策措施，及时缓解企业人工成本压力，以减轻企业负担。

自贸区建设篇

The Construction of Free Trade Area

B.6
新形势下进一步提升上海自贸
试验区开放度研究[*]

尹　晨　王祎馨[**]

摘　要： 上海自贸试验区面临新的国际和国内形势。新形势对自贸试验区提升对外开放度提出了新要求。对照国际最高标准和最高水平，上海自贸试验区在贸易便利化、营商环境、产业开放以及自由贸易港区建设等方面还存在不同程度的差距。下一阶段，上海自贸试验区进一步提升开放度，需要警惕和克服"极点效应"和"观望现象"，需要全力推进自由贸易港区的建设，需要进一步发挥优势建设"一带一路"桥头堡，

---

　*　本文为本课题组承担的 2017 年上海市哲学社会科学系列课题的阶段性成果。
　**　尹晨，博士，复旦大学社会发展与公共政策学院副教授，复旦大学上海自贸区综合研究院秘书长，硕士生导师，主要研究方向为发展经济学、自贸区理论与战略等；王祎馨，复旦大学经济学院硕士研究生，主要研究方向为西方经济学。

需要先行先试为构建中美新型经贸关系探索道路，需要及时总结经验提供制度性公共产品。

关键词： 上海自贸试验区　开放度　制度创新

中外学者研究开放度的路径主要有两条：一是基于结果衡量对外开放的程度；二是基于规则或政策研究扩大开放的过程。

最早开始用结果衡量对外开放程度的是日本经济学家小岛清（1950年），他用贸易依存度（即进出口总值与GDP的比值）来衡量开放度。[1] 但是一国（或地区）贸易依存度与其地理位置、经济规模、人口规模等有关，以外贸依存度来衡量经济开放度有一定局限性。学者们后来对贸易依存度进行了不同的修正，比如区分进口依存度和出口依存度，区分货物贸易依存度和服务贸易依存度等，Squalli 和 Wilson 还进一步提出用贸易强度指标代替贸易依存度指标。[2] 随着国际经济交往的深化，越来越多的学者发现贸易对外开放只是经济对外开放的一部分，经济对外开放还包括投资的对外开放、金融的对外开放等。于是，投资开放度指标、金融开放度指标等被引进，开放度从单一指标发展为一个指标体系。目前接受度最高的指标体系包括贸易开放度、金融开放度和投资开放度。[3]

经济开放结果反映了经济开放的程度，而经济开放的程度受到经济开放

---

[1] 小岛清：《对外贸易论》，南开大学出版社，1987。

[2] Squalli, Jay, & K. Wilson, "A New Approach to Measuring Trade Openness", Working Paper No. 06 – 07, Zayed University, May 2006.

[3] 李翀：《我国对外开放程度的度量与比较》，《经济研究》1998年第1期；吴园一：《中国经济开放度选择及指标体系》，《财经研究》1998年第1期；李心丹、路林、傅浩：《中国经济的对外开放度研究》，《财贸经济》1999年第8期；黄繁华：《中国经济开放度及其国际比较研究》，《国际贸易问题》2001年第1期；胡智、刘志雄：《中国经济开放度的测算与国际比较》，《世界经济研究》2005年第7期；隆国强、邱薇：《中国经济开放度研究》，《国际贸易》2010年第5期；吕志鹏、王红云、赵彦云：《经济开放度的测算与国际比较》，《国际贸易问题》2015年第1期。

政策的影响，经济开放政策的变化又进一步受到经济开放制度和规则的影响。研究开放度的第二条路径便是基于规则或政策来研究扩大开放的过程。Sachs 和 Warner 最早构造了反映开放度政策和制度的开放度综合指标，考察了一个经济体平均关税率是否超过 40%、进口非关税措施覆盖率是否超过 40%、是否实行计划经济、外贸是否存在国有企业垄断、黑市外汇汇率是否超出官方汇率 20% 以上等主要政策和制度的指标体系。目前最受关注和被最广泛运用的规则指标或政策指标包括关税水平、非关税壁垒、国际投资保护、资本账户开放等。①

本报告对开放度提升的研究主要选取了第二条路径。原因之一是对于上海自贸试验区这样一个只有 120 平方公里的狭小区域，其对外开放的结果很大程度上受制于整个国家对外开放的整体水平，因此单独做对外开放度的衡量难以得到有说服力和普适性的结果。更重要的原因是上海自贸试验区的"初心"就是为国家全面深化改革和进一步扩大开放探索新路径、积累新经验。为了完成这个国家任务，上海自贸试验区必须始终对标国际标准，对接国家战略，始终以制度创新为核心。所以，本报告主要分析了上海自贸试验区在新的国际和国内形势下，如何按照"两对"（对标国际标准和对接服务国家战略）要求，在总结分析现状和不足的基础上，进一步先行先试体现更高开放度的制度创新。

一 国际和国内相关形势发展分析

（一）国际相关形势发展分析

1. 世界经济仍然处于复杂的复苏期

2017 年以来，世界经济呈现回暖向好态势，全球贸易和投资回升，国

---

① Sachs, Jeffrey, & A. Warner, "Economic Reform and the Progress of Global Integration", Harvard Institute of Economic Research Working Papers, Vol. 35（1）, 1995.

际金融市场总体稳定，发达国家经济向好态势超出市场预期。美国2017年三季度修正后的GDP增速达到3.3%[①]，创下三年来新高；2017年10月的失业率降至4.1%，创下近17年来新低。欧盟和欧元区季节性调整后的2017年三季度GDP均同比上涨2.5%[②]；2017年10月的失业率分别为7.4%和8.8%，为2008年以来的最低水平。日本2017年三季度GDP同比增长1.4%[③]，实现连续7个季度增长；制造业持续扩张，11月PMI指数升至53.8%，实现44个月以来的最强增长。

不过整体而言，世界经济仍然处于2008年金融危机后"新平庸"的复苏阶段，尚未走出亚健康和弱增长的调整期，深层次结构性矛盾并未有效解决，新的整体性增长动力仍未形成，不确定因素较多。

2. 更趋平衡成为国际力量对比的趋势

世界经济格局深度调整，新兴市场和发展中国家群体性崛起，国际力量"东升西降"和"南升北降"态势更加明显。2016年，新兴市场和发展中国家对世界经济增长的贡献率达80%，占全球经济的比重达38.8%，较2007年提高10.5个百分点；金砖五国占全球经济的比重达22.4%，提高8.8个百分点。[④] IMF于2017年10月预测新兴市场和发展中经济体2018年的增速将加快至4.9%，而发达经济体2018年增速将降至2.0%。

3. 在曲折中深入发展成为经济全球化的新特征

经济全球化从来不是一帆风顺的，而是在曲折中向前发展。自2008年金融危机以来，世界经济疲弱，发展失衡、治理困境、公平赤字等问题更加突出，反全球化思潮涌动，保护主义和内顾倾向有所上升。

美国带头开全球化"倒车"。仅2015年一年，美国就实施了贸易保护措施624项，是2009年的9倍，成为限制贸易自由化最激进的国家。[⑤] 2017

---

① 资料来源：美国商务部。
② 资料来源：欧盟统计局。
③ 资料来源：日本内阁府。
④ 数据源自汪洋《推动形成全面开放新格局》，《人民日报》2017年11月10日。
⑤ 数据源自张茉楠《面对贸易战"以牙还牙"不是上策》，《中国经济时报》2017年2月17日。

年 1 月 23 日，美国总统特朗普签署行政命令，正式宣布美国退出 TPP；2018 年 1 月，美国宣布对进口光伏产品和大型洗衣机分别采取为期 4 年和 3 年的贸易救济措施。美国政府持续对现有的国际经贸体系发起"开倒车"的挑战，这有可能改变世界各国对经济全球化发展的预期，引发逆向示范效应，导致更多的国家转向保护主义，进而使全球化、全球自由贸易体系的推进受到影响，也对坚持全球化道路的中国造成了更大挑战。

4. "美国优先"带来外溢效应

2017 年 12 月 14 日凌晨，美联储宣布加息 25 个基点；12 月 22 日，美国总统特朗普签署税改法案。美国 31 年来规模最大的税法改革将从 2018 年启动，公司税率从 35% 大幅降至 21%，个人所得税税率全面下调。特朗普税改与美联储加息和缩表一道构成了特朗普刺激美国经济增长的"组合拳"，也对全球经济产生外溢效应。减税有可能吸引实体经济流入美国，加息可能给美国带来资金流入，二者虚实结合很容易形成共振效应。对此，一些发达经济体和新兴市场经济体为了吸引外资流入，可能会出台更多的减税措施和优惠政策，不排除出现竞争性减税现象。而随着中国经济的持续增长，中国的要素成本和制度成本在不断上升。如果中国不采取相应的政策，美国的外溢效应将会引发中国经济中的部分要素外流。

（二）国内相关形势发展分析

1. 十九大提出"推动形成全面开放新格局"

党的十九大提出，中国特色社会主义进入新时代。经济建设要求贯彻新发展理念，建设现代化经济体系，其中就包括"推动形成全面开放新格局"。十九大报告提出"开放带来进步，封闭必然落后。中国开放的大门不会关闭，只会越开越大。要以'一带一路'建设为重点，坚持引进来和走出去并重，遵循共商共建共享原则，加强创新能力开放合作，形成陆海内外联动、东西双向互济的开放格局。拓展对外贸易，培育贸易新业态新模式，推进贸易强国建设。实行高水平的贸易和投资自由化便利化政策，全面实行准入前国民待遇加负面清单管理制度，大幅度放宽市场准入，扩大服务业对外开放，保护外商投资合法权益"。

2. 更积极地引领新全球化

近年来，国际经济形势已经发生了不少变化，美国从曾经的全球化领导者蜕变为保护主义的倡导者，在逆全球化思潮涌动的当下，中国不但成为全球化的积极倡导者和捍卫者，还逐渐成为新全球化的引领者。

中国提供了新全球化的理念，核心是"平等、开放、合作、共赢"和"共商、共建、共享"的原则；同时也以"中国智慧"引领构建新全球化。中国积极支持联合国、世界银行、IMF、WTO等现有全球化多边框架在积极发挥作用的同时不断加以完善，体现世界经济格局的变化；积极推进"一带一路"与亚投行建设，与更多的国家互利共赢，打造政治互信、经济融合、文化包容的利益共同体，实现全球化的再平衡。

二　新形势对上海自贸试验区提升开放度的新要求

进入新的建设周期的上海自贸试验区为中国自主性全面深化改革和进一步扩大开放探索新路径、积累新经验的战略任务没有发生变化。对应国内外形势的变化，对接服务国家新时代全面开放战略，上海自贸试验区进一步提升开放度面临一些新的要求。

（一）继续保持中国新时代全面开放的排头兵和先行者的地位

上海是中国改革开放的排头兵、创新发展的先行者，而上海自贸试验区更是排头兵中的排头兵、先行者中的先行者。2017年开始的上海自贸试验区新征程中的一项关键任务就是继续"大胆试、大胆闯、自主改"，探索新路径、积累新经验，为中国新时代全面开放继续当好"掘进机"和"破冰船"。

为继续保持排头兵和先行者的地位，上海自贸试验区需要进一步探索"引进来"和"走出去"更好地结合，需要促进陆海内外联动、东西双向互济的开放格局的形成，需要继续探索最大限度地缩减自贸试验区外商投资负面清单，需要为新全球化形成和提炼"中国经验"，丰富和细化"中国智慧"。

（二）继续对标国际最高标准体系

上海自贸试验区的对标对象实际上是一个"最高标准和最高水平"的体系，其中既包括国际高标准经贸规则，也包括最高水平的营商环境，还包括最高水平投资和贸易便利化的实践和绩效。

1. 对标国际高标准规则

在贸易便利化方面，上海自贸试验区可以对标 WTO 框架下的《贸易便利化协定（TFA）》以及 TPP 中可借鉴的贸易便利化条款。在扩大开放和投资便利化方面，目前的最高标准是中美 BIT。在"21 世纪议题"方面，可以对照研究 TPP、TTIP 和 TiSA 在环境、劳工、知识产权、竞争中立、国有企业等方面的条款。

2. 对标国际最高水平营商环境

上海自贸试验区可以结合自身情况，对标世界经济论坛《全球竞争力报告》、世界银行《营商环境报告》中的主要营商环境指标及国际先进水平。

3. 对标国际最高水平的投资和贸易便利化的实践和绩效

上海自贸试验区可以围绕通关成本、通关效率、开办企业、争端解决等企业最关注的绩效要求，对标国际最高水平的做法、流程或管理体制的实践，比如新加坡的 TradeNet 单一窗口、TradeFIRST 企业分级管理体系等。

（三）对接服务近期三大任务

自由贸易港、"一带一路"桥头堡和中美经贸关系是未来一段时间上海自贸试验区提升开放度需要对接服务的三大重要任务。

十九大报告提出"赋予自由贸易试验区更大改革自主权，探索建设自由贸易港"。探索建设中国特色的自由贸易港，打造开放层次更高、营商环境更优、辐射作用更强的开放新高地，对于促进开放型经济创新发展具有重要意义。在自贸试验区的基础上，"不忘初心、砥砺前行"，积极筹建上海自由贸易港，是近期国家赋予上海的重要任务。《全面深化中国（上海）自由贸易试验区改革开放方案》（以下简称《全面深改方案》）明确提出上海自贸试验区要成为服务国家"一带一路"建设、推动市场主体"走出去"的桥头堡。而中美经贸关系是中国最重要的对外经贸关系。特朗普上台以后，中美两国的经贸博弈全方位展开。一些重要的共识和举措将会在上海以及上海自贸试验区率先落地，比如中国国际进口博览会、制造业和服务业的扩大开放等。

三 上海自贸试验区对标国际最高标准体系的差距

上海自贸试验区目前的对外开放政策和措施距离国际最高标准还有一定的差距。

（一）贸易便利化的差距

1. 与 TFA 和 TPP 为代表的国际高标准规则的差距

对标 WTO《贸易便利化协定（TFA）》，上海自贸试验区在贸易便利化方面至少存在以下几方面的差距。一是信息发布和提供。TFA 在第 1 条"信息发布和提供"中提出鼓励各成员通过各种方式提供更多与贸易相关的信息，提高透明度。而目前上海自贸试验区虽然有正规的网站、微信公众号、咨询热线等，但政出多门，碎片化现象比较严重，未能充分体现客户导向的信息提供。二是预裁定。TFA 在第 3 条"预裁定"中要求对货物的税则归类和原产地规则等做预裁定，同时鼓励成员就海关估价、关税减免和关税配额等做出预裁定。而上海自贸试验区目前仅做到对商品税则归类的预裁定。三是公布放行时间。TFA 在第 7 条"货物放行和清关"中提出，鼓励各成员定期并以一致的方式测算和公布其货物平均放行时间。而迄今为止上海自贸试验区还没能公布《全面深改方案》中提出的"涵盖各通关环节的货物平均放行时间"。四是易腐货物最快放行。TFA 在第 7 条"货物放行和清关"中提出，为防止易腐货物可避免的损失或变质，在满足所有法规要求的前提下，每一成员应规定易腐货物在通常情况下在可能的最短时间内予以放行。目前上海自贸试验区对易腐货物的快速放行还仅限于试点企业。

对标 TPP 相关条款，上海自贸试验区在贸易便利化方面至少存在以下差距。一是 TPP 第 2 章"国民待遇和市场准入"提出价值可忽略的商业样本免税入境、相关货物临时入境免税、对再制造货物不得采取任何进出口限制措施等要求。目前上海自贸试验区还未能实施上述措施，对于出境维修返回关境免缴进口关税，上海自贸试验区也只是部分试点。二是 TPP 第 5 章"海关管理和贸易便利化"提出在正常情况下快件在已抵达并已提交必要的海关单证后要在 6 小时内放行，货物放行时间尽可能在抵达后 48 小时内放行。对于这些明确的最低通关时间保证，上海自贸试验区也还没有做到。

2. 在实际绩效方面与标杆城市的差距

国际标杆自由贸易区在通关时间和成本下降的数据统计方面已做得较为全面。根据《2016 年世界银行营商报告》，在边界合规条件下，货物出口通关平均时间新加坡为 12 小时，中国香港为 19 小时，OECD 国家平均为 15 小时；在单证合规条件下，货物出口通关平均时间新加坡为 4 小时，中国香港为 1 小时，OECD 国家平均为 5 小时；在边界合规条件下，货物出口通关平均每集装箱所耗费用新加坡为 335 美元，中国香港为 282 美元，OECD 国家平均为 160 美元；在单证合规条件下，货物出口通关平均每集装箱所耗费用新加坡为 37 美元，中国香港为 52 美元，OECD 国家平均为 36 美元。但目前上海自贸试验区通关时间和成本下降的数据都是少数试点企业的最优数据，平均通关时间和成本还没有统计数据。

3. 具体做法和流程方面与标杆案例的差距

本报告选取两个标杆案例进行分析，一是新加坡的 TradeFIRST 贸易企业分级管理体系，二是新加坡的 TradeNet 单一窗口体系。

新加坡的 TradeFIRST 贸易企业分级管理体系，兼顾贸易便利化和贸易安全，将便利化、合规性和风险管理要素整合到单一综合评估框架，在公司简介、库存管理与控制、合规、程序和流程、安全五个方面对公司进行评估，将企业细分为基础级、标准级、中级、增强级和优先级五类，不同等级的公司享受不同的贸易便利化待遇。而上海自贸试验区海关、检验检疫等不同部门虽然建立了各自的企业信用分级评价体系，但尚未实现互联互通和标准统一；"先进区、后报关"等便利化措施只针对一些试点企业，且试点企业的选拔标准也未实现透明化；不同信用级别企业的通关便利化程度差别也不大。

上海自贸试验区的国际贸易"单一窗口"与新加坡的 TradeNet 相比，也存在较大的差距：相对于 TradeNet 信息和流程的高度集成，现有的上海自贸试验区国际贸易"单一窗口"仅仅集成了电子口岸和部分监管部门的信息，信息集成和共享还没有全部完成，更谈不上监管流程的优化；TradeNet 数据全部采用世界海关组织的通用数据格式，并有专门部门对数据元进行标准化，而上海自贸试验区现有的数据还没有标准化，在现有条件下只是用技术映射的方式减少数据元；TradeNet 已经与商贸通 TradeXchange、港口网 PortNET、电脑综合码头作业系统 Citos 等实现了全面对接，实现了闭环的电子化的贸易监管体系，而上海自贸试验区国际贸易"单一窗口"很多功能还没有添加，与进出口许可、港口 EDI 系统等还没有实现互联，没有形成进出口贸易业务流程监管和便利化的全覆盖。

（二）营商环境的差距

对标世界经济论坛《全球竞争力报告》、世界银行《营商环境报告》中的主要营商环境指标及国际先进水平，上海自贸试验区在企业开办和运营的全过程还存在不同程度的差距。

在企业开办阶段，对于需要核准才能开办的企业，整个核准程序、所需时间、文件等仍然比较复杂和冗长，涉及中央事权的，审批程序则更加复杂。

在企业运营阶段，上海自贸试验区正在探索建立"市场主体自律、业界自治、社会监督、政府监管"互为支撑的事中事后监管体系。但目前部门协调和协同监管的机制和平台尚在建设中，完整的事中事后监管体系和网络尚未形成，专业监管向综合监管的整合也未完成，信息平台的整合和信息共享问题还没有得到实质上的解决。

在服务市场主体方面，上海自贸试验区与国际最高标准差距也不小。比如，服务的系统集成不足，改进主要停留在单个环节、单个部门，还谈不上系统的流程改造；服务的改进还是以"供给导向"为主，没有体现"需求导向"；一些难点、痛点，比如与国际通行水平相符的税收问题、外汇管制问题、自然人流动便利性问题等，迟迟得不到实质性的解决。

（三）产业开放的差距

上海自贸试验区在全国率先推出了外资准入的负面清单，但在产业开放方面，特别是服务业开放仍然有限。

美韩 FTA 协议中，美国针对韩国的负面清单共有 23 条不符措施，韩国针对美国的不符措施体现在 5 个章节中，除辟出专门章节就金融、电信等领域进行严格规范外，负面清单涉及 47 个部门领域。而 2017 年发布的适用于我国 11 个自贸试验区的负面清单中仍然有 95 条。表 1 列出了已有的发达国家参与的 FTA 负面清单条款数量。

表 1　已有的发达国家参与的 FTA 负面清单条款数量

单位：条

国家	协定名称	附件一	附件二	附件三
美　国	美韩 FTA	12	6	18
澳大利亚	美澳 FTA	17	12	5
韩　国	美韩 FTA	46	44	18
日　本	日澳 FTA	56	15	2
印　度	印日 FTA	20	24	—

资料来源：美韩 FTA、美澳 FTA、日澳 FTA、印日 FTA。

上海自贸试验区服务业开放在大类上多于中国的入世承诺和以往已经签署的双边 FTA 协议，但服务业开放大多是局部的、碎片化的，从小类上看覆盖率仍然较低。加之现有的服务业特别开放措施还有"大门开、小门不开"的问题，服务业准入项目最终落地还存在从业人员执业许可、器械准入等准入后障碍。

2017 年自贸试验区金融开放负面清单主要是在 2001 年 GATS 中国承诺

减让表的基础上转换而来的，目前开放的进展依然不大。负面清单是中美
BIT 谈判目前最大的分歧，美国要求中国进一步缩减负面清单条款数，扩大
开放，尤其是扩大美国有比较优势的服务业开放。

在投资领域，TPP 的相关条款与 2012 年 BIT 范本内容高度重合，但是
美国 2012 年 BIT 范本标准要高于 TPP 的投资条款。表 2 列出了 TPP 投资条
款与美国 2012 年 BIT 范本的差异。可以发现，在投资领域，美国 2012 年
BIT 范本在透明度、信息披露、金融服务、税收等领域有更详细的要求。

表 2　TPP 投资条款与美国 2012 年 BIT 范本的比较

TPP 投资条款	2012 年 BIT 范本	条款比较
第 4 条:国民待遇	第 3 条:国民待遇	一致
第 5 条:最惠国待遇	第 4 条:最惠国待遇	一致
第 6 条:最低待遇标准	第 5 条:最低待遇标准	一致,2012 年 BIT 范本未指定武装冲突条款
第 6.1 条:武装冲突或国内动乱		
第 7 条:业绩要求	第 8 条:业绩要求	基本一致,TPP 稍详细
第 8 条:高级管理人员及董事会	第 9 条:高级管理人员及董事会	一致
第 9 条:不符措施	第 14 条:不符措施	一致
第 11 条:资金转移	第 7 条:资金转移	一致
第 12 条:征收及补偿	第 6 条:征收及补偿	一致
第 13 条:特殊程序与信息要求	第 15 条:特殊程序与信息要求	一致
第 14 条:利益否定	第 17 条:利益否定	一致
第 15 条:健康安全与环境措施	第 12 条:投资与环境	TPP 条款稍简略
第 16 条:企业社会责任	第 13 条:投资与劳工	条款精神基本一致
	第 11 条:透明度	
	第 16 条:不减损	
	第 10 条:公布投资法规与决议	
	第 18 条:基本安全	TPP 没有这些条款
	第 19 条:信息披露	
	第 20 条:金融服务	
	第 21 条:税收	
B 节:投资者——国家争端解决机制	B 节:投资者——国家争端解决机制	结构基本一致,细节稍有差异
	C 节:缔约国之间争端解决机制	TPP 无此条款

资料来源:TPP、2012 年 BIT 范本。

（四）自由贸易港区的差距

香港、新加坡、迪拜等国际公认的比较成熟和成功的自由贸易港有一些通行的做法和惯例，核心是"一线放开"，即自由贸易港区与境外实现货物、资金和人员的自由流动。上海自贸试验区与之相比差距较大，主要体现在以下方面。

①自由贸易港区对进出口商品的种类、价格和数量基本不设管制，管制类商品极少，清单一目了然，绝大多数商品进出自由贸易港不申报、不备案、不统计。而上海自贸试验区"一线"并没有放开，目前的货物进出口统计实际与报关并无明显差异，只是利用"先进区、后报关""批次进出、集中申报""空检海放"等措施提高了贸易便利化程度，并且很多措施还只针对部分试点企业。

②自由贸易港区电子政务发达，像新加坡的 TradeNet、香港的"海易通"都形成了闭环的电子数据系统，涵盖国际贸易和资金进出的所有环节。上海自贸试验区国际贸易"单一窗口"与标杆目标之间还存在不小的差距。

③自由贸易港区一般没有外汇管制，资金进出自由，贸易结算自由，离岸金融业务广泛开展。上海自贸试验区还存在资本项下外汇管制，2016 年以后资本项下外汇管制更加严格。

④自由贸易港区内除少数货物以外，绝大多数货物无关税，无增值税，个人和企业所得税税制简单，税负较低，且普遍存在税收优惠政策。而上海自贸试验区内税制较复杂，所得税税率与区外一致，与国际标杆自由贸易港相比缺乏竞争力。

⑤自由贸易港区实行开放的外资政策，除少数行业外，绝大多数行业外资可以自由进出。上海自贸试验区正在试验负面清单的管理模式，但目前产业准入管制仍然较多。

⑥自由贸易港区内，政府采取单一机构指导下的协同管理体制，基本不干涉企业经营活动。上海自贸试验区目前还是实施多部门管理，"九龙治水"产生的系统集成要求始终未能有效实现；事中事后监管体系距离"放

管服"的有效集成也还尚早。

⑦自由贸易港区内自然人流动便利化程度高。目前上海自贸试验区国内外人员的流动和执业还存在不少约束。

⑧自由贸易港区都有比较完善的法律法规体系作为保障，而目前上海自贸试验区的法制环境尚在完善中，改革开放自主权的授权和保障等亟须完善。

⑨自由贸易港区的争端解决以国际仲裁为主。上海自贸试验区正在构建多元纠纷解决机制，也引进了一些国际仲裁机构的代表处，但目前这些代表处还不具备仲裁权。

四 上海自贸试验区提升开放度的关键突破口

（一）警惕和预防"极点效应"与"观望现象"

1. 上海自贸试验区要警惕和预防"极点效应"

运动学上将短跑到中长跑之间产生身体疲劳反应的这一阶段称为"极点效应"。上海自贸试验区经过"短跑冲刺"的第一个三年试验期后，目前已进入了"中长跑"试验期，如果缺乏新目标和新动力，如果不能及时调整心态和工作节奏，影响自贸试验区工作的"极点效应"就容易出现。①

警惕和预防"极点效应"，上海自贸试验区需要全力推进自由贸易港、中国国际进口博览会、"一带一路"桥头堡、"三个联动"等新的重要工作，以新目标、新标准、新要求保持各项工作的持续激情和干劲；必须细化《全面深改方案》，进一步明确新的建设周期的路线图和时间表，并建立和完善激励机制、考核机制，形成新试验期的持久动力；要大力推进一些重大项目，比如国际能源交易中心、综合信息平台等，"以点带面"拉动自贸试

---

① 2017 年初，本课题组完成的专报《谨防和克服自贸区建设中的"极点效应"》被新华社内参采纳，并获得国家领导人的批示。

验区各项工作向前推进。

2. 上海自贸试验区要警惕和预防"观望现象"

在上海自贸试验区三年运行评估中，制度创新"试验田"作用彰显，但开放创新压力"测试场"功能不足。其中需要警惕和预防顶层设计与基层探索"互相观望"的现象。顶层设计如果遭遇信息不完全、战略前瞻不清晰，就可能指出一个大致的方向，出台一个大致的框架，寄希望于基层能大胆探索，为顶层设计积累更多的经验和路径；但基层在探索中如果面临复杂局面，加上授权不足、容错机制不完善、担当不够，就可能寄希望于上级部门能出台更清晰的路线图和时间表，自身探索的担当不足。

随着国际形势变化、国家战略的新进展，中国自贸试验区已经形成了"雁阵"模式，其他十个自贸试验区的自主创新给"领头雁"——上海自贸试验区带来了巨大的改革开放锦标赛的压力。上海自贸区自身深层次的难点、痛点也开始浮出水面，例如缺乏显性政绩的改革开放深化过程。此外还有来自对标国际标准的挑战，比如中国香港、新加坡等标杆实现绩效的有些要素和环境无法全盘复制。面对复杂的局面，上海自贸试验区要求顶层设计能够马上提供系统和细化的路线图和时间表并不现实。因此，上海自贸试验区不能观望，只能继续"大胆闯、大胆试、自主改"。

（二）全力推进自由贸易港区建设

对标国际最高标准，进一步提高贸易便利化水平，上海自贸试验区应该聚焦自由贸易港区建设这个主攻方向。总体建设思路可以是分阶段、分区域和分领域逐步实施。

1. 初期阶段

初期阶段，上海自由贸易港可以以洋山港和浦东空港为核心区，以贸易自由化为主要功能，在"二线完全管住"的条件下探索"一线完全放开"的监管和服务新模式。具体政策建议包括以下几方面。

①对容易实现物理隔离的洋山港和浦东空港实施完全封关运作，强化物理围网和电子围网，以实现"二线完全管住"。

②探索进出自由、便利安全的货物进出港管理制度。

③探索适合自由贸易港内开展转口贸易和离岸贸易的贸易监管新模式。

④建立以单一机构为主导、以单一平台和单一窗口为支撑的集约监管体制。

⑤建立覆盖区内管理机构、监管部门、企业和运营单位的一体化信息管理平台，实现监管信息跨部门同步共享、企业运营信息与监管信息的实时对接。

⑥建立以经营自由、守法便利为原则的区域运行管理体制，比如实施"一次登记，一照通用"，实施企业信用分级分类管理等。

⑦建立以贸易投融资资金自由收付为重点的跨境金融业务管理制度。

⑧继续完善保税政策，简化税收征管，实施有管理的税收属地原则。

⑨在自由贸易港内探索自然人的自由便利流动。

⑩探索在自由贸易港内建立以国际仲裁为主的多元化争端解决机制。

2. 成熟阶段

在初期阶段发展的基础上，上海自由贸易港后期可以进一步扩区，同时在完善贸易自由化的基础上，进一步探索高水平的投资便利化，在"港区一体"的基础上探索产城融合发展。

①上海自由贸易港在成熟阶段需要扩区。因为要试验高水平的投资便利化，必须有足够的空间，而现有的洋山港和浦东空港已没有承载新增投资的空余土地资源。

②对接中美 BIT 及其他双边和多边 FTA 或 BIT 谈判，编制自由贸易港的外资负面清单，在先进制造业、战略性新兴产业、金融、保险等领域进行高水平对外开放的压力测试，进一步放宽外资的股比限制。

③以提高资金进出的自由度和便利化程度为目标，进一步完善自由贸易账户体系，探索更多的离岸金融业务。

④对标国际自由贸易港的通行水平，实施有国际竞争力的个人和企业所得税政策。

⑤在总结港区一体的单一管理机构经验基础上，进一步整合金融、投资、外汇、税收等管理和服务职能。

（三）发挥优势，建设"一带一路"桥头堡

1. 主要任务

上海自贸试验区建设"一带一路"桥头堡，核心任务可以包括三个层面：一是发挥自贸试验区破冰船和压力测试场的作用，尽快形成、提炼和完善既对标国际高标准又适应"一带一路"特点和需求的新模式、新机制和新规则，为"一带一路"政策沟通提供制度性公共产品；二是与"四个中心"和有影响力的国际科创中心建设联动，形成技术、产业和功能的"高地"，继而通过辐射效应，促进"一带一路"沿线的技术转移和国际产能合作；三是结合国际金融中心建设，增强"一带一路"金融服务功能，建设"一带一路"金融要素资源配置功能枢纽和投资风险管理中心。

此外，上海自贸试验区还需要充分发挥上海的优势，集中力量解决国家"一带一路"建设过程中的一些痛点和难点问题。在这方面的建议有两点：一是建设国家级"一带一路"海外投资风险管理中心，二是建设"一带一路"人民币国际债券市场。

2. 建设国家级"一带一路"海外投资风险管理中心

中资企业在"一带一路"沿线国家和地区进行海外投资的过程中会遇到很多现实和潜在的风险，比如宏观的政治风险、经济风险、金融风险、宗教风险、法律风险、环境风险、社会风险、传统和非传统的安全风险等，中观和微观的进出口限制风险、汇兑风险、项目运营风险、管理风险、财务风险等。随着 ODI 项目备案制、"一口受理"等便利化措施的实施，随着自由贸易账户的开立和跨境投融资的便利化，随着境外投资服务平台、对外投资服务产业联盟的成立和运行，上海自贸试验区作为中国企业"走出去"的最主要平台之一，有责任也有条件系统性探索"一带一路"海外投资风险管理。下一阶段，上海自贸试验区可以与国家"一带一路"倡议的顶层设计相衔接，在国家相关部门的支持下，建设国家级"一带一路"海外投资风险管理中心。

首先，积极争取国家相关部门支持，设立一些国家级甚至多边的风险管

理机构，并大胆开展一些探索性工作。具体建议包括以下几方面。

①积极争取将筹建中的金砖国家评级机构总部设立在上海自贸试验区，并以此为突破口，推进新国际评级机构在"一带一路"沿线的资信调查、评级和服务业务。

②进一步完善国际争端多元解决机制，进一步提升争端解决的国际化水平，争取将"一带一路"国际仲裁中心设立在上海自贸试验区。

③在上海自贸试验区探索设立新型多边投资担保机构。

④继续吸引国际多边金融机构在上海自贸试验区设立办事处。

⑤进一步推进证券市场的互联互通。

⑥积极争取国家相关部门的支持，试点设立专业海外安保企业，加强与"一带一路"沿线国家（地区）政府和企业的合作，寻找机会参与甚至创办海外安保业务。

⑦争取国家相关部门支持，进一步拓展自贸试验区内"一带一路"沿线的国家（地区）馆的功能，除了进行进口商品的保税展示交易以外，还可以进行经这些国家（地区）相关部门认证和推荐的投资项目的展示。

⑧进一步扩大海外投资风险管理相关服务业的有序开放，特别是保险、资信、律师、会计、税务等领域的开放。

其次，上海自贸试验区可以积极开展以下自主性探索，为"一带一路"海外投资风险管理中心建设打下基础。

①进一步拓展上海自贸试验区海外投资综合信息服务平台的功能，汇集企业的需求，采取政府采购的方式，引导国内外的智库和研究机构开展定制式"一带一路"沿线投资风险的分析，发布动态的投资风险评估和风险预警信息。

②进一步拓展上海保险交易所的功能，鼓励和支持上海国际保险中心的建设。

③鼓励和培育专业化、市场化、国际化的本土或合资的海外投资风险管理机构，支持其做精专业的同时向产业链延伸。

④加强风险教育，定期发布典型案例。

⑤积极响应国家提出的金融服务网络化布局设想，一方面完善条件，吸引"一带一路"沿线国家和地区的金融机构在上海自贸试验区设立分支机构，另一方面鼓励和支持中资金融机构在"一带一路"沿线布局网点，或通过代理行方式促进服务联通。

⑥进一步做实驻外机构，将政府服务前移，直接在海外投资一线做好服务工作。

⑦做广做深上海与友好城市的合作交流，促进民心相通。

⑧加强对金融机构和企业自由贸易账户的监管要求，比如强化压力测试、三反（反洗钱、反恐融资、反逃税）等要求，强制要求将限额管理、系统监控、风险预警、风险评估、风险报告等嵌入分账核算系统。

3. 建设"一带一路"人民币国际债券市场

中国大力推进"一带一路"人民币国际债券市场的建立和发展，一方面可以为"一带一路"建设开辟新的融资渠道，另一方面可以牵头推进亚洲债券市场的建设，打破"斯蒂格利茨怪圈"，将亚洲的储蓄有效循环起来，支持区域内的各项建设，尤其是基础设施建设。探索建设"一带一路"人民币国际债券市场，上海自贸试验区可以在以下几个方面加以努力。

①进一步放宽熊猫债发行主体、发行额度和资金用途等的限制，以便利多边金融机构、实力较强的跨国公司、"一带一路"沿线国家和地区满足条件的金融机构和大型企业募集资金用于"一带一路"建设。

②吸引"一带一路"沿线重大建设项目开发公司在上海自贸试验区设立子公司，加快落实"完善相关制度规则，支持自贸试验区内企业的境外母公司或子公司在境内发行人民币债券"。

③鼓励和支持参与"一带一路"建设的内资企业针对已列入国家"一带一路"项目目录的建设项目发行债券，募集资金用于"一带一路"建设。

④在总结内地与香港债券市场"债券通"经验的基础上，继续探索上海银行间债券市场和上海证券交易所与新加坡、马来西亚、俄罗斯、迪拜、中东欧等金融市场较成熟的"一带一路"国家债券市场基础设施机构的互联互通，简化准入程序，放松交易限制，以实现机构投资者在互联互通债券

市场的双向投资。

⑤争取国家相关部门支持，进一步放宽外资机构投资者直接进入上海银行间债券市场和上交所债券市场的限制，进一步完善上海自贸试验区《金融服务业对外开放负面清单指引》，提高人民币债券市场的国际开放度。

⑥对标伦敦、香港、新加坡等成熟国际债券市场，进一步完善"一带一路"人民币国际债券市场的制度环境。

⑦对标伦敦、香港、新加坡等成熟国际债券市场，进一步提高"一带一路"人民币国际债券市场的投资便利化程度。

（四）先行先试，为构建中美新型经贸关系探索道路

上海自贸试验区有优势，也有重大责任，在短期、中期和长期先行先试探索构建中美新型经贸关系。

1. 短期聚焦关键问题

短期内，上海自贸试验区可以配合国家整体战略，聚焦几个关键问题。

一是贸易不平衡问题。上海自贸试验区可以在国家总体战略框架内研究和探索进一步扩大对美进口，解决"进口什么"、"谁来进口"和"怎么进口"三个问题。

二是知识产权保护问题。上海自贸试验区在知识产权保护方面已经进行了一些探索和尝试，但仍应与时俱进，探索直接针对美国"301"调查提出的新问题，对接高仿的 TPP 知识产权保护要求，开展压力测试，为中美可能爆发的知识产权纠纷做准备；同时，学习借鉴国际先进经验和做法，探索知识产权的"边境后"保护，进一步完善知识产权保护的体制机制。

三是进一步推进服务业的有序开放。在国家顶层设计和统筹安排下，一方面积极推动金融、教育、文化医疗服务业的有序开放，先行先试放开养老、建筑、设计、会计、审计、电子商务等服务业的外资准入；另一方面推进开放措施的系统集成，有效克服"大门开、小门不开"等问题。

四是做好特朗普"美国优先"战略可能带来的冲击预判和准备工作。上海自贸试验区身处上海，参与中美经贸的历史悠久、基础深厚、规模较

大。因此，要对贸易摩擦对相关出口产业的影响进行预判和预警，同时及时指导相关企业进行调整。

2. 中期聚焦对接中美 BIT 谈判

中期，上海自贸试验区对构建中美新型经贸关系的探索可以集中在对接中美 BIT 谈判。

随着美国逐渐退出多边谈判而转向双边谈判，中美 BIT 谈判的重要性将进一步提升，同时谈判的难度也将进一步加大。美方对负面清单将提出更严格的要求，并将在产业准入、知识产权等方面提出更多的重大利益交换的诉求，同时还会引入部分 TPP 核心内容。

上海自贸试验区要会同其他自贸试验区，更加积极地承担中美 BIT 谈判中上述难点问题的先行先试和压力测试。一是主动承担产业开放，尤其是服务业扩大开放的压力测试，对接和服务于中美 BIT 负面清单的改进出价；二是从治理理念、权力职能，到组织架构、环节程序等，都要进行系统性的改革乃至重构，完善与中美 BIT 要求相一致的负面清单管理模式；三是要继续抓紧研究 TPP 的"21 世纪议题"，探索在环境、竞争中立、服务贸易、数字贸易等领域开展对标试验，积累经验。

3. 长期探索再平衡道路

长期，上海自贸试验区可以通过结构性的转型和调整，探索中美经贸从失衡到再平衡的道路。

2008 年之前，中国向美国出口廉价的产品，获得高额的贸易顺差，积累的外汇又通过购买美国国债的方式借给美国；美国消费者获得了廉价的商品，加上中国资金源源不断涌入，使得美国资产和信贷市场不断膨胀，资本获得回报。2008 年的金融危机打破了平衡，美国资产和信贷市场泡沫破灭，消费者购买力下降，要求重回制造业；中国依靠美欧市场的出口增长难以为继，加工贸易也遭遇成本不断上升的挑战，经济增长中消费贡献率不断提高。在过去的模式中，美国是终极消费者，中国是终极生产者；在新的模式中，原有的生产者正致力于提高消费，而原有的消费者正致力于提高生产。

这样的结构性调整实际上会加速中美经贸的再平衡，同时还会形成中美经贸新的增长点，提升中美经贸的层级。比如中国提高消费，可以进一步增加来自美国的高技术产品、能源、高品质农产品、服务贸易等方面的进口；美国致力于生产，可以欢迎来自中国的制造业和基础设施的投资和相关出口。但目前，中美双方都存在一些障碍，阻碍了再平衡的实现。

上海自贸试验区可以在国家的整体战略下，利用现有的比较优势，探索消除在上述结构性调整领域的制度性障碍，着重促进中美服务贸易、技术贸易、文化贸易、能源贸易、跨境电商等的发展，同时完善配套服务，进一步促进投资便利化，促进中国制造业企业和基础设施供应商走向美国、开展国际产能合作，促进中美经贸新增长点的发展，促进中美经贸的再平衡。

（五）及时总结经验，提供制度性公共产品

对接国家新一轮对外开放战略，以制度创新为核心的上海自贸试验区，还需要为中国参与甚至引领新全球化做出制度性贡献。

在事前，上海自贸试验区需要进行科学的规划，对接国家战略需要，确定制度性公共产品供给的重点领域（贸易便利化和投资便利化）。

在事中，一方面上海自贸试验区需要对标国际最高标准体系，"大胆闯、大胆试、自主改"；另一方面上海自贸试验区需要加强改革、开放和创新的系统集成。制度性公共产品要可复制、可推广、可操作，所以，制度性公共产品既不能停留在理念层面，也不能停留在单个环节、单个领域、单个部门。

在事后，上海自贸试验区要及时对经验进行总结、归纳和加工，对照国际规则的要求加以提炼，在贸易规则、投资规则、技术标准、多元纠纷解决机制等方面，形成制度性公共产品成果。

（六）完善配套保障机制

上海自贸试验区完善配套保障机制，首先是要加快法制环境的完善。建议在国家层面加强自贸试验区相关的统一立法，尽快出台《中国自由贸易试验区法》，尽快推出《外国投资法》，尽快做好在自由贸易港建设方面法

律法规的调整工作。

其次是要争取更大和更有效的实质授权。由于法律法规的立改废往往耗时较长,而自贸试验区和自由贸易港建设又往往需要突破现有法律法规,因此上海自贸试验区还应向全国人大及其常委会、国务院争取更大的授权。

最后是要加强监管、防控风险,实施全面风险管理。上海自贸试验区要在建立和完善事中事后监管体系的基础上,建立和完善大数据平台,健全风险管理组织职能体系,实施企业信用分级分类管理,强化"二线安全高效管住"。

B.7
深化上海自贸试验区制度
创新系统集成研究

陈建华 *

摘　要： 自 2013 年 9 月成立以来，上海自贸试验区坚持以制度创新
为核心，形成了以改革创新促转型发展的良好局面。上海
自贸试验区以浦东新区的综合配套改革为基础，简政放权，
简化办公流程，通过大部制改革的推进和综合执法体制的
完善，促进政府职能部门的力量整合，不断优化机构设置，
初步形成了制度创新系统集成的体制与机制。然而，上海
自贸试验区的监管机构之间尚未形成一个组织严密、高效
规范的全方位监管协调机制。部门之间的协调与合作还远
未达到无缝对接的程度，完整的事中事后监管体系与网络
尚未形成。因此，要以建设政府各管理部门信息互联互通
和共享的大数据平台为抓手，优化管理流程，推动各职能
部门相互配合，着力构建"政府主导""行业自律""企业
自控""社会参与"的"四位一体"的透明、高效、便捷
的大监管模式与服务体系，形成系统集成式的管理服务机
构体系与制度体系。

关键词： 自贸试验区　制度创新　系统集成

---

* 陈建华，经济学博士，上海社会科学院经济研究所副研究员，硕士研究生导师，主要从事城
市与区域经济学和空间政治经济学研究。

2017 年《全面深化中国（上海）自由贸易试验区改革开放方案》指出，上海自贸试验区的制度创新要更加突出改革的系统集成，增强制度创新的协同性和系统性，全面深化改革必须注重改革系统集成。简而言之，任何一项改革实践，都不是孤立的，都有系统配套的问题。制度创新不能是"单打独斗"和"单兵突进"，而应当是整体性提升和改进。自 2013 年 9 月成立以来，上海自贸试验区坚持以制度创新为核心，形成了以开放倒逼改革、以改革创新促转型发展的良好局面。然而，目前上海自贸试验区的各种改革举措需要相互配合与协调，形成整体性的制度创新，才能进一步全面深化改革。制度创新具有内在的联动关系，没有系统集成，难以继续深入和推进。在上海自贸试验区发展进入新阶段之际，应当有系统思想，注重改革举措配套组合，不断增强制度创新的整体性与协同性。

上海自贸试验区要进一步发展并引领全市和全国的改革开放事业，必须打造自贸区的升级版。首先，要形成制度创新的整体性优势，应当加强政府部门"条块"之间的协调，防止政府各个职能部门各自为政与多头管理状况的发生，必须针对政府职能部门简政放权不同步、监管机制不健全、监管手段不完善和监管合作联动不积极等问题实施针对性措施，促使各个政府职能部门各司其职又相互联动，形成一个有机的整体，形成纵横联动与快速处置的动态监管体系与机制。其次，上海自贸试验区各个部门的开放政策与制度创新需要综合配套，各个行业领域的法律法规要积极调整，改革创新举措要能够配套组合，构成一个相互协调与配合的整体性的制度创新局面，即形成具有系统集成的制度创新。通过制度创新的系统集成，落实党中央和国务院对上海自贸试验区的制度创新要求。

一 上海自贸试验区制度创新系统集成的探索与现状

上海自贸试验区根据"职能转变"与"制度创新"的总体要求，以浦东新区的综合配套改革为基础，简政放权，简化办公流程，通过大部制改革的推进和综合执法体制的完善，促进政府职能部门的力量整合，不断优化机构设置，初步形成了制度创新系统集成的体制与机制。同时，上海自贸试验区注重推进"互联网＋政务服务"模式，初步构筑了网上政务大厅、综合监管平台和公共信用信息服务平台三大基础设施，充分借助信息化手段提升政府服务能力，构建制度创新系统集成的技术基础。

（一）制度创新系统集成的体制机制建立与完善

近四年来，上海自贸试验区着力构建制度创新系统集成的组织基础，以浦东新区的大部制行政体制改革为基础，以打造"全过程"和"一体化"政府管理体制为目标，探索适应现代自由贸易区要求的行政管理体制，促进制度创新系统集成的体制机制建立与完善。

1. 市场监管体制方面的制度创新系统集成

从 2013 年 9 月到 2016 年，上海自贸试验区原来的工商、质监、食药监和物价部门实现"四合一"，正式设立上海自贸试验区新区市场监管局（上海自贸试验区市场监管局），进一步完善了自贸区市场监管综合执法体制。上海自贸试验区形成"四合一"市场监管模式，改变以前分段管理与多头管理的模式，构建"市场准入一体化、市场监管一体化、执法办案一体化、诉求处置一体化"等"大监管"体系。上海自贸试验区通过对先前不同分段的机构整合，推进全过程与高效能监管，实现从生产到流通、消费环节的一体化监管。

2. 行政管理体制方面的制度创新系统集成

2015 年 4 月，上海自贸试验区管委会与浦东新区政府合署办公，这更加有利于部门合作与协调，也有利于制度创新的系统集成。上海自贸试验区系统开展行政审批相对集中改革，推进审批、监管、执法适度分离，完善综合执法体制。

上海自贸试验区以浦东综合配套改革为基础，初步形成"全过程"、"一体化"、"大服务"与"大监管"的体制机制，推出了一系列体制与机制创新事项，在制度创新系统创新方面取得了良好效果。从 2005 年 6 月 21 日国务院批准浦东新区成为全国第一个综合配套改革试点以来，浦东综合配套改革已经走过了十几个年头。在新时期，浦东综合配套改革正在以"统筹"、"系统"和"集成"为工作要求与工作目标，改革不是单个领域、单个体制的调整和修补，而是统筹各个方面体制与机制的深度革新，也是全方位的改革和改进；改革是横向领域和纵向各环节的系统推进，而不是各个领域体制改革的单向推进；要着眼于制度聚合与集成，形成总体性的制度成果和制度文明。

3. 金融综合监管方面的制度创新系统集成

上海自贸试验区依据《中国（上海）自由贸易试验区条例》和相关规定，不断加强国家监管驻沪部门和地方政府之间的监管协调协作，推进自贸试验区的金融综合监管工作。2016 年 7 月，《发挥上海自贸试验区制度创新优势开展综合监管试点探索功能监管实施细则》发布。与此同时，上海金融综合监管联席会议暨自贸试验区金融工作协调推进小组会议召开。联席会议由分管金融工作的副市长和副秘书长分别作为召集人，成员单位包括市金融办、中国人民银行上海总部（外汇局上海市分局）、上海银监局、上海证监局、上海保监局、市发展改革委以及上海市政府多个职能部门，原则上每季度召开一次。

目前，上海初步形成了金融监管机构的协调机制，形成了国家监管驻沪部门和地方政府之间的监管协调协作机制。上海市政府、自贸试验区管委会和上海金融服务办公室的金融监管作用得到加强。上海市金融服务办公室对自贸试验区的综合监管起到协调管理的作用，上海市政府和自贸试验区管委会参与金融综合监管的作用不断加强，金融监管在纵向层面放权并让利于改革，实现横向与纵向管理结合。同时，上海自贸试验区正在积极利用信息技术促进监管机构的体制与机制整合工作，目前已经提出管委会、驻区机构和有关部门应当及时主动提供信息，不同监管机构参与信息交换和共享，通过建设统一与共享的信息平台，推进机构的整合与协调工作，提高综合监管效能，促进监管信息的归集、交换和共享，整合监管资源，推动全程动态监管，促进上海自试验区金融监管机构形成协调机制。

针对体制外金融和类金融机构的迅速发展，上海正在形成有效的针对类金融机构的监管机制，上海专门成立了自贸试验区金融工作协调推进小组，建立了上海金融综合监管联席会议机制。搭建了新型金融业态监测分析平台，积极开展金融综合监管试点，整合中央和地方各类资源，充分运用大数据等高科技手段，加强协同配合，形成监管合力，逐步消除金融监管盲点，整顿规范金融秩序，有效防范金融风险。2016 年 7 月以来，上海自贸试验区正在加强互联网金融风险的防范措施，根据上海市政府和上海自贸试验区新区政府对类金融机构管理的要求，自贸试验区积极开展对类金融机构包括区内互联网资管和私募基金等在内的 4000 多家企业进行摸底与检查。2017 年 4 月以来，上海自贸试验区在上海市金融服务办公室支持下，积极建设区域金融风险防范系统，协同市场监管局和公安司法部门做好预警处置工作。

为了守住不发生区域性系统性金融风险的底线，上海自贸试验区成立了利率市场自律委员会，不断规范风险防范机制，加强银行业特色监测报表体系和风险评估机制、跨境资金流动监测机制、银行业务创新监管互动机制和首单新产品报告制，如图 1 所示。这些金融风险防范机制有效地防范了金融风险。在此基础上，上海自贸试验区的自由贸易账户得到较快发展，并没有对金融发展产生负面作用。2016 年 2 月，42 家金融机构开立的自由贸易账户数量高达 4.8 万个，累计办理跨境结算折合达 5 万亿元。① 截至 2017 年 12 月，已有 7.2 万个自由贸易账户，如图 2 所示。

4. 进出口贸易监管机制方面的制度创新系统集成

在进出口贸易的海关监管方面，从 2013 年上海自贸试验区成立伊始，上海的海关就确定了 6 家区内企业试点新的监管模式，即"先进区、后报关"的监管模式。近四年来，上海海关创新各项具体制度 30 多项，涵盖进出口监管、通关便利、税收征管、企业管理和稽核查等各个业务领域，并进行横向业务整合，推出"国际贸易单一窗口"服务机制，以及以试点"货物状态分类监管"为代表的监管模式创新，探索推进亚太示范电子口岸网

---

① 资料来源：《上海统计年鉴 2017》和《2017 年上海统计公报》。

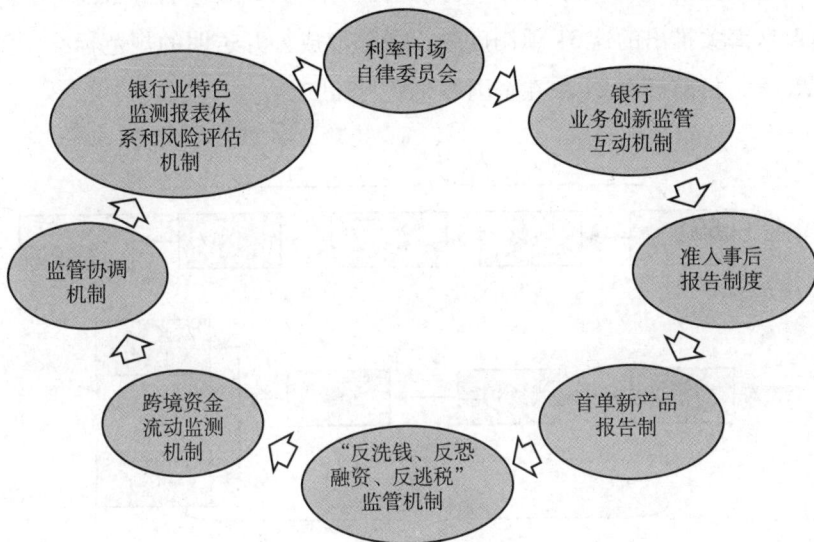

图1　上海自贸试验区的金融风险防范机制

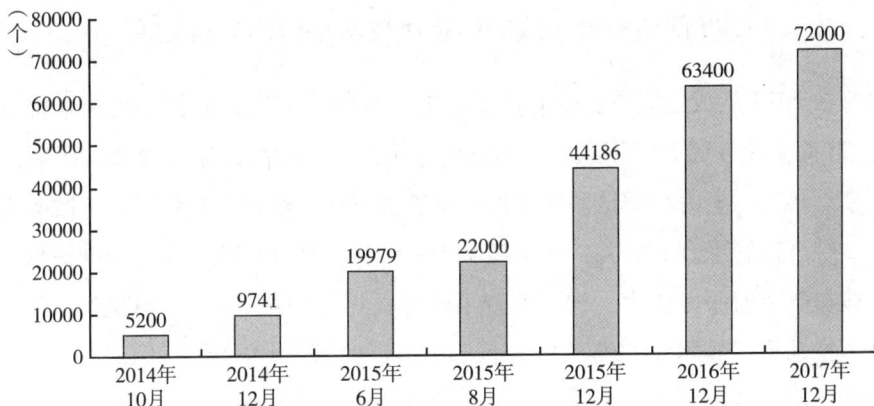

图2　上海自贸试验区自由贸易账户开户数量

资料来源:《上海统计年鉴2017》和《2017年上海统计公报》。

建设。同时,2016年上海国检进一步加强自贸区改革创新工作,确定推进"十检十放"的分类监管模式。通过系统集成式的制度创新,大大提高了进出口货物的通关效率（见图3），物流成本下降了10%左右。目前，上海自贸试验区海关推出的这31项制度中，全部形成公开透明的规范标准，创新效果显著，目前已有21项在全国海关复制推广。

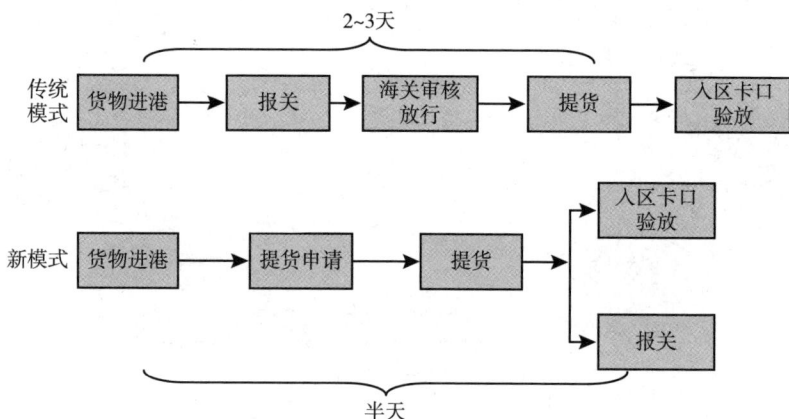

图3　上海自贸试验区报关传统模式和新模式对比

（二）制度创新系统集成的信息化技术平台建立与完善

从2013年成立以来，上海自贸试验区在制度创新方面就积极探索推进"互联网＋政务服务"模式，力图以信息化技术手段促进系统集成式的制度创新。目前，上海自贸试验区在信息化管理方面已经初步构筑了网上政务大厅、综合监管平台和公共信用信息服务平台三大基础设施，充分借助信息化手段提升政府服务能力，初步实现了政务数据的归集、公开、共享、开发，有力推动了"技术＋制度"的全新事中事后监管支撑网络。2015年11月，公共信用信息服务平台上线运作，此后浦东新区网上政务大厅不断升级并对外运营。2016年6月，事中事后综合监管平台在全市首先上线运作。这三大平台即网上政务大厅、事中事后综合监管平台和公共信用信息服务平台能够把各政府部门的信息整合到信息平台上，实现了各个监管领域的信息共享共用和实时交换与传递。各部门信息共享平台为四大主体（企业、行业组织、社会和政府）顺利开展监管工作提供了充分的信息资源和强大的技术支持，促进了上海自贸试验区的制度创新系统集成。目前，上海自贸试验区正在进一步加快促进事中事后综合监管平台与区政务信息资源动态共享交换体系的数据对接。上海自贸试验区先行先试的综合监管平台建设，为全市事中事后综合监管平台建设提供了可复制、可推广的模板。

2016年3月，上海出台了《上海市政务数据资源共享管理办法》，对于上海自贸试验区具有重要意义。上海自贸试验区新区网上政务大厅的成功运作也为上海自贸试验区事中事后监管提供了较好的信息化支持，在数据提供和提升政府部门运作效率方面起到了较好的作用。上海自贸试验区新区的网上政务大厅，以"单一窗口"实现政务数据资源共享，正在探索海关、国土、环境保护、检验检疫、规划卫生、公安、税务、劳动人事、统计、安全生产、知识产权等不同政府职能部门信息的互联互通共享，不断扩大办公范围，推动审批服务流程的简化与优化。

"一口受理"与"单一窗口"对外办公制度较大地提高了上海自贸试验区的制度创新系统集成程度。"一口受理"工作机制实现了登记流程再造，提高了办证效能，促进不同政府部门的协调与合作。总之，"一口受理"工作机制大大提高了政府行政效能，也有利于上海自贸试验区系统集成式的制度创新。

由于外资企业登记办公流程大为简化（具体见图4、图5），上海自贸试验区成立前，区内每年新设立外商投资企业占上海市外商投资企业比重较低。自贸区成立后，这一比重增加明显。至2017年末，上海市新增的外商投资企业近四成落户上海自贸试验区。图6表明上海自贸试验区成立前，区内每年新设立外商投资企业占上海市外商投资企业比重较低，自贸区成立后，这一比重增加明显。

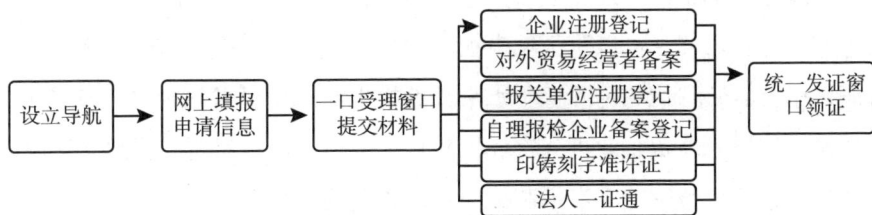

图4　上海自贸试验区内资企业注册登记办公流程

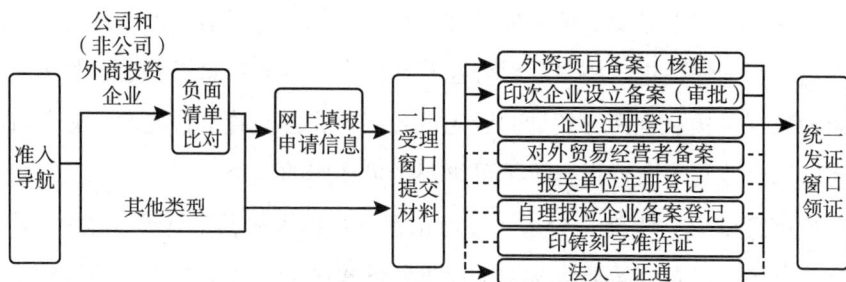

图5 上海自贸试验区外资企业登记办公流程

资料来源：中国（上海）自由贸易试验区网站。

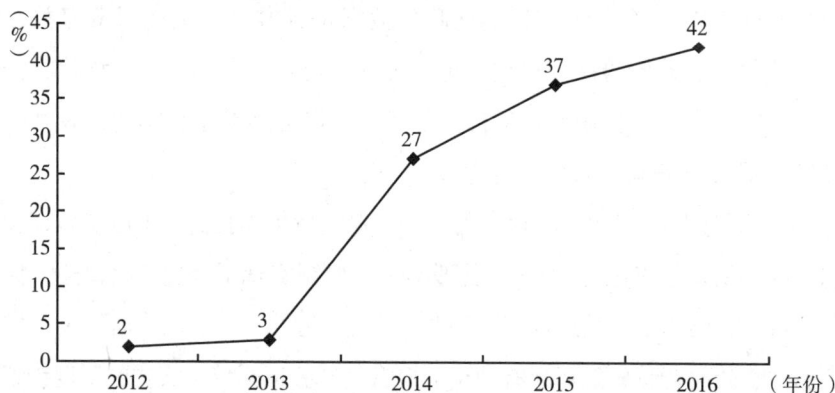

图6 2012～2016年上海自贸区新设外资企业占上海市外商投资企业比重

资料来源：《上海统计年鉴2017》。

2017年，上海自贸试验区进一步促进贸易便利化，进出口贸易"单一窗口"3.0版上线运行，上海保税区的关检"三个一"查验平台全面建成运行，货物状态分类监管试点企业扩大至39家。在自贸试验区的贸易监管方面，上海自贸试验区已经建成兼具监管和服务功能、覆盖口岸通关全流程和贸易监管主要环节、可以跨区域申报的"单一窗口"3.0版，有效地提升了上海口岸贸易便利化和国际竞争水平，助推上海自贸试验区和"一带一路"等建设。这样，外贸企业可一次性提交货物进出口或转运所需的单证或电子数据，较好地解决重复申报和提交单证的问题，减少了等待与奔波不同部门的时间。

（三）简政放权与政府办公流程优化

上海自贸试验区坚持"放、管、服"结合，推进简政放权，实行政府职能管理部门的权力清单与责任清单制度，促进政府职能转变和效能提高。上海自贸试验区已推出在全国和全市领先的准入和服务制度创新35项。上海自贸试验区以浦东新区综合配套改革为基础，加快推进行政审批制度改革，大幅度减少社会类行政审批事项，大幅度压缩平均审批时限。同时，上海自贸试验区针对不涉及国家层面调整的审批事项，从企业反映普遍的"办证难"问题中选取116项，积极推进"证照分离"改革试点，提高透明度和可预期性，强化准入监管，促进改备案和告知承诺，大力加强市场监管制度的改革。同时，上海自贸试验区针对完全取消审批领域采取加大事中检查、事后稽查处罚力度等办法确保管理措施落实到位。

在事中事后监管方面，改革前，职能交叉、争议无证照食品经营等问题长期存在，管理中"碎片化"问题突出。改革后，各部门间的协同监管大大降低了协调难度和成本，促进了诸多问题的解决和情况的改善。通过归并职能，优势互补，综合监管执法成本降低，效果却大大提升。比如，长期困扰执法监管的"前店后场、集中配餐、现制现售"等环节交叉的经营业态监管问题，过去是分段而治，质监局管生产环节，工商局管流通环节，食药监局管餐饮环节，现在责任更加明确，只由上海自贸试验区市场监管局管理，减少了管理空白点。对于原质监、工商分段管理的产商品质量问题，建立生产、流通领域产商品质量"双向追溯"机制，一体化监管，2015年立案查处质量不合格案件数比2014年、2013年分别增长37%和64%。

在商事登记制度改革方面，上海自贸试验区的市场监督管理不断缩减审批环节，不断推进工商注册制度便利化，实行年度报告公示制，试点简易注销登记改革，率先在全市完善企业准入"单一窗口"制度，目前正在从"五证联办"向"七证联办"拓展。

上海自贸试验区的行政审批改革示范效应对浦东新区和上海市政府的各

职能部门都产生了很大的影响。以上海市食品药品监督管理局为例，该局在2014年梳理形成了《上海市、区（县）两级食品药品监管部门权力清单》，向社会公布了10个方面457项权力的清单。其中就包括行政审批在内的8个方面事项，制定《关于本市食品药品行政执法市、区（县）两级事权划分的实施意见》，明确市、区（县）两级食品药品监管部门行政执法的权限和责任。2014年，食品药品监督管理局承接国家食药监总局下放的7项审批事项，将互联网药品交易服务企业审批等6项事项调整为工商登记后置审批事项，进一步向区（县）下放食品相关行政审批事项。通过下放、委托等方式，上海市食品药品监督管理局将14项行政审批事项交由浦东新区承担，进一步推进食品药品行政审批标准化建设，编制了《业务手册》和《办公指南》。

（四）促进制度创新系统集成的方式创新

上海自贸试验区不断推进制度创新系统集成模式，实行负面清单管理制度，重视"互联网＋"和大数据技术的作用，重视社会参与的作用，提高制度创新系统集成程度。

1. 实行负面清单管理制度

上海自贸试验区大力简化负面清单，目前已经从2013年的第一版负面清单发展到2018年的第五版（见表1）。同时，对于负面清单之外的领域，对外商投资项目实行备案制度，按照内外资管理标准一致的原则进行管理，不断创新投资管理模式和市场监管模式，促进政府管理方式创新。

2. 重视"互联网＋"和大数据技术的作用

上海自贸试验区以"互联网＋"和大数据技术为支撑，大力推进"互联网＋监管"模式创新，为市场主体自治、行业自律、社会监督共治提供有效支撑。通过信息开放，汇集各单位可以向社会公示的监管过程或结果等信息，对接网上政务大厅向社会公示。

3. 重视社会参与的作用

上海自贸试验区试图通过"政府与社会分开、政府与社会合作"的途

表1 上海自贸试验区负面清单五年对比

负面清单	第一版	第二版	第三版	第四版	第五版
政策名称	中国（上海）自由贸易试验区外商投资准入特别管理措施（负面清单）（2013年）	中国（上海）自由贸易试验区外商投资准入特别管理措施（负面清单）（2014年修订）	自由贸易试验区外商投资准入特别管理措施（负面清单）（2015年版）	自由贸易试验区外商投资准入特别管理措施（负面清单）（2017年版）	自由贸易试验区外商投资准入特别管理措施（负面清单）（2018年版）
颁布时间	2013年9月29日	2014年6月30日	2015年4月8日	2017年6月5日	2018年6月30日
颁发主体	上海市人民政府	上海市人民政府	国务院	国务院	国务院
适用范围	上海自贸试验区	上海自贸试验区	上海自贸试验区、天津自贸区、广东自贸区、福建自贸区	上海等11个自贸区	上海等11个自贸区
条款数量	190条	139条	122条	95条	45条

资料来源：根据上海市人民政府、上海自贸试验区管委会和国务院相关网站整理。

径，通过政社合作互动，更好地发挥社会组织在基层治理中的作用，将政府的相关职能转移给社会组织，探索政府与社会共治的服务型社会体系，把企业的协调、准入与评比的管理职能转移给社会评估机构。另外，鼓励社会参与，将社会第三方在监督检查中产生的相关信息纳入平台，如行业协会开展的行业信用评价信息、第三方检测机构的检测信息等，推送到综合监管平台供各单位在监管工作中使用。促进个人、企业和第三方征信机构的信息共用共享，促进政府的信息与数据为个人、企业和社会所应用，促进政府与第三方征信机构的联合惩戒。这样，通过简政放权，有效地为政府管理职能减负，促进制度创新系统集成。

二 现阶段上海自贸试验区制度创新系统集成存在的问题与瓶颈

目前，上海自贸试验区各个监管机构与职能部门都有各自的职能和监管范围，制度创新还存在自成体系与"条块"分割现象。监管机构之间也存在着信息沟通不足、共享程度低的问题，尚未形成一个组织严密、高效规范的全方位的监管协调机制。部门之间的协调与合作还远未达到无缝对接的程度，完整的事中事后监管体系与网络尚未形成，即事中事后监管体系的完整性与协调性亟待提高。尽管这些机构利用网上政务大厅初步实现一口式对外办公，但是与部门一体化办公仍有较大的距离。各个部门的制度创新尚未形成系统集成的态势。

（一）制度创新的合力不够，碎片化特征仍比较明显

目前，上海自贸试验区的制度创新从整体来看还呈现碎片化的特征。上海自贸试验区目前仍以单项推进为主的方式进行制度创新，许多制度创新与改革的具体举措分别由不同的部门实施，不同部门之间的制度创新无法实现协同效应。从改革方式看，上海自贸试验区制度创新以问题导向、需求导向和项目导向为主，对于制度创新的总体顶层设计不足，从而使得自贸试验区的制度创新与改革呈现碎片化的特征。许多以问题为导向的制度创新和举措常常是为解决现实存在的问题而提出的，对相关部门的协调性和长久性考虑欠周全。这些制度创新对于传统制度的系统性和综合性改革较少。

从改革内容看，上海自贸试验区制度创新的内容选择性较强，许多改革措施以政府各个职能部门提出为主，而这些职能部门往往选择难度较小、关联性低和利益相关较少的领域作为改革方向和目标，提高制度创新的关联性不是这些部门的首要改革目标，也不是这些部门的考虑重点。从改革落实情况看，政策创新合力不够，各个部门从主管工作层面提出措施，没有形成系统化、战略化的举措和措施，制度创新的综合协调特点尚未充分显现出来。例如，浦东新区（上海自贸试验区）市场监管局通过"一体化"执法体系形成各类主体的登记、监管和信用信息，但是由于上海市局层面仍存在工商、食药监、质监、物价各自为政的格局，这个方面的数据又重新被割裂至市级各部门的数据库和业务程序中，造成了信息、程序不能共享和整合。

（二）制度创新系统集成的效果缺乏衡量标准

上海自贸试验区制度创新系统集成的考核与管理存在相当的困难，现有的上海自贸试验区制度创新的评价活动极为零散，没有常态化制度化的长效机制。只在某些领域进行评价，评价行为极为零散，评价结论也缺乏连续性与权威性，评价活动远未常态化、制度化。有关制度改革与创新的内容复杂繁多，要建立完整的考核指标体系较为困难，制度创新与改革涉及的利益主体较多，不仅牵涉各个部门，而且涉及各个领域，更同个人利益直接相关。

首先，目前就国家层面而言，我国对于制度创新还没有形成成熟的考核体系。其次，制度创新和改革的经济成效与社会成果难以标准化与量化，形成较为客观的指数。制度随着时间逐步变化，但是制度创新的成效很难进行量化，也较难进行比较分析，更不能从 GDP 和财政收入的角度进行衡量。最后，我国缺失对制度创新的社会评估体系，还没有相关的较为权威、为社会承认的制度创新评估机构。简而言之，系统集成式的制度创新不仅是政府管理工作，而且是系统性社会工程，不仅需要政府作为主体进行运作，而且需要合理的评估主体推动评估体系良性运转，以促进政府的制度创新系统集成。

当前，我国有关系统集成的制度创新评价亟须进一步发展，一方面可参照国内外相关较为成熟的经济发展评价指标体系和方式，另一方面要创新发展，以形成有共识的具有上海自贸试验区特色的改革评价指标和标准。上海市和自贸试验区内的企业与居民对制度创新系统集成的感受度与获得感需要一个相对客观的指标体系来衡量。

（三）制度创新系统集成亟须顶层设计

目前，一些上海自贸试验区政府职能部门的制度创新还处于"单兵突进"层次，相关部门的配合与协调还处于初步阶段。上海自贸试验区制度创新系统集成的基础是浦东新区的综合配套改革。浦东新区的综合配套改革试点在行政管理体制改革、金融航运体制改革、自主创新的体制机制建设以及对外开放等方面取得了重要进展。但是，浦东新区的综合配套改革没有制定相应的需要总体设计、长期坚持并不懈努力的总目标、行动纲领和"路线图"，综合改革缺少连贯性、系统性和整合性，改革的碎片化特征比较明显。同时受制于浦东新区自身权限，上海自贸试验区没有像深圳那样的地方立法权，上海自贸试验区综改受到了现有法律、法规和市级各部门的掣肘较多。因此，有必要在完整的一级行政区域范围内将改革创新举措配套组合、系统集成，构建完整的政府管理体制。如何使浦东新区综合配套改革与上海自贸试验区制度创新系统集成有机地衔接起来，也是亟须解决的问题。

以上海自贸试验区的金融综合监管为例，自贸试验区内的金融业务与类金融业务涉及近十个部门，国家与中央、上海市级以及浦东新区等多个层次职能部门，需要顶层设计来对这些监管部门制度创新进行系统集成式规划。

（四）制度创新系统集成对信息化技术与大数据交易平台的运用亟须加强

目前，上海自贸试验区的信息技术特别是大数据运用不足，已有的可以借助的信息化监管平台还存在"信息孤岛"现象，市场监管局与中国人民银行、海关、检验检疫、税务、公安、司法等监管部门之间信息对接与数据共享还存在障碍。目前，上海自贸试验区的现代信息技术特别是大数据运用不足以支撑综合监管与制度创新。浦东新区市场监管局的"公共信用信息服务平台"和"综合监管平台"应当接入金融综合监管系统，这些平台亟须与中国人民银行信息系统实现对接与数据共享。浦东市场监管工作尽管已搭建了公共信用信息服务平台、事中事后综合监管平台和网上政务大厅，但要依托平台在实践层面真正实现全面、深入、即时、高效的协同监管，还需要继续努力。三大信息平台的数据相对较为简单，时间长度较短，并不能从多个侧面有效地反映企业的整体经营状况，更不能有效地体现企业未来的发展前景。因此，目前三大信息平台的数据还不能有效地反映所查企业整体经营情况。由于市场监管局与海关、检验检疫、税务、公安、司法等监管部门之间信息对接与数据共享还存在障碍，目前最急迫的工作是实现不同政府监管部门的数据对接与共享，解决"信息孤岛"问题，进一步增强三大信息平台的部门连接性与数据反映能力的全面性。

三　促进上海自贸试验区制度创新系统集成的建议与对策

上海自贸试验区制度创新系统集成要以建设政府各管理部门信息互联互通和共享的大数据平台为抓手，优化管理流程，推动各职能部门相互配合，着力构建"政府主导""行业自律""企业自控""社会参与"的"四位一体"的透明、高效、便捷的大监管模式与服务体系，形成系统集成式的管理服务机构体系与制度体系。具体的，上海自贸试验区的系统集成式制度创新应当以构建政府主导监管、市场主体自律、业界自治、社会参与和监督"四位一体"的管理格局为目标，建设由政府主导、多元主体合作的"大治理"和"大监管"体系，加强政府与社会的合作，包括社会组织、企业主体、社会公众的多元参与和协同治理，实现多领域治理方式的多样化，创新公共服务供给方式，完善"大监管"合力，从某一项放权开始就重新明确监管主体、职能、责任，广泛吸引公众参与监管，推进社会信用体系建设，积极运用物联网、云计算、大数据等信息化手段创新和加强政府监管，全面开发和整合各种监管信息资源。

（一）重塑政府与市场关系，奠定系统集成式改革基础

界定政府与市场的边界，围绕建设法治政府和服务型政府，切实解决政府职能越位、缺位、错位问题，这既是系统集成式改革的核心命题，也是突破改革瓶颈的关键环节。深化政府权力清单、责任清单管理，依法公开权力运行流程。深入推进简政放权，创新监管方式，做到监管有权、有据、有责、有效，优化政府服务；推进政府决策公开、管理公开、服务公开、结果公开，使职权法定、边界清晰、主体明确、运行公开。

系统集成式的制度创新应以政府职能转变为基础。厘清政府与市场的界限，厘清政府、企业与社会的职责与权利，转变政府职能，转变市场监管理念，简政放权、放管结合，坚持把"放、管、服"改革要求贯穿制度创新与体制改革全过程，强调把该放的放开放足，把该管的管住管好，努力解决市场体系不完善、政府干预过多和监管不到位的问题。落实清单制度，建立和完善监管部门的权力清单与责任清单制度。以制度形式进一步细化责任清单，明确不同政府部门监管执法的标准与权力边界，加强不同部门监管行为的对接，以清单的项目对接实现系统集成式的制度创新。

（二）理清各级政府之间事权关系，使系统集成式改革上通下达

推进各级政府事权和财权的规范化和法制化，用完善的制度体系推进自贸区治理体系的协同化与整体化。防止不同部门的重复与交叉监管，加强部门间的协同监管与合力。系统集成式的制度创新应以实现垂直式和部门分立管理向扁平化和横向式弹性化管理转变为必要条件。要不断打破部门之间的界限，突破"条块"分割产生的框框，不断探索在市级层面推进综合执法改革，构建市区协同、机构统一的政府管理体制，推进"大部制"和"大基层"管理体制改革，促进以公众获得感为中心的"一口受理式""一体化""全过程"管理方式进一步发展。

在"四位一体"的上海自贸试验区制度创新系统集成之中，最重要的是政府对制度创新与自贸试验区监管的主导作用。上海自贸试验区的综合监管体系与机制的构建与否关系到上海自贸试验区事中事后监管能否成功，地方政府部门之间、中央与地方的政府部门之间能否协调。因此，应当加强政府部门"条块"之间的协调，防止政府各个职能部门各自为政与多头管理状况的发生，必须针对政府职能部门简政放权不同步、监管机制不健全、监管手段不完善和监管合作联动不积极等问题实施针对性措施，促进各个政府职能部门各司其职又相互联动，形成一个有机的整体，形成纵横联动与快速处置的动态监管体系与机制。这需要通过制度来保障部门之间的协作并发挥刚性约束作用。

应当以制度为依据，以监管信息平台为技术支持，防止不同部门的重复与交叉监管，加强部门间的协同监管与合力，实现自贸试验区的司法、海关、海事、金融、检验检疫、市场监管等部门的信息互通、交换和共享，促进综合执法，优化监管流程，提高监管合力，提供更好的公共服务，形成部门联动与信息共享的监管体系与机制。在自贸试验区事中事后监管和金融综合监管体系之中，要形成纵横联动的综合执法与监管机制，同时不断探索在市级层面推进综合执法改革，构建市区协同和机构统一的政府管理体制，为保障系统集成式创新提供必要的组织基础。

（三）以法制化和顶层设计推进制度创新系统集成

通过建章立制的方法，依靠法治手段，例如推进全国层面和上海层面加快制定《行政程序法》或《行政程序规定》，规范不同政府职能部门的权责关系，明确不同政府职能部门的分工与协作关系，确定不同政府职能部门对自贸试验区的责任与权利范围，明确监管标准，确立清晰与客观的尺度，促进自贸试验区的管理工作走向制度化与常规化，实现自贸试验区检验检疫、海事、海关、金融、市场监管等部门的信息互通与功能互动；同时，通过标准化与法制化，促进自贸区在制度创新方面系统集成，从而构建起上海自贸试验区的制度创新系统集成体系。

为此，要继续加强上海自贸试验区有关政府部门的制度建设，深化与负面清单管理、商事登记制度改革相配套的事中事后监管、投资监管、贸易监管和金融监管制度创新，建立适应上海自贸试验区发展的监管机制。应当继续建立和完善简明、统一、规范与标准清晰的管理制度与负面清单管理模式。抓紧制定一些关键性制度，杜绝制度真空与监管盲区。推进监管标准规范制度建设，推进负面清单管理制度与模式。一是在投资监管制度方面，完善与负面清单管理、商事登记制度改革相配套的投资监管制度，完善企业年报公示和经营异常名录制度；二是在国际贸易监管制度方面，深化以安全高效管住为底线的国际贸易监管制度创新，以关检联动和国际贸易"单一窗口"等为重点，进一步优化贸易监管；三是在行政审批事项改革之后的监管方面，确保简政放权后逐项明确相应的事中事后监管措施，制定和完善监管项目清单。

（四）信息化建设与办公标准化是制度创新系统集成的技术支撑与手段

改变过去政府管理部门各自为政与"数据孤岛"的弊端，实现高效、透明与便捷的信息共享与监管。运用现代化信息技术与手段，创新监管的方式与手段，积极利用"互联网＋"和大数据等现代化信息技术，加快推进上海自贸试验区网上政务大厅、综合监管平台和公共信用信息服务平台的进一步建设，促进三大信息平台互联互通、数据共享，加快三大平台的数据接入与共享工作。推进政府各个部门、行业协会、社会组织信用信息共享。

因此，要继续完善上海自贸试验区网上政务大厅、综合监管平台和公共信用信息服务平台三大基础设施建设，特别是在金融监管方面，要大力加强跨部门、跨行业的监管部门协调和信息共享工作，强化风险监测、分析和预警工作，建立持续监管与跟踪的精准监管机制。要大力采用"互联网＋"技术，优化监管流程，整合监管部门，提高监管效能，不断提高监督监测的即时性，促进监管效率提升，建立持续监管与跟踪的精准监管机制。要完善司法部门与金融机构的合作工作机制，配合国家有关部门做好自贸试验区的反逃税和反洗钱监管工作。

（五）将加强社会参与监督和民众获得感作为系统集成式改革的动力与助力

在改革的整体布局中，以增强人民群众的获得感为出发点和落脚点，重视将改革成效转化为民众看得见、摸得着、感受得到的红利，积极回应民众对改革的意见和建议，提高社会公众的参与水平和程度。例如，上海自贸试验区市场监管局通过构建"大基层"、"大监管"和"一体化"的系统集成式监管模式，方便了老百姓，提高了监管效能，也大大提升了事中事后监管的系统集成水平。

由于政府的监管力量较为有限，单纯依赖政府监管不足以做好上海自贸试验区的事中事后监管工作。因此，应当发动社会力量参与上海自贸试验区的事中事后监管，包括居民、行业协会、社会参与委员会和相关企业。相互竞争性的企业可以监督对方是否真的遵守我国相关法规。上海自贸试验区已有较多成熟的行业协会，可以发挥其作用，如上海航运保险协会、浦东现代物流协会、浦东外资协会、浦东医疗器械协会等。同时，发挥市场专业化服务组织的监督作用，完善政府购买社会服务机制。此外，应当发挥公众和舆论的监督作用，健全公众参与自贸试验区企业和市场运营监督的激励与约束机制等。

为节省监管力量，促进上海自贸试验区与国际贸易相关规则对接，可以利用国际已经运作成熟的通行惯例与规则，运用国际通行标准，通过承认国际上其他监管机构的报告，推行监管的国际一体化，加强监管的国际和地区间合作，适时启动和完善监管互认机制，从而推动上海自贸试验区的国际化。如与其他国家特别是法治国家进行进出口货物或入境货物数据交换，相互认可对方的监管结果。

B.8
自由贸易区税收政策创新的
使命、原则及政策建议

邬展霞*

摘　要： 通过实地调研、网络调研、文献翻译和统计数据分析，课题
　　　　 组总结与剖析了上海自贸区目前的税收政策，并借鉴产业集
　　　　 聚成功的釜山、冲绳自贸区的政策规律，结合最新的国际税
　　　　 收竞争态势进行了分析。统计分析显示，我国统一的自贸区
　　　　 税收政策相对于主要贸易伙伴国和竞争性自贸区优势较少；
　　　　 全国各地纷纷以财政政策代替税收政策吸引生产要素集聚，
　　　　 会带来财政资金的低效使用；上海自由贸易试验区的企业税
　　　　 负处于各经济开发区企业税负的中间状态，自贸区确实没有
　　　　 成为"税收洼地"，自贸区税收制度设计的初衷得到了很好
　　　　 的体现。同时，对比当前国外自贸区的税负，项目组提出税
　　　　 制改革的建议：①降低优惠门槛，灵活运用现行企业所得税
　　　　 的优惠框架；②借鉴新加坡，试行区内有管理的属地原则；
　　　　 ③简化流转税税制，实施"境内关外"的税收制度；④建立
　　　　 与事权相匹配的财权制度。

关键词： 自贸区　财税政策　改革创新

---

* 邬展霞，博士，上海对外经贸大学会计学院教授，国际税务研究中心负责人，研究方向为国
际财税，主持上海市人民政府决策咨询项目和自贸区政府项目多项。

一 上海自由贸易试验区税收政策改革创新的历史使命

上海自由贸易试验区成立以来，按照《中国（上海）自由贸易试验区总体方案》的建设要求，在没有主体税种税率优惠政策的条件下，通过加快进口报关、出口退税、报税监管等税务创新服务的探索，不断进行"政府职能转变的先行先试"。目前，区内已经实施的 8 项税收优惠政策、4 项税收服务创新政策均已在全国自贸区推广复制。上海自贸区已经顺利完成"服务全国"的自贸区建设初级阶段的历史使命。

目前，自贸区的建设正面临中国改革开放的新形势和上海城市发展的新要求。

2017 年 3 月，国务院公布的《全面深化中国（上海）自由贸易试验区改革开放方案》进一步明确，到 2020 年，上海自贸试验区要率先建设成为国际高标准自由贸易园区。因此，上海需要在深化自贸试验区改革上有新作为，发挥先行先试优势，率先建立同国际投资和贸易通行规则相衔接的制度体系；同时，上海自贸试验区的功能定位被确定为"三区一堡"，开放和创新融为一体的综合改革试验区、开放型经济体系的风险压力测试区以及提升政府治理能力的先行区，服务国家"一带一路"建设和推动市场主体"走出去"的桥头堡；在创新领域，需进一步聚焦上海自贸试验区与张江自主创新区的"双自联动"。自贸区需要面向国际规则，积极探索辐射科创的财税政策来促进政府治理能力的提升。

党的十九大报告进一步指出，自贸区内将建设自由贸易港，实践最高水平的对外开放、遵循国民待遇和国际贸易规则，并赋予地方自主改革和探索权利、实现"境内关外"特殊监管的区域。十九大报告赋予了地方政府更多的税收政策制定权。自贸区内的税收政策创新改革，要求设计符合当前国家财政体制改革总体框架、具有国际税收竞争力、吸收世界先进自贸区税收设计最新成果并能集聚先进生产要素的税收政策。

纵观全球自贸区的成功发展，税收政策是关键的公共治理内容之一。一国的税收政策，往往会影响贸易伙伴国之间的贸易结构与流向。上海自贸区税收政策的创新改革，需要放眼全球，考虑当前贸易大国的税制变动及其影响，做出一个负责任大国应有的税收政策选择。

上海自贸区税收政策创新改革，身负重大的国家战略使命。

二 上海自贸区税收政策国内竞争力对比

（一）上海自贸区税收政策

1. 上海自贸区所在浦东新区的基本税收优惠

上海自贸区所在浦东新区企业存在普遍税收优惠。按照《国务院关于经济特区和上海浦东新区新设立高新技术企业实行过渡性税收优惠的通知》（国发〔2007〕40号）规定：对经济特区和上海浦东新区内在2008年1月1日（含）之后完成登记注册的国家需要重点扶持的高新技术企业（以下简称新设高新技术企业），在经济特区和上海浦东新区内取得的所得，自取得第一笔生产经营收入所属纳税年度起，第一年至第二年免征企业所得税，第三年至第五年按照25%的法定税率减半征收企业所得税。

2. 上海自贸区可推广可复制的税收优惠

上海自贸区成立以来，国家专门出台的在上海自贸区先行先试且具有优惠性质的税收政策及其对当前重点发展的科创产业的辐射性作用如表1所示，自贸区的税收服务创新如表2所示。

表1 上海自贸区税收优惠政策一览

文件序号	政策文号	优惠内容	目标产业	辐射科创程度
1	国务院关于印发中国（上海）自由贸易试验区总体方案的通知（国发〔2013〕38号）	将试验区内注册的融资租赁企业或金融租赁公司在试验区内设立的项目子公司纳入融资租赁出口退税试点范围		
		对试验区内企业以股份或出资比例等股权形式给予企业高端人才和紧缺人才的奖励，实行已在中关村等地区试点的股权激励个人所得税分期纳税政策		

文件序号	政策文号	优惠内容	目标产业	辐射科创程度
2	关于中国（上海）自由贸易试验区有关进口税收政策的通知（财关税〔2013〕75号）	国内租赁公司从境外购买空载重量在25吨以上并租赁给国内航空公司使用的飞机，增值税优惠政策	国内飞机租赁	较低
		对试验区内的企业生产、加工并经"二线"销往内地的货物照章征收进口环节增值税、消费税。试行对该内销货物按其对应进口料件或按实际报验状态选择性征收关税政策（不销往"二线"的暂免征收进口环节税收）	生产加工企业	不直接
		区内生产企业和生产性服务业企业进口所需的机器、设备等货物予以免税	生产企业和生产性服务业企业	包含
		允许在特定区域设立保税展示交易平台		
3	关于中国（上海）自由贸易试验区内企业以非货币性资产对外投资等资产重组行为有关企业所得税政策问题的通知（财税〔2013〕91号）	试验区内的企业，因非货币性资产对外投资等资产重组行为产生资产评估增值，据此确认的非货币性资产转让所得，可在不超过5年期限内，分期均匀计入相应年度的应纳税所得额，按规定计算缴纳企业所得税	—	涉及科创形成的无形，但鲜有企业享受
4	研发机构采购国产设备增值税退税管理办法（财税〔2016〕121号）	适用退税政策的研发机构（包括内资研发机构和外资研发中心）采购的国产设备，实行全额退还增值税	实际非自贸区专属	直接相关

3. 专门适用于上海自贸区的税收服务创新政策（不涉及税率优惠）

可以看出，当前上海自由贸易试验区的税收优惠主要是"区内生产企业和生产性服务业企业进口所需的机器、设备等货物予以免税"，即进口环节关税、增值税、消费税暂免征收的税收优惠政策；其税收政策特色在于通过制度创新来促进投资和贸易，而不是通过简单的税收减免。事实上，自贸区成立以来，税务部门不断通过与其他部门的融合、税收服务信息化和共享

表2　自贸区的税收服务创新

序号	政策文号	优惠内容	目标产业	辐射科创程度
5	关于支持中国(上海)自由贸易试验区创新税收服务的通知(税总函〔2014〕298号)	税收一网通办、便捷优质高效:网上自动赋码、网上自主办税、电子发票网上应用、网上区域通办、网上直接认定、非居民税收网上管理、网上按季申报、网上备案、纳税信用网上评价、创新网上服务	—	征管创新,不单独针对科创
6	关于扩大启运港退税政策试点范围的通知(财税〔2014〕53号)	对从启运地启运报关出口,并由符合条件的运输企业承运,从水路转关直航运输经上海(以下称离境地)洋山保税港区(以下称离境港)离境的集装箱货物,实行启运港退税政策	—	不直接
7	关于在中国(上海)自由贸易试验区实施"离岸服务外包全程保税监管制度"的公告(关2015年第6号)	对从事离岸服务外包业务的、经海关注册登记的试验区内企业(以下简称"区内离岸服务外包企业")及其上下游产业链企业实施保税监管的作业模式;外包免费进口设备内销或到期不退运境外的,须经海关核准后按规定办理进口纳税手续	离岸外包	不直接
8	关于在中国(上海)自由贸易试验区实行境外入区货物"先进区、后报关"作业模式的公告(关2016年第2号)	在试验区海关特殊监管区域境外入区环节,经海关注册登记的试验区海关特殊监管区域内企业(以下简称"区内企业")可以凭进境货物的舱单等信息先向海关简要申报,并办理口岸提货和货物进区手续,再在规定时限内向海关办理进境货物正式申报手续的作业模式	上海口岸从事海运、空运进出境货物装卸、储存、交付、发运等活动	不直接
9	关于海关特殊监管区域和保税监管场所税货物流转管理的公告(关2016年第86号)	企业办理区间流转业务可以采用"分批送货、集中申报"的方式办理流转手续;区间流转货物可由企业自行运输	海关特殊监管区域间、保税物流中心B型间的保税货物流转	无关

化来推进税收管理效率提升①,提高税收治理能力,积极为进一步的改革开放做好行政准备,不断提升自贸区税收工作的政府效率。

---

① 湖北、陕西等自贸区已经主动编写自贸区税收优惠政策手册,试图弥补这一缺陷。

除了融资租赁业的"入区退税"，当前上海自贸区的税收政策是完全"普惠制"的，并未呈现对特定产业的吸引能力；也未表现出对科创或其他目标生产要素的吸引与推动。因此，自贸区政府应主要结合积极灵活的财政政策来激励先进生产要素的集聚，财政政策的设计对于自贸区进一步集聚先进生产要素意义重大。

（二）自贸区企业实际税负测评

除了对软件企业、集成电路等国家投资目录亟须发展的产业存在专门的即征即退、企业所得税税率优惠外，我国税制优惠基本是普惠制，相同业态企业的名义税负[①]基本是一致的。

同时，中国（上海）自由贸易试验区和上海张江国家自主创新示范区存在"双自联动"发展效应。"双自联动"目标在于以制度创新推动科技创新，尤其是在政府职能转变和管理创新方面。"双自联动"叠加区域企业的实际税负有可能得到进一步降低。

表3对比了上海国家级各园区、上海自贸区、张江高科技园区与中关村的企业税负，可明显看出，自贸区企业税负处于中等水平。

进一步分析表3，可以发现以下几点。

第一，自贸区企业当前税负适中。对比全上海的国家级园区发现，企业每元收入包含的实际税金中，自贸区企业的实际税负为2.7%，高于其他以小微企业为主的园区和业务模式单一且处于保税状态的出口加工区企业。受益于我国对于小微企业的整体大幅度税收优惠，以小微企业为主的园区这一指标极低；但由于多项税收优惠的存在，尤其是进出口业务中的诸多税收便利，自贸区企业的整体税负低于一般园区；自贸区确实没有成为"税收洼地"，税收制度设计的初衷得到了很好的体现。

第二，规模以上企业的数据统计显示，受"双自联动"叠加区域的双重影响，加上张江高科技园区自身属于高科技产业与技术先进性企业的聚

---

① 名义税负是税法规定的税率；实际税负是实际缴纳的税收与收入的比例。

表3　2015年度上海市自贸区与国家级园区规模以上企业税负对比

类别	上海市总值	张江高科技园区	自由贸易试验区	虹桥经济技术开发区	闵行经济技术开发区	漕河泾出口加工工区	紫竹高新产业开发区	嘉定出口加工区	陆家嘴金融贸易区	金桥开发区	金桥开发区南区	松江出口加工区	闵行出口加工区	青浦出口加工区	化工经济技术开发区	上海松江经济技术开发区	漕河泾开发区浦江高科技园	中关村（全部企业）
单位数（个）	1193	160	122	3	56	9	6	1	10	142	37	37	9	8	32	534	27	16693
从业人员（万人）	52.64	8.52	4.13	0.07	3.21	1.76	0.46	0.21	1.95	8.36	1.12	6.75	0.55	0.28	0.95	13.66	0.67	230.81
工业总产值（亿元）	8987	1126	526.40	1.90	517.09	271.89	129.53	8.17	910.64	1606	216.71	1583	78.21	49.12	710.03	1192.37	58.69	9561.7
主营业务收入（亿元）	10650	1305	721.61	2.01	540.52	271.77	160.78	8.79	977.33	2682	212.62	1553	82.61	48.40	758.59	1259.07	64.76	40809.4
税前利润总额（亿元）	860.13	313	27.53	0.17	53.92	2.13	18.48	0.22	37.98	257	21.83	5.27	2.39	2.48	23.11	88.93	5.00	3404.9
税金总额（亿元）	270.79	25.34	19.43	0.09	24.57	—	7.52	—	34.25	98.57	6.64	—	0.11	0.01	21.77	29.45	3.03	2035.7
亏损总额（亿元）	101.26	20.28	4.35	0.00	3.65	1.14	0.35	—	0.80	12.27	1.56	3.24	0.66	0.08	36.08	14.70	2.09	–
每元收入税金（%）	2.5	1.9	2.7	4.5	4.5	4.7	4.7	3.5	3.5	3.7	3.1	—	0.1	0.0	2.9	2.3	4.7	5.0
每人创造税金（万元）	5.14	2.97	4.70	1.29	7.65	16.35	16.35	0.00	17.56	11.79	5.93	0.00	0.20	0.04	22.92	2.16	4.52	8.82

资料来源：《上海统计年鉴2016》《北京统计年鉴2016》，经整理。

集区，张江高科税收优惠享受程度最大，在规模以上企业中，张江高科技园区企业每元收入的平均实际税负仅为1.9%（紫竹园区和漕河泾最高，均为4.7%），为上海市平均税负最低区域。

第三，高新技术企业和技术先进型企业税率优惠是减轻税负最有效的政策工具。自贸区企业只有依靠科技创新，不断接近张江高科产业整体的先进性程度，才能进一步降低自身税负。降低税负的有效路径是依靠技术投入，成为高新技术企业和技术先进型企业。

（三）国内自贸区税收政策对比

由于我国当前自贸区税收政策并不以低税负为特征，故自贸区的税收优惠普遍较少；因此，各地纷纷辅以财政政策，但从各地财政政策可以看出财政科技投入直接、迅速，而且具有广泛性。但其投入也存在不足：如挤出效应，财政的直接投入会导致私人部门的投资不足；同时政府投资存在资源浪费、效率低下的情况；而且其使用信息、立项信息披露严重不足，往往不符合"三公"（公平、公开、公正）原则，容易造成企业舞弊及寻租行为的发生。因此，财政政策并不能代替税收政策对目标产业和生产要素的吸引。

（四）竞争力对比评价

对全国自贸区的税收政策进一步整理对比如表4所示。

全国自贸区中，广东的税收优惠最多，其次是福建、天津、辽宁；上海财政支持的上海自贸区通过税收服务创新为全国提供了可复制的税制经验，做出了重要贡献；湖北、重庆、陕西自贸区进一步做了创新，将自贸区企业能享受到的所有税收优惠做了政策汇编，进一步便利投资者知晓。

从前述各自贸区配套政策的内容看出以下几点。

第一，普惠税制下，自贸区的特色无法通过税收政策实现。自贸区税收"先行先试"下已经推出的税收政策如区内融资租赁企业出口退税、股权激励所得税分期、启运港退税、保税展示、研发设备退税等，均为可复制税收

表4 自贸区税收政策对比

自贸区区域	企业所得税率（15%）	个人所得税率优惠	可推广复制税收政策	特殊产业政策	是否有税收政策汇编
上海			*		
广东	*现代服务业	*	*	保理业	
福建	*现代服务业		*		
天津			*	仓储、物流、国际航运保险	
辽宁			*	方便旗船舶	
浙江			*		
河南			*		
湖北			*		*
重庆			*		*
四川			*		
陕西			*		*

政策，已在全国各自贸区直接适用，并不存在单独适用的特殊税收政策；而广东横琴、福建平潭的入区退税、鼓励性产业15%的企业所得税优惠税率都远远超过上海自贸区的税收优惠，相比其他自贸区，上海自贸区的税收政策缺乏竞争力。

第二，财政政策是自贸区税收政策的有力补充。一些自贸区已经开始转向依靠科创发展来提升产业升级的发展之路，针对科创价值链所需的财政政策正在各地不断被探索实践，弥补税收政策的有限性；促进科创要素集聚与发展，目前不可能通过税收政策达到目标，需要依靠积极、灵活的财政政策。

第三，财税政策目标服务于产业集聚目标。大部分自贸区在国务院为其制定总体方案以后，都进一步细化了实施地区的产业目标，明确了各区产业集聚的方向，财政政策紧紧围绕该产业方向制定。

第四，更重要的是，各自贸区纷纷辅以激进的财政政策来吸引先进生产要素的集聚：广东给总部企业的鼓励资金动辄千万，博士后顶级论文发表奖励百万；深圳建立了"诺奖小镇"，奖励各级科技进步，最高1000万元；

福建建立了完整的知识产权奖励政策，鼓励"股权资金"入驻等。各自贸区大多明确提出产业目标，聚焦科创发展。相比而言，上海自贸区的财政支出规模小而且比较分散。上海自贸区总体财税政策均不具有竞争力，因此，税收政策的创新任务比较艰巨。

三 世界自贸区税收政策规律及对比评析

（一）世界自贸区税收政策一般规律

世界大多自由贸易区的基本规则是通过管理高效和税收优惠降低企业的交易成本从而提高企业利润。自由贸易区的运行特色因此与其税制设置紧密相关。由于各国经济和税制背景的差异，尽管有上述种种 FTZ 的共同特征，但各国的实践仍然特色迥异。如美国的 FTZ 突出高效服务，强调与国内经济的互补，税制优惠较少；日本冲绳 FTZ 强调产业规划，促进就业，税收优惠少，但财政补贴较多；韩国釜山的 FTZ 准入严格，注重劳动个体，直接对所得税进行大幅优惠；迪拜的 FTZ 则突出主动服务和提供便利，税制全面优惠。

除了通常的关税豁免，其他税制优惠设计取决于一国本身的经济依赖性。如发达国家经济实力较强，对外向型经济的依赖性较弱，税收优惠相对较少；而发展中国家实力弱、吸引外资的目的性较强，税收优惠政策较多，并以公司所得税和个人所得税为主，个别国家还存在对流转税如消费税的豁免。

（二）美国自贸区:稳定发展期的税收优惠较少

美国自由贸易区发展历史悠久：1934 年的《对外贸易区法案》执行欧洲传统的 FTZ 做法，豁免关税；1950 年准许区内展销和制造；1980 年允许区内加工装配，增值部分豁免。如今，美国自由贸易区已经进入稳定发展期，并成为本地经济良好的补充。相关数据如表 5 所示。

表5 美国国内自由贸易区的发展情况

年份	批准 FTZ 数（个）	活动 FTZ 数（个）	企业家（人）	进区货物价值（亿美元）	FTZ 出口（亿美元）	相关就业（人）
2002	241	149	2285	2041	156	319080
2003	242	155	2796	2469	188	338225
2004	247	157	2531	3052	192	329800
2005	251	158	2519	4098	233	343622
2006	256	163	2646	4914	304	360109
2007	254	161	2627	5019	316	353820
2008	253	164	2509	6926	405	350282
2009	253	168	2523	4306	282	330933
2010	254	168	2400	5343	348	320000
2011	257	171	2800	6409	543	340000

资料来源：罗雨泽，《美国对外贸易区建设促进制造业就业作用突出》，《中国发展观察》2013年第9期。

可以看出，2002 年以来，美国 FTZ 的发展一直在稳步推进，其出口总值占当年进区货物总价值的比例仅为 10% 左右，同时对就业的贡献极大，区内每间企业平均吸纳员工数 2011 年约为 120 人，企业规模平均为中型。

美国 FTZ 管理高效：管理体制分为联邦政府的对外贸易区委员会和区内管理两级。区内软硬环境完备：立法健全、基础设施齐备，水、陆、空运输和邮电通信设施一应俱全，货物进出方便，信息传递敏捷，并配有现代化的生活设施。尤以物流高效著称，这是由于其海关从传统的逐票逐单核查转变为审计核查：海关不再保存库存记录，也不再定期到区内仓库检查，由 FTZ 营运商负责对区内货物的票据、样本、造册、生产、安全及存储情况等进行监管，海关通过审计和核查方式进行后续监管。区内企业可享直通程序[①]，平均运输时间缩短一至两天；《贸易发展法案》（2000）所确立的周报关制度，使企业减少了繁杂的申报手续，并节约了相当于货值 0.21% 的报

---

① 即由区内进口货物的企业以自己的名义向所在地口岸海关关长提出申请，获准直通程序的货物不论在哪个口岸抵达，都可以直接按保税方式运入对外贸易区。

关费用。①

由于对外部经济的依赖性较小，美国 FTZ 的政策优惠较少，如企业所得税主要属于联邦收入，FTZ 内的所得税收优惠因此很少，资本红利、利息等收入都不能免税，而 FTZ 的税收优惠主要仅针对部分州和地方税收，例如房产税。具体如表 6 所示。

表6　美国 FTZ 常见税收优惠

类别	一般州及地方税收制度	FTZ 税收优惠
州税	1. 州销售税:税率为 3% ~ 9%。 2. 州所得税:州个人所得税税率 1% ~ 15%,有 15 个州允许在计算州的应税所得时扣除联邦个人所得税。公司所得税,大多州采用比例税率 6% ~ 10%。 3. 州消费税:主要对烟、酒、汽油和部分特殊经营项目征收,各州税率差别较大。 4. 财产税:征税对象为不动产和动产,税率约为 1.44%	1. 关税优惠形式很多:关税延迟、税率转换、免出口退税等①。但生产设备进区必须缴纳进口税。 2. 区内货物基本免征地方流转税如销售税和消费税。 3. 区内加工增值、进口及为出口的货物,均免征州和当地的从量税。如美国纽约港自由贸易区②
地方税	1. 以财产税为主,对动产和不动产估价征税,税率为 1% ~ 4%； 2. 选择性开征地方的销售税、消费税、个人所得税和公司所得税	

注:①即由区内进口货物的企业以自己的名义向所在地口岸海关关长提出申请,获准直通程序的货物不论在哪个口岸抵达,都可以直接按保税方式运入对外贸易区。

②美国纽约港自由贸易区,主要功能是货物中转、自由贸易,外国货物出港（进入美国）前不收关税。区外还设有若干分区,主要功能是进出口加工制造,涉及石化、汽车、饮料、制药、手表等加工业务。主要政策为:采用进口的原材料不征收关税,产品如进入美国可按综合税率征收关税,区内企业增值税率仅为 3%（区外企业增值税率为 6.5%）。

资料来源:美国税务局网站, http://www.irs.gov/, 经整理。

（三）韩国釜山：面向高科技产业的税收优惠

在 20 世纪 70 年代中期以前，釜山一直在韩国的经济发展中扮演着重要角色，出口量占了全国的 21%。虽然拥有吞吐量居世界前列的深海港，但是可用土地的稀缺导致土地价格高昂，制约了其经济的发展。成立于 2003

①　参见邬展霞《世界自由贸易区的产业集聚及其税制模式》,《税务研究》2014 年第 9 期。

年的韩国釜山自贸区在成立之初就已意识到竞争压力，不仅由于临近各国都不断推动其自贸区的发展，而且在韩国国内，仁川自贸区依托仁川机场的先天条件，已发展成为成形的加工贸易保税区。如果釜山自贸区再进行类似的定位，仅土地供应的匮乏就会成为制约其发展的短板。经过研究，韩国政府认为应该对釜山自贸区的发展进行准确的定位，以达到在保证其持续发展的同时实现带动附近区域经济发展的目标。据此，釜山自贸区确定了港口、大型先进制造业和旅游休闲产业相结合的产业发展战略。

参照日本发展的经验，韩国于1998年制定了《外商投资促进法》，又专门制定《自由贸易区的指定及运营法》推进FTZ的实现。总体来看，韩国FTZ运行管理的最大特色在于以下几方面。

1. 严格的审批制度

自贸区管理机构综合提供各种行政服务。如自贸区行政办公室的主任还负责海关办公室、劳动管理办公室、邮局、出入境管制办公室、检疫总局、警察局和消防局行政职能等。

但企业入驻自贸区必须经过商务部和工业园区管理机构的批准。国外申请者需要满足：第一，必须从事出口商品的制造、加工或装配，同时适应经济规划局的出口导向的经济计划。第二，必须是外商独资企业或者有韩国国民参与的合资企业。自贸区内的外国企业不能够将产品销往韩国国内市场，在没有外国合伙人的情况下，国内企业或者国民不能够申请入驻自贸区。尽管满足以上各项要求，申请入驻自贸区也未必能够获得批准，申请企业还需要经过外汇收益率、生产技术、劳动强度等方面的严格筛选[①]，如表7所示。

2. 保护劳动关系

为避免劳资纠纷，政府提供了特殊的保护政策，国家法律进行了修改以保护自贸区内企业不受劳工骚乱的影响，优先处理自贸区内的劳资纠纷，以

---

① 中国驻釜山总领事馆网站，http：//busan. mofcom. gov. cn/article/ddfg/sshzhd/200704/2007 0404614614. shtml。

表7　入驻韩国自贸区的选择标准

项目	投资者设立的厂房	标准厂房
1. 出口	每坪至少500美元	每坪至少600美元
2. 外汇收益	20%以上	20%以上
3. 员工人数	每100坪至少20人	每100坪至少25人
4. 生产技术	先进	先进
5. 投资规模	200000美元以上	100000美元
6. 国内原材料或辅助材料的使用	越多越好	越多越好

资料来源：中国驻釜山总领事馆网站。

保证 FTZ 区内外资企业的生产秩序。[①]

3. 优惠税制

釜山自贸区主要是通过税收政策来达到先进生产要素的集聚。自贸区有针对性地制定了相应的税收优惠政策。由于注重劳动个体，自由贸易港的税制模式也呈现对所得税的直接优惠。韩国的税制体系由国税、省税、市县税构成。自由贸易港的税收优惠如表8所示。

表8　韩国国家税制体系及其自由贸易港的税收优惠概要

自由贸易区初建时期税收优惠[①]

1. 自2003年始，外籍专业人士的所得税按收入水准减少15%至27%，平均减少19%。

2. 对投资经济特区的外商，大幅减免其法人税及所得税。例如对投资5000万美元者，或投资物流业达3000万美元、对观光业投资2000万美元以上者，予以前七年减免全部法人税及所得税，其后三年则减半课税。

3. 外商对IT或生物科技产业投资，不论地点与规模，均予以七免三减半的所得税优惠。

4. 租税减免。对高科技含量产业及产业支援服务业、投资1000万美元以上的制造业和投资500万美元以上的物流业企业，国税（法人税、所得税）5年减免（3年100%，2年50%）。

5. 适用增值税零税率。带入自由贸易区内，并进行申报的国内物品和入住企业间提供的外国物品或劳务。

6. 减免租金。投资金额1000万美元以上；外国人投资份额超过30%，新近外国人投资金额1000万美元以上者；对尖端技术行业、高科技含量产业及产业支援服务业的新近外国人投资金额50万美元以上者，自由贸易区租金100%减免。

注：①由于釜山港区经济不景气，一些优惠近期已经被宣布取消。

资料来源：国家税务总局网站，http：//www. chinatax. gov. cn/n1586/n1904/n1933/n31845/n31866/n 31868/c310454/content. html。

---

① 山东省商务厅网站，http：//www. shandongbusiness. gov. cn/index/content/sid/213632. html。

釜山自贸区的规划期是 2003～2020 年，迄今运行良好。在这一规划引领下，韩国政府设计了针对本区指定的高科技产业恰当的税收优惠，吸引了先进产业要素快速集聚，釜山自贸区迅速建立了高端产业群，其创立初期成功的税制设计成为世界自贸区建设的典范。

（四）日本冲绳：对优势产业的财政补贴

冲绳自由贸易港是成功的典型。

其运行特色如下：①强调产业集聚。为造就产业集聚效应，冲绳县政府对入驻企业的扶持政策，主要针对制造业、尖端技术型制造业、信息通信产业和国际航空运输四大产业，对其固定资产投入、新雇用员工和环境设施等给予经费补助，补助金额从 2 亿日元到 10 亿日元不等。②注重就业贡献。为鼓励入驻企业尽可能多地雇用当地年轻劳动力，冲绳县政府设立了"冲绳青年雇用促进奖励金"和"本地求职者雇用奖励金"，对雇主因雇用年轻人而增加的设备和设施进行补助。比如，对于在冲绳县设置办事处（仅限于其费用在 300 万日元以上者），并长期雇用 3 名以上未满 35 岁的冲绳本地年轻求职者的企业，对发放工资的一部分进行补助；对于在雇用促进开发地区设置事务所，并雇用 3 名以上本地求职者的企业，根据其雇用的劳动者人数及购置办事处所需的费用给予为期三年、40 万～900 万日元的补助。①③特别融资政策。冲绳县设立了"冲绳振兴开发金融公库"，为入驻自由贸易港的企业提供低息贷款，条件比日本其他金融系统的贷款要优惠得多。

冲绳自由贸易港的运营管理充分体现了服务于地方经济的设区目标，其对不同产业设置的不同条件的入驻标准和优惠，迅速在短期内优化了本地的产业结构，并维持了当地的技术先进性；同时通过对吸收就业的优惠政策，区内实施特有的雇用青年补助金制度，使其劳动成本进一步降为日本本土的 50%，不仅充分利用了本地丰富的劳动力资源，更为产业的持续发展培养了人才。

鲜明的产业目标和就业目标，也反映在其税制优惠和财政补贴政策中。

---

① 参见日本海外投资网站，http：//www. worldwide－tax. com/japan/jap＿invest. asp。

日本的税制分为中央、都道府县、市町村三级，税收优惠以所得税优惠为主，并与行业、企业规模相联系。① 冲绳地区特别制定了《冲绳振兴特别措施法》，将税收优惠以法律的形式制定下来，保障入驻企业的利益公平与透明。具体如表 9 所示。

表 9　日本冲绳县自由贸易港税收优惠政策

类别		优惠项目	冲绳县自由贸易港优惠措施概要	对象行业
中央		所得减税①	区内拥有员工 20 人以上的企业，成立 10 年内减免法人所得 35%（法人事业税、法人居民税同）	制造业、包装业、仓储业
		投资减税	新增设超过 1000 万日元的设备时，可按设备购置金额一定比例②从法人税中减免	制造业、包装业、仓储业、道路货物运输业、批发业
		折旧免税③	超过 1000 万日元的设备投资，可按设备购置金额一定的比例免税	
地税	都道府县	法人事业税减免	新增设超过 1000 万日元的设备时，5 年内可免缴部分法人事业税	制造业、包装业、仓储业、道路货物运输业、批发业
	市町村	固定资产税减免	新增设超过 1000 万日元的设备时，5 年内可免缴部分固定资产税（仅限于直接用于该事业的部分）（包含冲绳县的固定资产税）	制造业、包装业、道路货物运输业、批发业

注：①冲绳县的那霸自由贸易区不适用所得减税优惠。②机械及装置为 15%，建筑物及附属设备为 8%（最高不超过法人税的 20%，可结转 4 年，购置金额最高不超过 20 亿日元）。③机械及装置为 50%，建筑物及附属设施为 25%。

资料来源：朱丽娜《日本冲绳自由贸易区发展模式浅析》，冲绳县网站，http://www. pref. okinawa. jp/zone/zone/sc/007/index. html，我国国家税务局网站内容，经整理。

从表 9 可看出，在冲绳自贸区内，并没有个人所得税优惠。因此，为吸引科创型企业入驻冲绳自由贸易区，冲绳县政府对入驻或迁移到自由贸易区的企业给予相应的财政扶持政策，主要针对制造业、尖端技术型制造业、信息通信产业和国际航空运输产业四大行业，对固定资产投入、新雇用员工和环境设施等给予经费补助，补助金额从 2 亿日元到 10 亿日元不等。详细情况如表 10 所示。

---

① 参见中国政府驻日本参赞处网站，http://jp. mofcom. gov. cn/aarticle/ddfg/sshzhd/201208/20120808290122. html。

表 10　对企业入驻的扶持政策

补助经费及补助条件	补助金额
对建设投入的固定资产经费等给予补助 先进制造业等补助条件： ·新雇用员工 20 人以上（县内居住者） ·购置工厂等用地面积在 5000 平方米以上（包括租赁用地）（设计业及自然科学研究所为 2500 平方米以上） ·取得用地后 2 年内开始投产或经营的企业	1. 对于投入固定资产的补助 新雇用员工人数／补助率／最高额度： 50 人以上／10%／10 亿日元 35~49 人／7.5%／6 亿日元 20~34 人／5%／2 亿日元 2. 对于新雇用员工的补助： 新雇用员工人数×40 万日元 3. 对于环境设施等保养的补助：所建工厂的建筑面积平方米×7500 日元×1/2（上限 7500 万日元）
尖端技术型制造业等经费补助对象： 土地、建筑物及其附属设施、搭建物、机械及装置、环境设施等的管理费 补助条件： 新雇用员工 10 人以上（县内居住者 5 人以上） 购置工厂等用地面积在 5000 平方米以上（包括租赁用地）（设计业及自然科学研究所为 2500 平方米以上） 取得用地后 2 年内开始投产或经营的企业	1. 对于投入固定资产的补助 新雇用员工人数／补助率／最高额度： 50 人以上／10%／10 亿日元 35~49 人／10%／6 亿日元 20~34 人／10%／2 亿日元 2. 对于新雇用员工的补助： 新雇佣工人数×40 万日元 3. 对于环境设施等保养的补助：所建工厂的建筑面积平方米×7500 日元×1/2（不住额上限 7500 万日元）
信息通信产业等 经费补助对象：建筑物及其附属设施、搭建物 补助条件： 新雇用员工中县内居住者在 20 人以上（电话服务中心等 200 人以上） 购置工厂等用地面积在 5000 平方米以上（不包括租赁用地） 取得用地后 2 年内开始投产或经营的企业	对于投入固定资产的补助 新雇用员工人数／补助率／最高额度： 50 人以上／5%／10 亿日元 35~49 人／5%／6 亿日元 20~34 人／5%／2 亿日元
国际航空运送事业等队伍投入固定资产的补助 经费补助对象： 建筑物及其附属设施、搭建物、机械及装置 补助条件： ·在那霸机场地区内租赁面积 5000 平方米以上的特定工厂 ·新雇佣工 20 人以上（县内居住者） ·取得用地后 2 年内开始投产或经营的企业	对于投入固定资产的补助 新雇用员工人数／补助率／最高额度： 50 人以上／10%／10 亿日元 35~49 人／7.5%／6 亿日元 20~34 人／5%／2 亿日元

冲绳自贸区是财政政策成功运用的典范。在没有个人所得税优惠的条件下，冲绳政府实行了青年补助金制度，实际是变相进行了个人所得税的优惠；这一税制模式既保障了财政基础，又促进了自由贸易港区的青年就业，同时也极大地降低了企业的用工成本。由此，快速吸引了人力成本通常较高的高端制造业的入驻。

（五）迪拜自贸区：由无税负走向轻微税收管制

迪拜地区是阿联酋 70% 石油的集散中心，为了建成世界上最大的自由港区，迪拜 FTZ 特别强调金融服务、贸易物流及生活服务，对 FTZ 的收入依赖性较大。目前，杰贝阿里自由区是阿联酋和中东地区最大的自由区。该区于 1985 年建立，目前已成为阿联酋最受欢迎的投资目的地之一。2005 ~ 2010 年，区内注册企业数增长 60%，企业营业额年均增长 34%，对迪拜 GDP 的贡献率达 25%，占迪拜出口总额的 50%，占迪拜吸收外国直接投资总额的 20%，并为阿联酋创造了约 16 万个工作岗位[1]。该区的运营有如下特色。

第一，主动服务，综合高效。自由区管理局是由港口、海关和自由区组成的联合体。管理局坚持"Freedom to do Business"的理念，建立以服务质量驱动、消费者为中心的组织机构，如定期为园区企业组织商务配对活动，为入驻企业创造更多的商业机会；同时，集中的管理机构能够更好地协调海关、商检等关键部门的工作，高效快捷，提高运营效率。

第二，设施完备，生活便利。政府在自由区的基础设施方面进行了大量的投入，包括道路、通信、能源供应和高速数据传输；员工住宅区、超市、药店、银行、保险和休闲场所等配套设施也一应俱全，极大地方便了 FTZ 的企业运营和员工生活。

为了使迪拜在短时间内迅速成为地区贸易中心与金融中心，区内优惠制度较多：区内 100% 免交公司所得税和个人所得税；区内企业利润和资本可

---

[1] Susan Tiefenbrun, Tax Free Trade Zones of the World and in the United States 2012. Edward Elgar, P120 - 160.

以全部转移出阿联酋；没有当地用工限制；无外汇管制措施。①

2018 年 1 月开始，迪拜开始对营业额较大的商家增收 3% ~ 5% 的增值税。

（六）沪港新及周边其他自贸区税收政策竞争力对比

离岸业务常常是一个国家税率最低的业务，同时离岸业务也是上海自贸区应该大力发展的业务。主要国家和地区的离岸贸易业务税制对比如表 11 所示。

表 11　各主要贸易竞争体优惠税率对比（仅针对离岸贸易业务）

类别	上海自由贸易试验区	香港	新加坡	韩国自贸区	纽约离岸中心	哈萨克斯坦
专门政策	无	无	全球贸易商计划	无	无	无
企业所得税	正常税率25%；新设立企业"两免三减半"	正常税率16.5%，离岸贸易收入免税（签约地与融资地均非香港方可免税）	正常税率17%，离岸贸易优惠税率为 5% ~ 10%，优惠期为5~10年	正常税率22%，符合规划的外资企业，前7年免所得税，后3年减半。地方税附加10%	正常联邦税率35%；免地方税部分	正常税率20%；特别经济区税率为零
个人所得税	薪金税率为3% ~ 45%；薪金以外基本为20%；"亚太运营商"类企业有5名免税名额	15%	薪金 3.5% ~ 20%，其余按20%的比例税率纳税；非居民收入可按 15% 的税率纳税	正常薪金所得6% ~ 38%；非居民扣除多，自贸试验区外籍人士可平均获得优惠19%，其余所得为 10% ~ 30%，地方税附加10%	免地方税部分。联邦税扣除项目较多	10%的单一税率
增值税/营业税	17%	无	可免	2%	8%销售税	无

---

① 中国政府驻迪拜总领事馆网站（http://dubai.mofcom.gov.cn/article/ddfg/）及迪拜机场自由贸易区网站（http://www.dafz.ae/en/）。

类别	上海自自由贸易试验区	香港	新加坡	韩国自贸区	纽约离岸中心	哈萨克斯坦
印花税	万分之三	不针对贸易合同	不针对贸易合同	不针对贸易合同	无	无
预提所得税	一般为10%	无	无	正常利息股利和利得20%；租赁收入2%；优惠税率为5%～10%	30%	—
备注	自贸试验区内有返还性质的财政补贴		近年推出多项企业国际化合作计划，可提供融资人才等的全面扶持	韩国地方税名目有11种；首尔个别经济区的税收减免长达15年，另有多种财政补贴		经济区内土地税、房产税均为零。区内无财政补贴

资料来源：国际税务总局网站，各国投资报告，经整理。

进一步对比三地税收管辖权原则如表12所示。

表12 新、港、沪三地所得税管辖权原则

类别	上海自由贸易试验区	香港	新加坡
企业所得税	属地和属人原则：居民企业应当就其来源于中国境内外所得纳税。股息征税	属地原则：所有在港产生或得自香港的所得纳税	属地和属人原则：来源于本国和在本国收到的来源于国外的收入纳税。股息不征税
个人所得税	属地和属人原则：来自中国境内外取得的所得	属地原则：所有在港产生或得自香港的所得纳税	属地原则：就来源于新加坡的收入纳税

资料来源：上海财税网，http://www.csj.sh.gov.cn/pub/index.html；新加坡税务局，http://www.iras.gov.sg/；香港特别行政区税务局，http://www.ird.gov.hk/。

可以看出，香港、新加坡的税制简单、属地原则征税范围小且税率较低，税收遵从成本低很多，也因此其营商环境便利性傲居全球。香港、新加坡应该是上海自贸区进一步改革开放的主要竞争对手，其税收政策值得借鉴。从税收管辖权范围、税种、税率来看，上海自贸区的税收便利性较弱，纳税遵从成本相对高很多，税收竞争力极弱。

（七）自贸区税制模式运行影响的国际经验

自贸区由于便捷的管理服务与优惠的政策措施，确实推动了大部分设区地的经济发展。然而美国学者近期研究了美国国内众多 FTZ 的运行效率，指出在运行几十年后，美国 FTZ 运行中尚存改进之处，这对我国的自贸区建设有重大借鉴意义。

1. 税制优惠应谨防国内资源的不合理分配

世界大多 FTZ 运行的基本规则是通过税收政策优惠降低企业的交易成本从而提高企业利润。全国范围内，这些政策优惠仅惠及部分企业而非全部，因此，FTZ 税制的大幅优惠会造成生产资源的不恰当分配。因为只有经济体系带来的收益惠及所有本国企业，市场发展才公平而充满有效竞争，一些潜在的扭曲才能得以避免。然而入驻 FTZ 需要高额的开办费用和员工较高的生活成本，因此，FTZ 的优惠可能主要惠及大中型企业。在大幅度降低全国税率不可行的情况下，FTZ 的全国布局应当均匀，同时要注重对全国小企业的政策扶持与补贴。

2. 税制影响监测要求加强对区内企业数据的统计

税制优惠通过降低企业交易成本进而影响企业行为和整体经济运行。如果海关监管机构与自贸区管理机构没有一体化，则企业提交给海关的材料包括商品类型、原产地和进出口商品价值的信息不会被公开，因此造成统计数据的不完整①，自贸区管理机构将缺乏国内投入、自贸区之间转移的货物、区内货物价值增值以及进出 FTZ 商品特征的统计，会造成对 FTZ 运营效率与经济影响的监管缺位。

3. 税制设置需要考虑产业竞争力的战略影响

美国 FTZ 发展的一个困惑是，如本文表 1 统计数据中显示，FTZ 能够持续创造就业机会、促进贸易。令人深思的是，在 FTZ 就业率上升的同时，

① 美国商务部下属统计局主要公布国外商品进入对外贸易区的数据，美国对外贸易区委员会公布来自国内和国外的商品进入对外贸易区的数据以及产成品出口和销往国内市场的数据。这两家机构均缺少对外贸易区内的相关数据。

1979 年以来全美制造业的就业率下降了近 40%，但是产出增加了 100% 以上。原因之一或许是美国的制造设备已移向国外？或者制造业的效率得到了提高？美国经济学家正在研究的问题是，FTZ 的存在是否影响了全国的整体就业率？FTZ 是否能够增强美国企业的全球竞争力？

这些思考迄今没有结论。对比日本的发展经验，或许把 FTZ 的发展与特定产业的发展相结合、与吸收劳动力相结合，是更明智的做法。同时，韩国 FTZ 的税制设置也考虑对产业的战略规划，其国内各 FTZ 吸引了不同的高端产业，如釜山镇海 FTZ 形成了知识产业区；韩国济州 FTZ 重点培育教育、医疗、旅游三大核心产业。[1]

4. 税制设置需要有对自贸区发展的长远考虑

经济学家认为，只有当世界经济处于快速增长阶段，自贸区作为一种发展工具，以出口为导向的增长才有效，但是，当世界经济处于缓慢增长阶段，自贸区的作用就会很小。因此，发展中国家应通过扩大内需带动国内经济发展，从而增强经济的稳定性，同时，随着 FTZ 建设数量的不断增加，FTZ 的建设发展应不断多元化，而不是完全雷同的"复制"，以适应各地产业发展的需求；国家应适当刺激国内对自贸区所生产产品的需求；并不断提高劳动力技能，倡导生产高附加值的产品。税制设置应当体现这些 FTZ 发展战略的长期需求。

四 上海自由贸易试验区税收政策改革创新的原则

实现新的建设使命，自贸区的税收政策创新需要遵循如下原则。

（一）国际竞争力原则

推动中国引领经济全球化、推进"一带一路"建设、服务市场主体所

---

[1] 中国驻釜山总领事馆网站，http://busan.mofcom.gov.cn/article/ddfg/sshzhd/200704/2007 0404614614.shtml。

需要的"自由贸易港"的基本特征，应当是货物、资金、人员的自由流动，税收遵从①便利，具有国际竞争力，能有效吸引先进生产要素的集聚；同时，应探索在自由贸易港建立符合国际惯例、真正体现"境内关外"特征的"一线放开，二线管住"的税收体系；因此，自贸区的税制必须体现对目标产业、先进生产要素的吸引，在区域内具有税收竞争力。

（二）辐射科创原则②

2017 年，国务院《全面深化中国（上海）自由贸易试验区改革开放方案》明确提出自贸区辐射科创、发挥与张江园区"双自联动"优势的建设要求。只有科创要素的集聚，才能实现制造业的转型升级，发挥自贸区带动产业升级的功能。

（三）促进离岸业务发展原则

随着自贸试验区不断迈向投资贸易自由、规则开放透明、监管公平高效、营商环境便利的高标准园区，各种离岸业务必将快速发展，自贸区的税收政策应当考虑离岸业务发展的需要。

（四）承担大国税收责任原则

中国是全球瞩目的超级经济体，中国的税收制度变化不仅影响本国经济，也会对周边国家、贸易伙伴国的贸易行为产生影响。一个负责任的大国不可能随便改变自己的税率造成地区资本、商品流向的扭曲。因此，自贸区的税收政策不应该成为地区的"有害税收"③，而应该是有利于世界税收体系平衡、促进共赢的税收。

---

① 税收遵从成本以税率、纳税准备时间多个维度来衡量纳税人的实际税负。
② 参见《国务院关于印发全面深化中国（上海）自由贸易试验区改革开放方案的通知》中确定的2020年建设目标。
③ OECD 定义税负极低国家的税负为有害税收。

（五）与财政改革联动原则

自贸区的税收政策涉及自贸区政府的事权与财权，以及机构的设置。中国税制改革在法治化和"结构性减税"进程中稳步推进，同时在 OECD 指引下，我国对非居民的税收制度①不断与国际接轨。自贸区的税收政策创新需要考虑国家治理法治化下地方财政体系的重新构建，以及中国特色的自贸区制度构建。

五 上海自由贸易区税收政策创新的主要路径

（一）建立优惠产业目录，在税制框架内精准创新

纵观全球，各自贸区均有自己明确的产业目标，以指引政府公共政策的方向。2014 年，上海自由贸易试验区管委会制定了产业规划②；2015 年，自贸区扩区为"保税区、金桥、陆家嘴、张江、世博"五个管理局；2016年，国家、上海市政府不断推出的科创引领的战略性文件③均明确自贸区辐射科创发展的要求，上海自贸区针对本区产业群的定位并未做任何补充修订。通过建立科创型目标、产业群目标，力争将其纳入《高新技术产业目录》和《技术先进型企业目录》税收优惠产业目录，从而通过国家已有的税制框架，合法赋予自贸区企业所得税优惠税率。

（二）探索"境内关外"的税收制度体系

实施"境内关外"，货物入区则应该退税；同时，区内货物的流转，应

---

① 自贸区企业主要适用税收制度之一。
② 《中国（上海）自由贸易试验区产业规划》［中（沪）自贸管〔2014〕233 号〕。
③ 2016 年 1 月上海市政府公布《加快推进中国（上海）自由贸易试验区和上海张江国家自主创新示范区联动发展的实施方案》，2017 年上海市政府公布《关于创新驱动发展巩固提升实体经济能级的若干意见》及 2017 年国务院《关于印发全面深化中国（上海）自由贸易试验区改革开放方案的通知》。

该以不含国内流转税的价格进行，因此，区内企业之间的交易，不应该缴纳流转税如增值税、消费税；区内企业签订的合同，建议免除印花税。贸易型合同的印花税制度是我国特色的传统税制制度，不属于世界通行的自贸区税收制度。对于贸易型合同，印花税的规定税率为万分之三，计税基础为合同金额，征税对象为我国境内签署的合同或者本国居民签署的合同，贸易双方除外籍纳税人外均需贴花纳税。由于转包业务日益加重，印花税不断重复缴纳，目前，已成为我国离岸贸易业务中的重要成本之一。

（三）自由贸易港所得税实行属地原则征管

借鉴中国香港、新加坡的制度，所得税实行属地原则，仅就来源于中国的所得征税。因为离岸贸易中，企业进出自由，非居民的身份判断、常设机构的判断、其全球所得与常设机构的关联度判断耗时耗力，会加大纳税人的遵从成本与税务局征管成本，本着降低遵从成本的原则，建议按照亚洲竞争港口的自贸区税收制度，按照属地原则进行征税。

（四）统一股利纳税政策，吸引风险资本优先集聚

我国股利政策存在差别化纳税政策，分别按照投资者身份、持有期间、是否上市公司股利各不相同。本着对所有投资者公平税负的原则，建议区内统一股利政策，统一按照境外投资者 10% 的税率缴纳；同时，将风险资本投资、技术转让中介纳入优惠产业目录，风险资本是科创企业先进性的风向标，风险资本的集聚会带来科创产业的集聚，技术转让服务业的集聚会带来科创生产力的快速提升；对区内跨境股权交易建议同样执行 10% 的所得税税率。

（五）建立与事权相匹配的财权制度

承担全国政府职能改变"先行先试"试验区的上海自贸区，新形势下又被赋予辐射科创的历史使命，事权扩大，也必然要求其财权的相应扩张，建议将对各片区的科创产业支持均纳入自贸区的统筹管理，并进一步理顺财税关系。

如，上海财税网公布的各专项中，并不存在针对自贸区的专项①，但是有针对张江高科技园区的专项。自贸区作为一级财政，张江高科技园区属于其片区，针对张江高科技园区的专项建议纳入自贸区对科创产业支持的统一管理中。

六　改革创新我国自贸港税收政策的若干建议

自贸港区的税制优惠设计通常取决于一国的经济依赖性。发达国家经济实力较强，对外向型经济的依赖性较弱，税收优惠相对较少；发展中国家吸引外资目的性较强，税收优惠政策较多。在亚洲地区，受益于历史良港，香港自贸港税制属于自由放任型，而新加坡自贸港税制则是精心设计的目标管理型，更值得我们学习。

（一）对标国际，我国现行税收政策的主要矛盾

1. 所得税负较低

企业所得税名义税率大多在 20% 左右。按照德勤公司最新的统计，英国、马来西亚、新加坡、中国香港、加拿大的企业所得税率均低于 20%；印度较高，为 30%；美国现行企业所得税率降到 21%；澳大利亚、日本与我国税率水平接近。个人所得税差异较大，涉外优惠多。我国按项目分别计税，工薪所得税率为 3%～45%，其余为 20%。香港工薪所得为 2%～17%，其他所得为 15%；新加坡为 3.5%～20%，其他所得税率与我国相同，但非居民可按照 15% 的统一税率缴纳；韩国自贸区的个人所得税率为 10%～30%，并给予非居民约 20% 的税率优惠；纽约离岸中心免除了地方的个人所得税；哈萨克斯坦则统一为 10%。

2. 各自贸港区流转税税负较低

各国自贸港区域或者没有增值税等类似流转税，或者可免。纽约保留了 8% 的销售税，韩国自贸区的增值税为 2%，新加坡的货劳税（相当于我国

的增值税）税率为7%。我国自贸区内当前增值税率一般为17%。同时，各自贸区几乎没有针对签订贸易合同的课税如印花税。

3. 香港、新加坡的税制简单，我国税费种类繁多，影响了贸易便利性

香港、新加坡的税种非常少。我国大陆对贸易类业务则需缴纳增值税、消费税、关税、印花税、城市维护建设税及教育费附加，种类繁多且税率较高，也使企业交易成本陡增。而且当跨国集团在全球范围分包合同时，实质上的一笔交易可能因多次分包而多次缴税，不但加重税负，也使贸易便利性大为下降。

4. 香港、新加坡均为属地管辖，我国则属人属地兼有，影响了投资自由化

香港的属地课税原则非常彻底，只有源自香港的利润才须课税，而源自其他地方的利润无论是否汇回，均无须在香港缴纳企业所得税；我国大陆执行的是属人兼属地征税原则，我国居民纳税人就其全球所得负有纳税义务，非居民满足条件时也需要就其海外所得在我国纳税，加重了境外资本的税负，影响了投资便利化。

5. 税收优惠期很长，我国则较短，税收稳定性较差

新加坡针对鼓励性产业的"先锋企业"有长达十五年的企业所得税减免，若亏损还可无限期结转；而我国大部分企业所得税优惠只有五年期，很多税收优惠文件有效期只有两三年，使得企业税收环境不确定性增大。

6. 税收优惠聚焦目标产业，我国税收优惠力度小，产业目标不明

发展较晚的自贸港区税制设计均有明确的产业目标，如日本冲绳、韩国釜山及新加坡。新加坡针对总部企业执行0~15%的优惠税率；财务中心可获得一次为期十年的低税率优惠；船舶运营可享5%~10%的优惠税率最长40年；对风投基金也有税率优惠。而我国自贸区现行税制产业目标不明确，税收优惠力度不够大，各地通过五花八门的"以奖代补"来争夺企业资源，造成财政资金的浪费。

7. 对资本利得分类减免，我国无此项减免，与国际惯例不符

与欧盟等发达国家资本利得的国际税收惯例一致，香港对税后利润汇往境外不再征收预提所得税；新加坡则是有选择的减免，股利分配汇往境外不再征收预提所得税，但向非居民支付的利息、不动产租金等消极收入需缴纳15%的预提所得税，向非居民支付的无形资产特许权使用费需缴纳10%的预提所得税。我国对股利汇出与向境外的利息支付、特许权转让费一律征收10%的预提所得税，没有区分消极收入和积极收入，影响了资本回报的国际竞争力。

（二）改革创新我国自贸港税收政策的若干建议

1. 灵活运用现行企业所得税的优惠框架

我国企业所得税名义税率为25%，高于香港和新加坡。但企业实际税率并非如此。例如："高新技术企业所得税15%税率"的优惠政策极大地降低了企业税负，从上海地区张江国家自主创新示范区企业的每元收入税金看，该区域确实已是全市最低税负区；在高技术制造业内部，2015年度规模以上外资企业税负远低于名义税率，远低于中资企业，造成普惠税制实际上并不普惠。因此，建议通过设立"自贸港区先进产业目录"，对纳入目录内目标产业一律实施15%的优惠税率，同时，赋予自贸港管理部门确定产业目录的权利。这样，既保持现行税率的稳定，实现真正的普惠，也有利于自贸港集聚目标先进要素。

2. 主要借鉴新加坡，在自贸港区内实行有管理属地原则

新加坡不同于香港。新加坡执行了修正和有管理的属地原则，但同时辅助规定："汇往新加坡的利润，视同源自新加坡的所得，需要交纳企业所得税"。该规定考虑了实质重于形式的原则，认为汇往新加坡的所得表面上不是源自新加坡的所得，但其实际上与"新加坡的某种存在"密切相关，因此，也判定是源自新加坡的应税所得。这一原则规定既减轻了大部分企业的境外所得税收负担，但又对股息、分公司利润、服务收入、风险投资基金存在豁免，只是对消极性利得征税。借鉴新加坡部分属地原则的做法，有利于我国"一带一路"企业利润回流和科创要素集聚；从而在增加国家财政收入的同时，也不伤及资本。

3. 大力简化税制，实行"境内关外"的税收制度

借鉴新加坡、香港的经验，大力探索创新我国自贸港"境内关外"税制。我们建议：①货物入港则应退增值税和消费税；②港内货物流转与区内消费的劳务，应以不含国内流转税的价格进行，因而区内企业之间的交易，不应缴纳增值税、消费税等流转税；③全部取消"附加"和税外收费；④对港内企业签订的合同，应免除印花税。贸易型合同的印花税制是我国的传统税制，不属于世界通行的自贸区税收制度，不利于自贸港的创新发展。

4. 建立与事权相匹配的财权制度

国税地税合并后，中央与地方税收分享新政正在形成。税收收入分配需要考虑与地方事权的匹配。地方政府作为自贸区建设的主要承担者，同时为了吸引先进生产要素会付出较多财政成本，因此应该分享自贸区税收收入的较大比例。同时，随着自贸区税收制度的改革，自贸区税收也面临政策的特殊性和特殊解释，因此建议成立专门的自贸区税务局，专司自贸区税收政策的解释与执行以及纠纷的解决与协调，以保持自贸区税收政策的一贯性与连续性。

参考文献

邬展霞：《世界自由贸易区的产业集聚及其税制模式》，《税务研究》2014 年第 9 期。

朱丽娜：《日本冲绳自由贸易区发展模式浅析》，《国际市场》2013 年第 2 期。

Susan Tiefenbrun, Tax Free Trade Zones of the World and in the United States, Edward Elgar, 2012.

《国务院关于印发全面深化中国（上海）自由贸易试验区改革开放方案的通知》。

《中国（上海）自由贸易试验区产业规划》［中（沪）自贸管〔2014〕233 号］。

《加快推进中国（上海）自由贸易试验区和上海张江国家自主创新示范区联动发展的实施方案》。

《关于创新驱动发展巩固提升实体经济能级的若干意见》。

B.9

上海自贸试验区和国际金融中心建设联动机制研究

徐美芳*

摘　要：　本文认为，除了坚持改革、开放等经验之外，上海自贸试验区金融业和上海国际金融中心建设联动发展是上海国际金融中心建设的宝贵经验之一；进一步完善上海自贸试验区金融业发展与国际金融中心建设联动机制，对未来自贸区建设和上海国际金融中心建设均有着重大影响。

关键词：　上海自贸区　国际金融中心　联动机制

本文基于自贸试验区 95 个金融创新案例，从机构、市场、资金、服务和监管五个方面深入分析了上海自贸试验区和国际金融中心建设的联动现状及特点，指出市场和资金、服务联动机制较有效地提升了上海国际金融中心的市场化和国际化水平，但机构和监管联动仍需进一步加强。对标伦敦、纽约等成熟国际金融中心，上海国际金融中心的国际化程度也需进一步提升；与此同时，上海在金融信息信用制度建设方面取得了较大成绩，抓住上海自贸试验区建设的历史机遇，上海可以加快完善金融发展生态环境。

金融改革是上海自贸试验区建设的一项重要内容。五年来，中国人民银行、各金融监管部门和上海市政府以服务实体经济为出发点，构建完善

---

* 徐美芳，经济学博士，上海社会科学院副研究员，研究方向为金融与保险。

了上海自贸试验区金融改革的政策框架，积极推动上海国际金融中心建设联动发展。

一　上海自贸试验区金融业发展现状概况

五年来，上海自贸试验区按照中央的部署和要求，在国家有关部门的指导和支持下，取得了重要成果。其中，金融业在自贸试验区蓬勃发展，成为上海自贸试验区自带的金融"流量"，为推动上海自贸试验区达到预期目标发挥着枢纽功能。

五年来，金融机构在自贸试验区集聚效应显著。截至2018年6月，57家外商独资资产管理公司落户陆家嘴，它们大多来自全球知名资产管理机构；贝莱德、先锋领航、富达等9家全球资产管理规模排名前十的资产管理机构落户上海。

五年来，自由贸易账户探索尽管艰难，但已逐渐成为一道亮丽的风景线。截止到2016年，证券公司、商业银行和财务公司等不同类型的金融机构均可以直接接入自由贸易账户体系，而且突破到区外的分支机构，56家接入自由贸易账户体系的金融机构累计开立了7.2万个自由贸易账户，获得本外币境外融资总额1.25万亿元（折合），累计结算额达到22.5万亿元，金融投融资和结算支付功能得到有效发挥。

2018年9月和2018年3月，英国伦敦的Z/Yen集团和中国经济信息社分别发布了最新研究成果GFCI24和IFCD2017。GFCI24显示，上海在全球国际金融中心排名中位列第5，比2013年GFCI13提升了19个位次；IFCD2017显示，上海在全球国际金融中心排名位列全球第5，比2013年提升1个位次，继续保持在全球国际金融中心前列。这种成就，不仅是上海自贸试验区金融业自身发展的一种表现，而且在一定程度也表明其被国际认可，进一步融入了世界金融业发展。

另外，上海自贸区挂牌五年来，上海市金融办陆续发布了八批95个自贸区金融创新案例，不仅是对自贸区金融发展的总结、树立新的标杆，而且也是自贸试验区可复制、可推广的一种必要准备。其中，有大量的案例体现了金融监管政策的调整和完善、金融生态环境的优化，这种金融营商环境的优化，是金融业发展最基本、最具有持续力的动力，也是自贸试验区金融业发展的内生机制、上海自贸试验区建设的初衷和目标，以开放促改革、以金融开放促贸易、实体经济发展。从这个角度来说，上海自贸试验区建设应该是达到预期目标了。

2018 年是中国改革开放 40 周年，也是自贸试验区挂牌 5 周年。站在改革开放再出发的前沿，总结自贸区金融开放的经验和教训，意义深远。课题组认为，除了坚持改革、开放等经验之外，上海自贸试验区金融业和上海国际金融中心建设联动发展是宝贵经验之一，上海自贸试验区金融业发展与国际金融中心建设联动机制的建立和完善，将对未来自贸区建设和上海国际金融中心建设有着重大影响。

二　上海自贸试验区联动机制分析

以增长极理论和要素分工理论为指导，本课题把上海自贸区金融开放创新和上海国际金融中心建设联动方式分为以下三大类。

（一）金融创新案例体现的联动机制现状及特点

上海自贸试验区金融开放创新实践，不仅实质性推动上海自贸试验区金融创新，而且也直接或间接地推动上海国际金融中心建设。分析 95 个金融创新案例后，笔者发现可以从五个方面梳理当前自贸试验区金融开放创新与上海国际金融中心建设的联动机制现状。

1. 机构联动现状及特点

本课题认为，集聚金融机构是上海国际金融中心建设的重要指标之一，也是上海自贸试验区开展金融业务创新的主要推动者和实践者。另外，金融业的特殊性必然使区内分支机构的金融创新业务推广、复制到区外。因此，机构联动，是上海自贸试验区金融创新开放和上海国际金融中心联动发展的重要机制之一。其包括：符合条件的银行业金融机构通过新设立法人机构、分支机构、专营机构、专业子公司等方式进入自贸试验区经营，或符合条件的民营资本依法在区内设立民营银行、金融租赁公司等金融机构，或在区内设立合资证券公司、资产管理公司等。

分析发现，95个上海自贸试验区金融创新案例中，属于机构创新的案例有7个，占7.4%。分析这些案例，可以发现以下特点。

第一，覆盖领域广。7个案例，覆盖了除银行业之外6个金融行业领域，如保险、证券、基金、债券、租赁、互联网金融等。

第二，主要推动力量既有国企又有民企。其中，国企和民企分别推动4个和3个，难分伯仲。民资参与了互联网小额贷款公司、中外合资再保险经纪公司和合资券商。

第三，应用价值是多方面的。有为其开展境内外融资提供便利的，例如第一批成立的互联网小额贷款公司和金融租赁公司、第七批的合资券商及第八批的股权投资基金。有支持、提升上海金融市场地位的，如第六批中外合资再保险经纪公司，一方面为实施"走出去"战略的企业服务，另一方面完善国内再保险产业链，增加全球保单的分入业务；第八批中债金融估值中心有利于提升境内债券市场国际透明度；国际金融中心股权投资基金。还有个别案例有利于增强金融机构风险管理功能，如第三批的养老产业投资管理机构。

第四，案例数量较少且推出时间较集中。体现机构联动的创新案例数量仅占7.1%，时间主要集中在2015年下半年，即第六批自贸区金融创新案例期。

第五，联动发展有成效。除上述7个案例外，机构联动产生的成效还体现两大方面：一是多家国际金融机构如金砖国家新开发银行和全球中央对手方协会落户上海，提升了上海金融机构层级和上海国际金融中心国际影响力。另外，截至2018年6月，10余个国家59家知名资产管理机构已经或即将在陆家嘴金融城设立机构。全球资产管理规模排名前50的机构中，有28家在陆家嘴设立了资产管理类机构。排名前10位的机构中，有9家已落户上海。二是大量符合条件的内资金融机构在区内设立分支机构、专营机构，推动上海自贸区成为上海金融机构集聚度最高的区域。截至 2016 年 12 月底，区内共有金融牌照机构 813 家，非持牌类金融机构 4800 多家，其中股权投资及管理类企业 2918 家、融资租赁类企业 1733 家、财富管理类企业 204 家。资料显示，目前上海拥有各类金融机构 1537 家。金融机构数量大幅提高。

2. 市场联动现状及特点

上海自贸试验区推进面向国际的金融平台建设是又一重要的联动机制。2020 年上海要基本确立以人民币产品为主导、具有较强金融资源配置能力的全球性金融市场地位，必须建立并逐步完善相关金融市场。《进一步推进中国（上海）自由贸易试验区金融开放创新试点 加快上海国际金融中心建设方案》明确提出"加快建设面向国际的金融市场"。

第一，案例数量多且集中在 2016 年和 2017 年。共计 21 个创新案例，占总量的 22.1%，且主要集中在第七、第八批，分别占体现市场联动的创新案例数量的 38% 和 29%。

第二，覆盖面广，债券尤其突出。创新领域覆盖银行、股票债券、黄金、保险、保险、信托、期货、票据多个领域，其中，有关债券市场的创新案例数量达 8 个，占 38%。

第三，金融管理部门及国有金融企业发挥主导性作用，少量股份制银行有参与。公开资料显示，现有的市场联动创新案例主要由中国人民银行、上交所、清算所、中央结算公司等金融管理部门或国有金融大型企业主导，股份制银行仅参与有两个案例。

第四，应用价值非常高。目前，上海拥有包括股票、债券、货币、外汇、商品期货、金融期货与场外衍生品、黄金、保险等市场在内的较为完备的全国性金融市场体系，成为国际上少数几个金融市场种类比较齐全的金融中心城市之一。其中，上海债券市场的发展最为引人注目。

3. 资金联动（融通）现状及特点

资金融通是金融业最基本的功能，也是金融业服务实体经济的最基本表现。上海建设国际金融中心，还体现为上海集聚全球的金融资源服务境内外企业，即不仅体现为人民币在境内外的相对自由流通，或人民币国际化，而且还表现为人民币与其他外汇之间相对自由的流通性。因此，体现资金联动的开放创新是上海自贸试验区金融开放创新与上海国际金融中心联动发展的重要内容。

梳理发现，通过资金融通体现联动的金融创新案例达 37 个，居五大联动方式之首，表明上海自贸试验区金融创新重点之一是促进资金融通，以满足资金供求双方调节资金盈余需求，这也完全符合国家对自贸区金融开放创新的要求"鼓励企业充分利用境内外两种资源、两个市场，实现跨境融资自由化"、"全面实现贸易投资便利化"及"促进跨境融资便利化"。根据自贸区金融开放创新的特点，本课题把相关案例分为三类：人民币跨境使用、自由贸易账户和外汇资金集中运营。分析发现，前述三类案例的数量分别为17 个、17 个和 3 个，共计占所有金融创新案例总量的 38.9%。梳理这些案例，发现有以下特点。

第一，资金联动（融通）的案例创新贯穿了上海自贸试验区建设过程。第一批至第八批，分别有 3 个、7 个、5 个、7 个、5 个、5 个、2 个和 3 个，每批都有。

第二，五大国有银行的上海分行及总部设在上海的银行是案例创新的主要发起人，外资银行、民营银行、非银行金融机构参与不多。中、工、建、农、交五大银行的上海分行分别推出了 7 个、5 个、3 个、3 个和 5 个，另外，浦发银行和上海银行也分别推出 9 个和 2 个，占比达 90% 左右。这种现象，一方面表明自贸试验区金融创新主体需要调动全行力量，分行是较理想的执行层级，另一方面也显示总部设在上海的银行，开放创新动力和能力较强。但这种层级或区域性特点，也表明金融开放创新难度较大。

第三，资金流动体现境内境外双向流动的特征，但促进资金流出的创新案例数量相对较多。本课题根据公开资料梳理发现，这些案例在促进资金流动时，主要以境内境外双向流动为主。其中，部分案例既有境外资金流入，也允许境内资金流出，部分案例主要促进境外资金流入，部分案例则主要促进境内资金流出，还有小部分案例促进资金在区内流动。前三者的案例数量分别为 12 个、7 个和 10 个，资金流出的创新案例相对较多。

第四，服务对象主要是非金融类企业，占 70%。非金融类企业或个人是创新案例中的资金需求者，案例数量占比达 70%。另有 30% 的案例中，资金需求者为银行或非银行金融机构。另外，服务非金融类企业的创新案例中，服务"走出去"的企业的案例数量仅为 4 个。但从公开资料看，该 4 个案例涉及的资金规模较大。

第五，一定程度上满足了企业跨境投融资需求，但尚无法满足外向型经济需求。资料显示，金融创新改革事项为区内企业特别是开设自由贸易账户的企业利用境内外两种资源提供了便利，不仅降低了企业融资成本，而且推动了投资贸易便利化。如，第四批创新案例中，工行上分、中行上分、浦发银行、交行上分等金融机构为"走出去"企业先后提供了 2 亿欧元、6 亿人民币和 1 亿美元的贷款用于购并或国外经营。又如，能够自由选择贷款利率和结售汇的汇率，为相关企业节约了数量可观的财务成本。

4. 服务联动现状及特点

提高服务能级和水平是金融业服务实体经济、促进贸易和投资便利化的具体表现，也是上海自贸试验区金融创新开放和上海国际金融中心联动发展的重要举措。"金改 40 条"第四条明确要求"不断扩大金融服务业对内对外开放"、"探索开展金融业综合经营"及"支持科技金融发展"等。本课题梳理现有 95 个金融创新案例发现，体现服务（本课题指投融资服务以外的支付、结算、风险管理等服务）联动的案例有 18 个，约占 20%。可归纳为以下特点。

第一，自上海自贸试验区挂牌，金融业不间断地探索服务业开放创新。首先，第一批的创新案例中，有两个人民币支付结算有创新案例；其次，从第五批开始，该类型的创新步伐加快。本课题认为，这与 2015 年推出"金改 40 条"时间节点是吻合的。

第二，金融服务创新主要体现在结算、风险管理和综合金融服务方面，且在风险管理方面有显著突破。18 个案例中，集中体现在人民币支付结算、风险管理和综合金融服务等方面，相关的案例分别为 2 个、10 个和 6 个。其中，风险管理的金融创新案例数量占绝大多数，涉及投资、融资、实体经济经营风险等多个领域，体现我了我国金融业为实体经济保驾护航的功能提升。

第三，在沪保险机构和少数大型国有银行是本类型创新案例的主要发起机构，航运保险协会也积极参与。中行、工行积极推动金融服务创新，除了人民币支付结算外，还结合本行优势推出了相关的综合金融服务。保险业则是风险管理的重要提供者，除了在沪保险机构外，上海航运保险协会也发挥了重要作用。另外，互联网金融创新发展在自贸试验区也有所体现，不仅有第三方支付机构而且有传统银行、保险机构，一定程度上实现传统金融与数字金融的融合发展。

第四，部分领域实现历史性突破，部分领域仍需深化改革试点。风险管理是现代金融的重要功能，上海自贸试验区金融开放创新过程中，金融业积极探索参与有融资需求企业的风险管理及通过风险管理支持实体经济发展，且实现突破性进展。首先，保险业发展出色。保险业先后探索了跨境再保险、科创 E 保、特殊风险分散机制，还推出了航运保险指数、巨灾风险证券化等服务，加快推动上海成为全球保险中心的步伐，也助推上海成为国际金融中心之一。英国智库 Z/Yen 集团和国家高端智库中国（深圳）综合开发研究院发布的第 24 期"全球金融中心指数"（GFCI24）报告（2018 年）显示，上海的全球排名上升为第 5 位，其中，上海保险业的高得分是亮点之一。不可否认的是，这些保险领域的突破，不仅有政府的政策支持，还有财政的资金支持。如科技 E 保项目，张江高科技园区不仅协助企业与金融机构的沟通、信息反馈等，而且提供了一定数量的资金注入基金。又如，建筑工程质量潜在缺陷保险的创新，不仅得到浦东新区相关部门支持，也是上海市相关部门协调的结果。其次，银行业积极探索与企业风险共担新机制。现代金融在提供融资服务的过程中，还给予信息咨询等服务，且以股权等形式从制度上进行保证。中行、工行先后开展的海王星云服务、跨境电商综合服务等创新，则表明金融机构协助企业提高相关的风控能力的同时，也减少了自身风险。资金联动创新案例中的投贷联动案例（第四批和第五批各有一个），也是风险管理的一种方式，即金融机构以股权方式参与贷款。最后，金融机构探索自身风控新机制。如农行上分开展外汇自营掉期，规避部分外汇波动风险，保险机构巨灾风险证券化，盘活了保险存量资产，优化了保险投资收益。

增强支付、清算（结算）功能，是金融市场提升资源配置能力、实现金融业服务经济的基本功能。从现有的金融开放创新案例来看，这方面的发展空间仍比较大。

5. 监管联动现状及特点

不断加强金融监管，切实防范风险，是上海自贸试验区金融开放创新的底线，也是上海国际金融中心建设的重要使命。因此，金融监管机制必须同时适应自贸试验区发展和上海国际金融中心建设，这也成为联动建设的重要内容。《进一步推进中国（上海）自由贸易试验区金融开放创新试点　加快上海国际金融中心建设方案》也明确提出：建立适应自贸试验区发展和上海国际金融中心建设联动的金融监管机制，加强金融风险防范，营造良好的金融发展环境。截止到 2018 年 9 月，上海自贸试验区共推出 12 个金融开放创新案例。梳理这些案例，可以发现以下特点。

第一，体现监管联动的创新案例数量有限，且主要集中在中前期。截止到 2018 年 9 月，体现监管联动的创新案例共计 12 个，仅占 12.6%。从这些创新案例发布的时间看，主要集中在自贸试验区成立伊始及 2015 年下半年。分析发现，这两个时间段分别是自贸区 1.0 版和 2.0 版开始之时。因此，本课题认为监管联动方式的实施，是一种自上而下的改革试点，行业监管部门阻力仍然不小。

第二，主要突破点涉及利率、外汇、产品审批、市场准入等方面，但突破点仍然有限。分析发现，这些案例涉及外汇登记、航运保险产品开发、机构和高管人员任命等方面，程序均有所简化。但这些行政审批项目数量有限，不能满足金融监管体制改革需求。

第三，上海金融业监管框架建设走在全国前列。与伦敦、纽约等国际金融中心相比，上海自贸区金融监管体制建设仍需要加强。但从国内来看，上海金融监管水平也走在全国前列。如调研发现，金融机构或企业对区内银行业务创新监管互动机制评价较高，一致认为上海的金融监管不仅灵活而且有效。

（二）金融发展环境联动现状及特点

上海自贸试验区金融发展环境在一定程度上与上海国际金融中心建设的发展环境是相辅相成的。因此，金融发展环境联动是联动机制的重要组成部分。

1. 金融信用制度建设现状及特点

信息信用是金融业立身之本，进一步完善金融信用制度建设也是上海自贸试验区完善金融发展环境、推动上海国际金融中心建设的重要举措。资料显示，上海自贸试验区挂牌以来，信用体系建设不断推进。如 2015 年 2 月，上海自贸试验区开通了综合查询窗口，自贸试验区管委会可以同时查询公共信用信息和金融信用信息。这些措施的推出，在一定程度上减少企业或个人逃避债务的现象发生，也在一定程度上遏制少数金融类或非持牌类金融机构的不良行为，推动上海金融业发展，促进上海形成公平法治、合作共享的金融服务体系。

梳理这些现状，本课题认为本联动机制有如下特征。

第一，该制度建设的重要性日益显现，且受到高度重视。《进一步推进中国（上海）自由贸易试验区金融开放创新试点　加快上海国际金融中心建设方案》中明确"加强跨部门、跨行业、跨市场金融业务监管协调和信息共享"，"加强金融信用信息基础设施建设，推动信用信息共建共享"，"上海市人民政府会同有关部门研究制定进一步完善金融信用制度建设等方案"。

第二，政府是推动该制度建设的关键力量，因为政府相关部门是该制度建设的主要利益相关者。基于此，上述综合查询功能，主要仍由政府相关部门使用，如 2014 年自贸试验区管委会查询了区内 9835 家企业、1.5 万个自然人。

第三，该制度建设涉及多部门、多行业、多市场，协调难度不小。从监管角度看，一行三会，部分监管对象信息共享，如金融集团、部分金融创新业务等；从金融机构角度看，融资对象的经营信息、信用评级等信息共享，可以规避一些不良贷款项目或降低征信成本；从企业角度看，他们需要信息披露和信息安全之间的平衡，等等。因此，这种联动机制是多方面、多领域的。

第四，该制度建设是一项庞大的社会工程，与其说是上海自贸试验区构建金融信用制度建设，还不如说上海市信用体系建设为上海自贸试验区和上海国际金融中心建设提供了必要的信用信息基础。

第五，该制度建设目前仍存在不少难点。一是数据的获取渠道，大量的数据仍然还沉淀在政府的各个部门当中，且各个部门数据是孤立的，还没有完全实现互联互通。二是数据在政府部门归集之后如何向第三方征信服务机构、企业或者个人提供服务。从创新案例看，目前仅探索了保险中介机构的信息实现与第三方征信服务机构挂钩。三是如何实现信息安全和信用使用之间的平衡。

2. 政府支持力度及特点

上海自贸试验区和上海国际金融中心建设，均是国家战略，均受到中央、上海市政府的高度重视。

1992 年，国务院《政府工作报告》提出上海要"逐步发展成为远东地区经济、金融、贸易中心之一"，党的十四大报告又提出"以上海浦东开发开放为龙头，进一步开放长江沿岸，尽量把上海建成国际经济、金融、贸易中心之一"。建设上海国际金融中心正式被确立为国家战略。时隔 21 年，2013 年，国务院出台《中国（上海）自由贸易试验区总体方案》，上海自贸试验区建设成为落在上海的又一国家战略。

从国家层面看，2009 年，国务院出台《关于推进上海加快发展现代服务业和先进制造业建设国际金融中心和国际航运中心的意见》，从国家层面对上海国际金融中心建设的总体目标、主要任务和措施进行部署；2013 年、2015 年和 2017 年国务院则先后出台三个不断深化的文件，推进上海自贸试验区建设。

从上海市层面来说，2011年和2016年，上海先后出台《"十二五"时期上海国际金融中心建设规划》和《"十三五"时期上海国际金融中心建设规划》，2015年、2016年和2017年，上海市政府会同其他部门相继出台"金改40条"、《关于进一步拓展自贸区跨境金融服务功能支持科技创新和实体经济的通知》和《上海服务国家"一带一路"建设发挥桥头堡作用行动方案》，大力推动国家战略在上海的落实。

基于此，本课题认为，金融发展环境的联动是相辅相成的。

3. 司法联动现状及特点

《上海自贸试验区金融商事审判工作白皮书（2013～2017年)》显示，四年来浦东法院涉自贸金融商事案件表明，自贸区内金融机构聚集效应显著，涉外案件相对较多，以互联网金融为代表的普惠金融发展较快等；也介绍了浦东法院在全市率先开展金融商事、刑事和行政"三合一"审判机制运行情况。作为上海自贸试验区金融司法制度改革创新亮点之一，该审判机制提高了金融审判权柄、推进金融审判机制改革、为上海国际金融中心建设提供了更加强有力的司法保障。

所谓的金融审判"三合一"机制，是指打破以往的格局（金融商事、刑事和行政案件分别由金融庭、刑庭和行政庭审理），通过整合金融审判资源，实现金融专门人才审理专门案件，由金融庭统一负责审理金融商事案件、涉及"一行三会"的金融行政案件以及涉及特定类型的金融刑事案件。

（三）联动工作的领导机制现状及特点

根据公开资料，本课题梳理了四个与本课题相关的联动工作领导小组情况，并对各小组组成成员及工作机制做一比较。具体情况如下。

1. 上海推进国际金融中心建设领导小组

2008年上海成立国际金融中心建设领导小组，并加快推出了一系列国际金融中心建设的重大举措。如《上海国际金融中心建设"十二五"规划》、《上海国际金融中心建设"十三五"规划》、推进金融支持科创中心建设、推进自贸试验区金融改革创新与上海国际金融中心建设联动工作，等等。

国际金融中心建设领导小组下设专家委员会和国际咨询委员会，为领导小组决策咨询机构。首届专家委员会既有"一行三会"的负责人，也有国内顶尖金融机构的掌门人，还有经济学界精英；国际咨询委员会成员则几乎囊括了全球各大跨国金融巨头。总之，上海国际金融中心建设领导小组，级别高，决策咨询强度大。截止到 2017 年，国际咨询委员会会议已成功举办六届。

2. 自贸试验区金融工作协调推进小组

中国（上海）自贸试验区挂牌之初，业内普遍反映作为第一领域的金融服务领域不尽人意。如央行指导意见出台较晚，证监会、银监会、保监会在挂牌之初出台的指导意见，缺乏操作细则，业内人士认为各方意见较大是主要原因。正是在这样的背景下，2014 年 2 月，上海市政府宣布成立中国（上海）自由贸易试验区金融工作协调推进小组，以期加强协调沟通、平稳推进细则落地。中国（上海）自由贸易试验区金融工作协调推进小组组长由常务副市长屠光绍担任，第一副组长由两位市政府副秘书长担任。中国人民银行上海总部等近 20 个部门相关人员组成小组成员。协调小组下设办公室（设在市金融办），办公室主任由市金融办主任担任。可见，该小组是上海市层面的，产生的最初动力来自于基层工作需求，涉及的相关部门及类型多。

公开资料显示，该小组有两项任务：一项是配合国家金融管理部门协调推进自贸区的金融开放创新；另一项是为国家金融管理部门在自贸区的金融开放创新营造良好的环境，提供服务和保障。如 2015 年 11 月 10 日，上海召开自贸试验区金融工作协调推进小组会议，研究贯彻落实上海自贸试验区"金改 40 条"。实践表明，金融工作协调推进小组对平稳推进细则落地起到了强有力的推进作用。如上述会议之后，上海自贸试验区内的金融改革细则进一步得到贯彻落实。2016 年起，每批金融创新案例数量均达到 15 个。之前，最多的一批金融创新案例，数量也仅 12 个。

如果说上述联席会议主要是起到了贯彻落实细则的作用，那么通过联合调研、走访、听取专家等形式形成相关文件送审稿则标志着金融工作协调推进小组在金融改革细则出台方面起到积极推动作用。如 2016 年 7 月，上海市政府发布的《发挥上海自贸试验区制度创新优势开展综合监管试点探索功能监管实施细则》，也是由国家在沪金融管理部门及市政府有关部门经过充分调研、走访，听取专家意见形成的送审稿基础上形成的。总之，金融工作协调推进小组起到强有力的组织保障作用。

3. 金融综合监管联席会议机制

2016 年 7 月，上海金融综合监管联席会议暨自贸试验区金融工作协调推进小组会议在上海召开。副市长周波、市政府副秘书长金兴明出席会议。国家在沪金融管理部门、市政府相关部门、部分区县政府、相关行业协会负责人参加了会议。联席会议建立例会制度，原则上每季度召开一次，围绕难点重点议题，明确工作职责，议定实施方案。根据需要，可临时召开。联席会议办公室设在市金融办，下设监测预警组和协调督办组，由相关行业监管或主管部门派员组成。

本课题认为，本次会议的召开，不仅实质性地启动了上海金融综合监管试点工作，而且也标志着上海自贸试验区金融工作协调推进小组得到了进一步完善。第一，工作方向更加明确。第二，工作小组成员更加面向市场。

4. 上海市推进"一带一路"建设工作领导小组

2015 年 4 月，国家成立"一带一路"建设工作领导小组。随后，上海也成立工作小组，市委常委、常务副市长周波担任组长，市发展改革委、市商务委、市金融办、市交通委等有关单位成员组成，办公室设在市发展改革委。可见，该小组分国家和省市两级，顶层设计成分较多。从上海市"一带一路"建设工作领导小组成员组成看，涉及的相关部门不少，但均为上海市政府直属管辖部门，有利于更好地协调沟通。

2017 年 12 月，上海市政府召开上海市推进"一带一路"建设工作领导小组会议，市委常委、常务副市长周波同志，市政府副秘书长、市发展改革委主任汤志平同志出席会议。市推进"一带一路"建设工作领导小组成员单位，市委、市政府有关委、办、局，有关中央在沪单位，有关高校和企业的负责同志参加会议。可见，与自贸试验区金融工作协调推进小组相比，本小组增加了高校和企业成员，显示了集中各方智慧、发挥各方力量推进上海服务国家"一带一路"建设发挥桥头堡作用，其中，强调了企业是"一带一路"建设的主体，各在沪央企、国企、民企、外企等各类企业都是上海服务国家"一带一路"建设的重要力量。

三　联动机制问题分析

本课题认为，自贸试验区金融开放创新与上海国际金融中心建设联动机制存在的挑战主要有以下几点。

（一）机构联动和监管联动需进一步加强

1. 创新案例较少

本课题分析发现，可实现市场联动、机构联动、资金联动、服务联动和监管联动的案例分别有 21 个、7 个、37 个、18 个和 12 个（见表 1），即机构联动和监管联动的创新案例数量最少。

表 1　上海自贸试验区金融创新案例情况

单位：个

类别	市场联动的案例	机构联动的案例	资金联动的案例	服务联动的案例	监管联动的案例	共计
第一批		2	4	2	2	9
第二批			7		2	9
第三批	2	1	6			9
第四批	1		6	2	1	11
第五批	1		4	4	3	12
第六批	3	1	5	2	4	15
第七批	8	1	2	4		15
第八批	6	2	3	4		15
共计	21	7	37	18	12	95

资料来源：作者整理。

2. 创新时间不连续

如实现监管联动的案例，主要出现在起始阶段，2015年下半年和2016年上半年达到顶峰。机构创新案例则是在2015年以后。相对应，实现资金联动和服务联动的案例始终贯穿在整个自贸试验区建设过程中。而近年来，实现市场联动的案例数量得到突破性增加。

3. 覆盖领域有限

根据资产规模大小，中国金融市场排名前五位的分别是银行业、股票市场、债券市场、信托业和保险业。梳理上海自贸试验区金融创新案例，可以发现上述五大领域的创新案例数量和创新类别有着存在较大差别。机构创新主要体现在证券领域和保险领域，监管创新则主要集中在银行业和保险业。相对应，体现市场联动的创新案例主要集中在债券领域，但证券、信托、保险等领域也有探索，百花齐放（见表2）。

表2 上海自贸试验区金融行业案例情况

单位：个

行业	市场联动的案例	机构联动的案例	资金联动的案例	服务联动的案例	监管联动的案例	共计
银行业	1		33	7	5	46
证券业	2	2	1			5
债券业	8					8
信托业	2					2
保险业	2	2		11	3	18
其他	4（黄金）+1（期交所）+1（票据）	1（互联网金融）+1（金融租赁）+1（基金）	3 外汇资金管理		4（外汇管理）	
共计	21	7	37	18	12	95

资料来源：作者整理。

（二）国际化程度需进一步提升

1. 人民币尚不是国际化货币

第一，人民币国际化水平仍然有限。国际金融中心应是跨国金融交易最活跃的地区，其交易的货币必然是国际货币。作为大国经济，上海国际金融中心不可能以国际化的外币为主，而应以国际化的本币为主。上海自贸试验区成立以来，也在人民币国际化方面做了许多探索，如加强自贸区金融市场与境外人民币市场的联系，建设欧洲离岸人民币证券市场，推动"上海金"人民币集中定价交易……，"金改40条"则进一步明确"扩大人民币境外使用范围，推进贸易、实业投资与金融投资三者并重，推动资本和人民币'走出去'"。但目前，人民币在全球支付中的占有率仍仅为2%左右，落后于美元、欧元、英镑、日元、加拿大元和瑞士法郎，排名仅在第七位。第二，国际金融中心应是跨国资本流动最活跃的地区，不能对资本流动有太多限制。"金改40条"明确"按照统筹规划、服务实体、风险可控、分步推进原则，在自贸试验区内进行人民币资本项目可兑换的先行先试，逐步提高资本项下各项目可兑换程度"。2015年12月，外汇局上海市分局印发《关于进一步推进中国（上海）自由贸易试验区外汇管理改革试点实施细则的通知》，但相关制度创新仍然有限。

2. 金融市场国际化水平有限

国际金融中心应能鼓励、服务企业充分利用境内外两个市场、两种资源。但上海国际金融中心建设的一大挑战是金融市场国际化程度不足，境外参与者有限。如股票市场的QFII额度有限，证交所未对境外企业发行上市开放，银行间外汇市场、同业拆借和债券市场的境外机构数量也不多，等等。"金改40条"明确"依托自贸试验区金融制度创新和对外开放优势，充分发挥人民银行上海总部统筹协调功能，推进面向国际的金融市场平台建设，拓宽境外投资者参与境内金融市场的渠道，提升金融市场配置境内外资源的功能"。之后，不同程度的金融业开放措施相继落实。如金砖国家新开发银行发行人民币绿色债券、上清所为首批6只"债券通"提供发行分销和登记托管服务、上交所为首家"一带一路"沿线国家（地区）及上合组织成员国企业发行"熊猫债"等。这些创新有利于国内实体定级发行市场直接吸收使用境外资金，有利于吸引更多境外优质企业来中国发行债券，加快债券市场开放进程，有利于提升上海国际金融市场国际化程度。但与国外老牌金融中心相比，仍有不少差距。

3. 利率市场化改革成效不明显

利率市场化是中国金融领域最核心的改革之一。推进利率市场化，不仅为推动金融机构转型发展、提升金融业竞争力注入新的动力，而且为优化资源配置、降低社会融资成本、更好地服务实体经济提供了有利条件，还为中国货币政策调控转型、政府职能转变奠定了良好基础。中国利率市场化改革从 1996 年开始，1999 年放开债券市场和货币市场的利率管制，2013 年和 2015 年分别取消金融机构贷款利率下限和存款利率上限后，中国的利率主要由市场供求关系决定。但由于金融机构自主定价能力、央行利率调控和传导机制等方面仍存在不完善的地方，利率市场化改革仍然任重而道远。按照国际惯例，国际金融中心必然是一个市场在资源配置中起着决定性作用的区域。因此，如何在防范金融风险和充分发挥市场配置资源作用方面实现平衡，是上海国际金融中心建设的重要内容，也是上海自贸试验区金融开放创新的重要内容。

《中国（上海）自由贸易试验区总体方案》明确"在风险可控前提下，可在试验区内对人民币资本项目可兑换、金融市场利率市场化等方面创新先行先试"，2013 年下半年和 2015 年下半年，上海自贸试验区先后开展了"放开 300 万美元以下的小额外币存款利率上限"和"发行自贸试验区跨境同业存单"的金融创新。但从调研中发现，这两个案例尚没有形成相应市场规模。

（三）金融信息信用制度建设有待进一步完善

构建完善的金融信息信用制度，不仅是推动金融业务健康规范和规模化发展的基石，也直接影响社会经济的正常运行，不仅直接影响上海自贸试验区金融开放创新，也对上海国际金融中心建设产生重要影响。但金融信息信用制度建设的挑战也相对较大。

1. 系统性不强

近年来，上海积极探索社会信用体系建设，并取得一定成效，为金融信用体系建设提供了一定的社会基础。但专业的金融信用体系建设尚没有实质性进展，严重缺乏系统性。

①没有明确的领导小组或建设规划。尽管"金改40条"明确提出要研究制定进一步完善金融信用制度建设等方案，但至今没有相关方案出台，也没有相关的领导小组或建设规划与公众见面。

②金融机构获取信息信用的渠道仍然有限。如前所述，自2015年2月起，浦东率先开通了上海社会信用平台综合查询功能。但从运行情况来看，政府相关部门是主要使用者，如上海自贸试验区管委会。事实上，金融机构在为企业提供投融资或其他金融服务时，需要对企业经营等信息进行调查核实。但金融企业获取信息信用的渠道仍然有限。

2. 重激励轻惩戒

加强金融信用信息基础设施建设，进一步扩大信用记录的覆盖面，必须同时强化金融业对守信者的激励作用和对失信者的约束作用。但从现状来看，目前已有的金融信用体系建设探索是重激励轻惩戒。如上海市社会信用体系建设联席会议办公室、上海市经济和信息化委员会、上海市征信管理办公室联合指导的"2016上海十大信用典型案例"评选中，金融业在2016上海十大守信联合激励案例中占了五席（见表3），在2016上海十大失信联合惩戒案例中，仅占一席。这个现象表明金融业信用体系建设重激励轻惩戒，缺乏对失信者的约束作用，降低了金融业信用体系建设成效。

表3　上海失信联合惩戒案例

案例报送单位	案例名称
上海浦东新区张江园区企业信用促进中心	"信用张江"助力科技小微企业获得金融支持
上海浦东发展银行	诚信，奉行最高的商业道德标
中国太平洋保险(集团)股份有限公司	信用保证保险在普惠金融中的应用
上海证大金融信息服务有限公司	"个人行为属性"信用识别体系,助力个人释放信用价值
上海农商银行	守信促进扶持,助推行业龙头

资料来源：作者整理。

3. 消费者合法权益有待加强保护

金融信息信用制度建设需要金融机构、金融消费者和监管部门的共同努力。尽管上海的金融业发展相对比较规范，但有研究显示，上海金融消费者权益保护问题依然突出。原因有：一是消费者金融素养有待提升，自我保护意识不强烈。二是金融信息识别难度较大。金融的虚拟性、复杂性导致消费者在金融消费时经常出现信息获取不及时、不完整现象。三是金融机构对信息的过度使用，如上海消费者在金融消费时普遍反映个体信息被过分消费和使用，甚至出现金融消费者个人信息不安全等现象。

（四）领导小组的作用有待进一步发挥

上海自贸试验区建设和上海国际金融中心建设均设立了工作领导小组，且级别均比较高，分别由上海市常务副市长和上海市市长担任组长，并开展了一系列相关工作，推进了两个国家战略的落实。本课题调研发现，由于两个国家战略实施的时间有先后，肩负的主要目标有差异，两个工作小组的领导机制存在欠协调问题。

1. 部分领导小组没有明确落实办公室

目前，上海自贸试验区金融工作协调推进小组办公室设在市金融办，国家在沪金融管理机构、市相关部门的负责人是其小组成员。但上海国际金融中心建设领导小组，仅设置了两个专家委员会，并没有明确的领导小组办公室。市金融办在原则上应是落实上海国际金融中心建设的具体政府部门。但从机构设置角度看，市金融办首先应归分管的常务副市长领导，不同于上海国际金融中心建设领导小组领导。

推进"一带一路"建设工作领导小组的办公室，目前设置在市发改委，且受国家层面的"一带一路"建设工作领导小组指导。市金融办和市发改委就如何充分发挥金融在服务"一带一路"建设桥头堡作用，需要进一步沟通协调。除了已有的联席会议之外，应该进一步加强联系（见表4）。

表4 四类协调工作领导小组机制比较

类别	成立时间	级别	组长	办公室	国家在沪金融管理部门	市政府相关部门	部分区县政府	相关行业协会	高校和企业	形式
					成员					
上海推进国际金融中心领导小组	2008年	上海市	上海市市长	一行三会负责人、国内外顶尖金融机构负责人、经济金融界精英						国际咨询委员会会议
自贸试验区金融工作协调推进小组	2014年1月	上海市	上海市常务副市长	市金融办	是	是	是			会议、起草文件
金融综合监管联席会议机制	2016年7月	上海市	上海市常务副市长	市金融办	是	是	是	是		会议
上海市推进"一带一路"建设工作领导小组	2015年4月	上海市（另有国家层面）	上海市常务副市长	市发改委		是	是	是	是	会议

资料来源：作者整理。

2. 市场主体或行业协会参与度有待提高

从领导小组组长和成员组成到自贸试验区金融创新的落实，政府在其中的领导发挥了重要作用。但从国际金融中心建设和自贸试验区建设的国内外经验看，市场的力量也很重要，在更好地发挥政府力量的同时，应考虑让市场主体参与进来，发挥更大力量。

第一，鼓励、支持更多的民营企业或金融机构参与市场建设和提高金融服务水平。如前所述，尽管目前上海自贸试验区在金融市场建设和金融服务创新等方面取得的较大突破，但从参与者角度看，主要还是金融管理部门及国有金融企业在发挥主导性作用，外资银行、民营银行、非银行金融机构参与不多。如21个市场创新案例中，股份制银行仅参与有两个案例；37个资金联动的案例中，中、工、建、农、交五大银行的上海分行共计推出23个；服务联动也同样如此，主要发起机构是少数大型国有金融机构或航运保险协会。

从表 4 也可以发现，四个领导小组中，仅金融综合监管联席会议机制中增加了部分行业协会和上海市推进"一带一路"建设工作领导小组中囊括了部分行业协会及企业。市场主体参与的缺失，无疑将削弱市场主体对改革开放的敏感度，也不利于相关措施出台和落实对市场主体的推进或规制作用。

究其原因：首先，外资、民营金融机构相对较少。尽管"推动金融服务业对符合条件的民营资本和外资机构扩大开放"是上海自贸试验区的重要任务，但由于金融业经营特点，自贸区内民营挂牌金融机构仍不多。其次，金融开放创新需要市场主体相应提高能力。如银行机构要提升融资服务能力，不仅需要自贸区分支机构管理人员具备金融素养，而且要调动全行力量，进行资金匹配、风险管控等，因此，分行通常是较理想的执行层级，从而导致资金联动案例中，五大国有银行的分行成为创新主体。另外，总部设在上海的银行，开放创新动力和能力较强，所以浦发银行和上海银行也能积极参与。但对于规模较小的外资、民营金融机构而言，开放创新的动力可能相对较弱。

第二，更加有效地发挥陆家嘴金融城体制机制优势。2016 年，上海陆家嘴金融发展局正式投入运作，标志着陆家嘴金融城管理部门正式由政府机构转向企业，也意味着上海国际金融中心建设和上海自贸试验区金融开放创新向更高水平迈进——构建更具国际化特点、更符合市场化发展要求的"业界共治 + 法定机构"公共治理架构。

得益于上海自贸试验区各项改革和发展政策，近两年来，陆家嘴片区取得了举世瞩目成就。在两年多时间里，陆家嘴片区共计新增企业户数 8077 家，是扩区前两年多新引进企业总量的 2 倍多；累计引进内外资企业注册资本金 10164 亿元，是扩区前两年多引资总量的 3.56 倍（2013 年 1 月至 2015 年 3 月总共引资 2851 亿元）。其中，累计吸引合同外资 123.41 亿美元，是扩区前两年多的 2.59 倍（2013 年 1 月至 2015 年 3 月总共吸引合同外资 47.65 亿美元）。可见，陆家嘴金融城在上海自贸试验区金融开放创新和上海国际金融中心建设过程中，已扮演举足轻重的角色，成为联结两大国家战略的重要纽带。因此，推进陆家嘴金融城发展，是实现两个国家战略联动发展的关键载体。

四 进一步完善联动机制的总体思路和保障措施

（一）总体思路

上海自贸试验区金融开放创新与上海国际金融中心联动发展的主要思路是：根据我国经济建设现代化经济体系战略部署，结合我国金融业发展水平及全球经济复苏现状，对标上海服务国家"一带一路"建设发挥桥头堡作用行运方案、"十三五"上海国际金融中心建设和《进一步推进中国（上海）自由贸易试验区金融开放创新试点 加快上海国际金融中心建设方案》战略要求，依托上海金融业的市场、机构、区位优势，以自由贸易港建设为新突破口，以增强金融服务实体经济能力、发挥政府和市场"两只手"作用和兼顾金融效率和金融安全为原则，寻找进一步提升上海国际金融中心国际化、法制化、市场化和风险可控水平的突破口。

（二）保障措施

1. 进一步系统集成工作领导小组的作用

在现有各个领导小组基础上，进一步充分发挥其作用。

①进一步加强上海国际金融中心建设领导小组办公室与其他工作协调推进办公室的协调。比如，进一步明确上海国际金融中心建设领导小组办公室的设置；金融综合监管联席会议办公室加强与上海推进"一带一路"建设工作领导小组办公室的协调；必要的时候设立特别任务工作小组；等等。

②重视和发挥陆家嘴金融城发展体制优势。进一步完善陆家嘴金融城"业界共治＋法定机构"公共治理架构；充分利用陆家嘴国际金融机构、总部金融机构力量，加快推进资本项目可兑换、人民币跨境使用；加大陆家嘴

金融城金融与文化融合发展力度，营造良好经营环境的同时提升上海国际金融中心的国际影响力。

2. 加快建立监管联动机制，切实防控金融风险

2017年中央经济工作会议再次强调，防范化解重大风险、精准扶贫、污染防治是今后三年要重点抓好决胜全面建设小康社会的三大攻坚战。其中，打好防范化解重大风险攻坚战，重点是防控金融风险。

①加强金融信用信息基础设施建设。比如，在现在信用体系建设基石上，探索信用信息共建共享机制；针对互联网金融风险的复杂性和隐蔽性，构建与国际接轨的统计、监测体系；更大范围内公开市场违规行为和金融失信行业信息，显著加大市场违规行为和金融失信的惩戒成本。

②积极探索功能监管。如在对实施"走出去"战略的企业提供金融服务时，相关金融机构合作提供综合金融服务，加强跨部门、跨行业、跨市场金融业务监管协调和信息共享；进一步发挥各类上海总部作用，加强中央和地方金融监管协调；支持国家金融管理部门研究探索将部分贴近市场、便利产品创新的监管职能下放至在沪金融监管机构和金融市场组织机构。

③继续深化改革精简行政审批手续。

3. 进一步推动资金融通，促进金融与实体经济的良性循环

推动金融服务实体经济，促进金融与实体经济的良性循环，不仅是金融业发挥其功能的首要条件，也是防范金融风险的重要举措。

①进一步加快推进把上海建成"一带一路"投融资中心。结合十九大报告精神和《上海服务国家"一带一路"建设发挥桥头堡作用行动方案》，持续改进跨境金融服务、提高贸易投资自由化便利化程度。如有序推进资本项目可兑换试点，在自由贸易港开展更加便利的跨境资金收付、结算、兑换、国际贸易融资活动；支持不同领域的金融机构加强合作开展综合性金融经营服务；推动符合条件的企业面向沿线国家（地区）开展信用评级，培育和建立具有国际影响力的信用评级机构。

②建设完善人民币全球金融服务体系。拓展完善人民币跨境清算网络；不断提升代理境外中央银行投资业务的交易、清算及信息等服务水平，吸引

更多境外中央银行将人民币作为储备货币；进一步放宽境外中央银行等各类境外投资者持有人民币金融资产的限制，畅通人民币的回流渠道；加强围绕人民币国际化的国际交流合作，打造国际金融交流平台等。

③践行绿色发展理念，打造绿色金融中心。发挥上海金融要素市场集中的优势，构建市场导向的绿色金融体系。坚持绿色信贷标准，加大对节能环保产业的信贷支持力度。进一步研究绿色债券的界定标准，支持更多企业在上海证券交易所、银行间债券市场发行绿色债券，推动绿色债券市场有序扩容与产品创新，等等。

4. 切实加强服务联动，推动金融业对内对外开放

扩大金融开放是上海"金改40条"的重要内容，也是难度较大的一项内容。不管是自由贸易港建设还是上海国际金融中心建设，均对扩大金融开放提出了更高的要求。

①支持符合条件的民营资本依法设立银行、财务公司等各类金融机构。按照国家的总体部署，扩大金融服务业的对外开放，逐步放宽对外资投资或入股银行、证券、保险公司等金融机构的股比限制，并争取在上海先行先试。

②提高资本市场配置全球资本的能力，加快推进证券"沪伦通"等市场互联互通，积极推进原油期货上市。吸引更多境外投资者参与，深化"黄金国际板"等面向国际的金融市场平台建设，等等。

参考文献

弗雷德里克·S. 米什金：《货币金融学》（第九版），中国人民大学出版社，2011。

法马斯·皮凯蒂：《21世纪资本论》，中信出版社，2014。

阿尔伯特·赫希曼：《经济发展战略》，经济科学出版社，1991。

徐美芳：《上海自贸试验区和国际金融中心建设联动机制研究》，研究报告，2017。

上海金融办网站，http://sjr.sh.gov.cn/Home/Index。

B.10
上海自贸试验区与科技创新
中心建设联动机制研究*

陈晓静 陈晓宇 李文婷**

摘　要：　借鉴已有的相关研究，通过国内外调研和专家访谈，并借鉴国际经验，本成果主要研究四个方面的内容：①上海自贸试验区与科技创新中心建设联动机制现状及优势；②上海自贸试验区与科技创新中心联动面临的挑战及制约，尤其是如何适应大数据、区块链技术、云计算等的影响和挑战；③上海自贸试验区与科技创新中心建设联动机制的国际经验及借鉴；④上海自贸试验区与科技创新中心联动的对策建议。

关键词：　科技创新　区块链技术　联动机制

一　上海自贸试验区与科技创新中心建设
联动机制现状及优势

上海市政府公布加快推进上海自贸试验区和上海科创中心建设联动机制的《关于服务自贸试验区和科技创新中心建设的若干意见》，提出通过发挥

---

* 本报告是上海市哲学社会科学规划系列课题（2017XAC004）的成果。
** 陈晓静，经济学博士，上海对外经贸大学美国研究中心主任，金融管理学院教授，硕士生导师，主要从事金融科技、金融创新与风险监管研究；陈晓宇，上海对外经贸大学金融管理学院硕士研究生；李文婷，上海对外经贸大学金融管理学院硕士研究生。

两大国家战略叠加区域的核心优势，加快建成具有强大原始创新能力的综合性国家科学中心，着力打造创新环境开放包容、创新主体高度集聚的科技城，围绕创新机制，吸引机构落户，带来资金、技术和人才的汇集。

上海自贸试验区相比其他试验区来说有以下优势：一是上海及周边的长江三角洲是中国经济最为发达和发展最快的区域；二是上海具备良好的国际营商环境，形成比较高效透明的政府办事机制，国际化程度不断提高；三是上海基础设施发达，同时有比较完备的商业配套、服务配套和融资配套，正在迈向全球卓越城市；四是上海对于全球顶尖人才的吸引力不断增强；五是上海依然是跨国公司总部和研发中心落户最多的城市。这些跨国公司集聚在智能制造、生物医药、互联网信息科技和文教服务等支柱行业，不仅是行业生态的核心，同时也是技术创新的沃土。

（一）上海自贸试验区和科创中心联动发展的现状分析

1. 初步形成政府主导、市场和社会积极参与的联动建设体系

为促进自贸区和科创中心联动发展，中央和上海市政府从高规则政策文件到实地调研指导，从"双自"联动机制建设到逐渐实现全面联动，都做了诸多创新实践。另外，自贸区、科创中心以及两者联动中所积累的措施经验，正通过国家层面不断向区外甚至全国推广。自贸区和科创中心联动过程中，还借鉴国际经验，积极探索运用市场和社会力量实现协同发展，企业为自贸区和科创中心联动出谋划策，社会组织正有效承接政府综合监管、咨询服务、法制建设等方面的部分职能。总之，企业和社会组织参与自贸区和科创中心联动建设的积极性不断增强，这极大地提升了上海科创中心建设的内生动力。

2. 自贸试验区的制度创新优势，有力支撑了科创中心建设

自贸区挂牌五年多来，制度创新优势不断放大，有力支撑了科创中心建设。一是为科技创新要素自由流动提供制度保障。自贸区实行"一线放开、二线安全高效管住、区内自由"的贸易监管制度，大大简化了海关和检验检疫监管程序，加快了境内外资金、物质、人才等要素的自由流通。二是为

科技创新企业提供雄厚的金融服务支持。如国家金融管理部门陆续出台的自由贸易账户、跨境投融资汇兑便利、人民币跨境使用、外汇管理改革等一系列金融制度安排，有利于资金流通，能够为科技创新企业提供金融支撑，解决科技研发投入不足的问题。三是为科创中心建设引进大量国际高端人才。上海一直缺乏高端国际化创新人才，其中重要原因是国际人才流通交流的开放环境、平台网络和组织机构不佳。自贸区致力于培育面向全球高端人才发展的开放环境，将有效弥补上海国际先进人才总量的不足。如自贸区跨境电子商务的推行，吸引了一大批电子商务相关业务的国际知名企业入驻，同时，开放的环境还创造了人才合作交流的平台网络，为人才交流提供渠道。

3. 科创中心建设需求，加快上海自贸试验区改革步伐

当前，科创中心建设面临法制环境和创新氛围欠佳、促进创新的立法保障制度不到位、科技成果转化不理想、高端人才缺口较大、政府配套政策支持不够等问题，这些问题的解决加快了自贸区的改革步伐。一是加速自贸区创新资源的集聚和共享。如通过建设国际化的创新平台加速国际创新资源与要素流入自贸区，通过培育市场化的科技孵化育成体系加大国际资本、技术、知识等创新资源与要素向自贸区的集聚力度。二是加快自贸区国际化的创新服务体系构建。如针对科创中心建设中的产学研合作薄弱、科技中介服务水平低等问题，自贸区加快推进科技成果转化，拓展技术交易服务。三是强化了自贸区内企业创新主体地位。实践表明，企业在市场中参与度高，创新动力就会不断增强。科创中心建设动力很大程度上源于企业的创新活力，自贸区由于天然的体制机制创新优势，不断创新"负面清单"管理方式，将不断降低企业进入门槛，加强市场竞争，激发市场创新。

但是，自贸区和科创中心联动建设仍存在较多制约因素，如缺乏完善的联动政策链和高层级的统筹机构、规划设计缺少互动使联动存在实施难度、目标和任务的差异客观上制约了深度融合、部门间及部门和企业间缺乏双向感知制约了联动步伐、功能配套和平台载体的支撑力相对不足。

（二）上海自贸试验区和科创中心联动发展的优势分析

1. 生产要素方面

目前上海在高级生产要素方面的优势主要体现在以下两个方面。

（1）吸引了大量全球顶尖人才

近年来，上海不断加大海外人才和高层次人才引进培养力度，进一步推进实施两批共22条海外人才出入境试点政策。截至2017年12月底，上海的外国专家人数达到110426人，入选国家"外专千人计划"的人才数量达到30人，入选中央"千人计划"的海外高层共计771名。2017年上海新当选两院院士13人，占全国10.2%。在《2017中国区域国际人才竞争力报告》中上海地区国际人才竞争力指数、来华留学生人数位列全国第一，而海外人才发展指数成为国内唯一拿到满分的地区。

上海自贸区科创中心建设最新出台外籍人才吸引政策：2018年1月8日，浦东新区市场监管局会同区委组织部、区商务委推出了服务自贸区建设、促进营商环境优化的市场监管"二十条"措施。"二十条"措施中，第一条就是"支持持永久居留身份证外籍高层次人才创办科技型企业"。今后，在自贸试验区范围内，外籍高层级人才可凭其持有的外国人永久居留身份证，创办科技型企业，包括有限责任公司、合伙企业和个人独资企业，并且与中国籍公民持中国居民身份证作为身份证明创办的企业享受同等待遇。这一改革举措目前在全国还属于首创，意图在于进一步创新优化市场配置机制，吸引更多外籍高层次人才参与和推动自贸区建设。

（2）跨国公司总部和研发中心落户最多的城市

上海是大量跨国公司设立全球研发中心的首选地，截至2017年12月底，上海新设外商直接投资项目3950项，合同金额401.94亿美元，全年外商直接投资实际到位金额170.08亿美元，在上海投资的国家和地区达175个，2018年1月，上海新增跨国公司地区总部4家，亚太地区总部1家，投资性公司2家，研发中心1家。截至2018年2月28日，上海累计引进跨国公司总部共计 629 家，其中亚太区总部 71 家，投资性公司 347 家，研发中心 427 家，其中 40 家为全球研发中心，17 家为亚太地区研发中心；20 家外资研发中心的投资超过 1000 万美元；吸收中方研发人员总数超过 4 万人，硕士以上学历占 52%。在上海的外资研发中心已占内地总数 1/4 的规模，居全国首位。与"一带一路"沿线国家和重要节点城市建立经贸合作伙伴关系，货物贸易额占全市比重达到 1/5。全年备案和核准对外直接投资项目 608 项，派出人员 13902 人次，增长 114.0%。对外劳务合作派出人员 18935 人次，增长 23.8%。

上海跨国公司地区总部数量占全市外商投资企业 1.1%，营业收入占比达到 8.6%，利润总额占比达 14.1%，从业人员占比达 4.3%。从地区总部的投资规模来看，地区总部投资总额累计超过 365.76 亿美元，其中，超过 1 亿美元的有 93 家，占总量的 21.4%；而 54% 的地区总部投资规模在 3000 万美元以上，表明在沪跨国公司地区总部以大型企业为主，规模化效应显著。相关外资数据如表 1 所示。

表 1 2018 年 1 月上海、香港、新加坡等科创中心主要外资数据

单位：万美元，个

地区	项目个数	合同外资金额	其中			
			中外合资企业（项目个数）	中外合资企业（合同外资金额）	外资企业（项目个数）	外资企业（合同外资金额）
上海	333	339260	74	26333	258	311554
香港	103	17598	23	13482	80	2711
新加坡	21	13980	12	6103	9	7877

资料来源：投资上海。

在国发 5 号文和上海市构建开放型经济 33 条政策的大力支撑下，2018年 1 月，上海市新设外资项目 333 个，合同外资 33.93 亿美元，同比增长 12.1%；实到外资 10.66 亿美元。截至 2018 年 2 月初，上海累计引进外资项目 9.17 万个，合同外资 4276.18 亿美元，实到外资 2242.06 亿美元。上海外资规模的持续稳定增长，使得外资结构不断优化，跨国公司地区总部集聚效应提升，科创研发优势效应显著增强。①

外资研发中心在上海科创中心建设中具有重要地位、拥有独特优势。外资研发中心正在不断融入本市的创新体系，截至 2018 年 1 月，上海市已经有飞利浦（中国）投资有限公司、博世（中国）投资有限公司等 35 家外资研发中心加盟上海研发公共服务平台，同时越来越多的外资研发中心正在运用其自身的研发资源及全球创新网络，与本市高校、科研院所、企业开展产业链核心技术攻关。

2. 相关和支持产业方面

科技创新和贸易升级过程中不可缺少的一环；波特认为在相关和支持产业发展上，一方面不能缺少世界一流的协作组织，也不能缺少上下游产业的密切合作关系；另一方面有竞争力的上海区域创新贸易产业发展通常会增强相关产业的竞争力。从上海自贸区与科创中心建设方面看，主要体现在上海自贸区完备的商业、服务和融资配套。

目前，为在上海自由贸易区内推动科创中心建设，上海市政府近年来颁布了"人才 30 条"《上海市促进科技成果转化条例》《上海市加快推进具有全球影响力科技创新中心建设的规划土地政策实施办法（试行）》"科创 22 条"等一系列政策，推动形成上海人才高峰，为上海为科创中心提供良好环境。线上开设的中小企业发展服务中心、互动平台、上海研发公共服务平台、上海外国投资促进中心等为科创中小企业、外来投资企业提供咨询服务。通过在产业密集区、大学园区附近设立孵化器推动非营利性机构知识产权的技术转化；而上海民营张江银行、上海股交中心科创板的设立等为中小企业拓宽了融资渠道。

总的来说，上海自贸区 3.0 模式正试图通过境外投资全生命周期服务体系，通过整合律师事务所、会计师事务、咨询机构、评估机构、融资服务机构等专业力量，推进境外投资项目库、资金库、信息库的建设，实现政府、中介结构与企业的有效链接与信息共享；从而进一步加深创新主体之间的连

---

① 资料来源：中国上海自贸试验区。

接程度，推动上海科创中心建设。

3. 政府层面

上海市政府试图通过简政放权，推进政企分开、政事分开、事企分开来实现：行业协会、商会与行政机关脱钩试点，市级行政事业单位与所属企业脱钩，审批相关的中介服务机构与政府部门脱钩的改革成果。

已初步搭建以综合监管为基础的事中事后监管体系框架，在信息共享的基础上，实现协同监管、精准监管、高效监管。该市提出的"三个一批"，即一批当场办结事项、一批提前服务事项、一批当年落地项目，是提高办事效率、提升政府效能的重要举措，各区、各部门要抓好落实落地。要进一步推广"互联网＋政务服务"，把更多的服务事项、审批事项、监管事项放到网上，实现"一号申请、一窗受理、一网通办"。从而在科创中心建设过程中，推动建立上海市政府高效、透明的办公机制。

二　上海自贸试验区与科技中心建设联动机制面临的挑战及制约

深入推进上海自由贸易试验区（以下简称自贸区）和具有全球影响力的科技创新中心（以下简称科创中心）建设是重要的国家战略。自贸区和科创中心联动有助于形成制度创新与科技创新、高规格贸易规则与创新驱动的联动，从而产生"1＋1大于2"的化学反应，但是目前两者联动仍存在诸多制约因素，需要相关部门通力协作妥善解决。

（一）上海自贸区与科创中心联动发展的制约因素

1. 缺乏完善的联动政策链和高层级的统筹机构

目前，促进自贸区和科创中心联动发展的文件是2015年出台的《关于加快推进中国（上海）自由贸易试验区和上海张江国家自主创新示范区联动发展的实施方案》，这从顶层设计上促进了自贸区和科创中心的联动发展，但是政策实施效果缺乏评估机制，政策效益未得到真实客观评估，联动缺乏一揽子有针对性的完善政策链。

新形势下，张江园区作为自贸区和科创中心的核心载体，虽然"双自联动、融合发展"在一级地方政府的完整框架下运行和管理，但是工作中，张江园区本身面临管理效率不高，创新政策和服务不能有效供给，市场化投融资缺乏自主选择渠道等问题，而自贸区建设主要由自贸区管委会负责推进，科创中心建设职能又分散在市级多个职能部门，自贸区和科创中心联动发展仍缺乏由市级部门甚至国家级部门组成的高层级协同统筹机构。

2. 规划设计缺少互动使联动存在实施难度

自贸区和科创中心的建设皆需要一定的空间条件。目前，张江是两者联动叠加的唯一区域，但是从规划上看，当前张江创新示范区、自贸区以及张江原有长远规划和战略目标方面的顶层设计间缺乏互动与衔接，阻碍了自贸区和科创中心的产业项目落地实施；另外，自贸区和科创中心联动规划也缺乏长远的考虑和打算，未来，相关部门对两者联动的空间布局应提早规划，提前预留空间，特别是对那些基础条件较好的区域，可以规划成为自贸区和科创中心联动扩容的新试点区域。

3. 目标和任务的差异客观上制约了深度融合

比较国家对自贸区和科创中心的战略定位，相同的是两者都要在全国建成先行先试试验区，不断探索积累经验，复制推广成功经验，示范引领区域发展；不同的是自贸区是通过制度创新实现开放对改革的倒逼机制，而科创中心是要通过体制机制创新形成创新驱动对产业转型升级的引领。从表2两者主要任务可以看出，自贸区除了实现贸易、金融、科技领域体制机制创新外，另外一个重要任务是探索开放型经济发展新领域，建立开放型经济体系的风险压力测试区，而科创中心除了着力破解科技发展的体制机制障碍，另外的重要任务是通过实体平台、重大项目和工程，实现产业结构优化升级。自贸区和科创中心本身客观存在的定位和任务差异，一定程度上制约了两者的深度融合。

表 2　上海自贸试验区和科创中心建设比较

类别	自贸区	科创中心
建设目标	成为投资贸易自由、规则开放透明、监管公平高效、营商环境便利的国际高标准自由贸易园区	力争通过 3 年系统推进全面创新改革试验,基本构建推进全面创新改革的长效机制,推动经济增长动力加快由要素驱动向创新驱动转换,产业结构进一步优化,张江国家自主创新示范区进入国际先进高科技园区行列
主要任务	加快建设综合改革试验区、风险压力测试区、提升政府治理能力的先行区、成为服务国家"一带一路"建设、推动市场主体走出去的桥头堡	加快建设上海张江综合性国家科学中心、建设关键共性技术研发和转化平台、实施引领产业发展的重大战略项目和基础工程、加快形成大众创业、万众创新的局面
共同点	先行先试、探索经验、复制推广、示范引领	

资料来源:《国务院关于印发全面深化中国(上海)自由贸易试验区改革开放方案的通知》和《国务院关于印发上海系统推进全面创新改革试验加快建设具有全球影响力科技创新中心方案的通知》及资料总结。

4. 部门间、部门和企业间缺乏双向感知制约了联动步伐

自贸区和科创中心建设是一项长期而复杂的系统性工程,部门间的通力协作对于两者联动至关重要。但是调研发现,不同职能部门间信息不对称,各自为政,上下级部门间缺乏必要的工作反馈机制等现象十分严重,这导致相关政策实施和落实情况的反馈大打折扣,从而弱化了自贸区和科创中心间的建设联动。

企业作为市场主体,企业的满意度一定程度上反映自贸区和科创中心建设、联动成效。从以往调研来看,企业,特别是科技型企业一年内往往要数次接受不同部门不同类型的座谈调研、问卷调查,部分授牌企业还要定期向部门上报发展数据,但是部门往往缺乏向企业反馈调研成果的信息机制,这严重影响了企业参与自贸区和科创中心建设的积极性和主动性,部门和企业间难以形成发展合力。

5. 功能配套和平台载体的支撑力相对不足

经过多年发展,在国家政策的大力支持下,张江园区在技术创新、产业发展等方面已取得显著成绩,但是交通、居住、文化、教育、医疗、娱乐等

高品质城市配套服务功能相对不足，产城融合程度较低，创新交流、转移和辐射功能薄弱，张江园区整体格局的不完善，无法对自贸区和科创中心建设的形态与功能产生强有力支撑，两者之间的联动对接难度较大。

自贸区和科创中心联动除了要有理念上的协同，更重要的还要在实体层面形成协同，实体层面的协同包括以重大项目为依托所形成的产业联动机制和有利于产生效益的功能性平台。但是目前，自贸区和科创中心在产业联动上，尤其是金融服务业、专业服务业、科技服务业等领域的项目联动上比较有限，区内区外优质人才流动以及资质互认受限，这无法满足科创中心建设对高质量、高附加值服务的迫切需求，也阻碍了区外优质资源向自贸区的流动。

6. 融资方式单一

目前，科技创新企业的资金来源以财政拨款、政策性借款及商业银行贷款为主，缺乏多元化的投资手段与主体，缺乏大规模风险投资资金和创业投资资金的介入。下文将从商业银行、风险投资、政府和企业四个角度对此进行分析。目前，上海自贸区的科创企业大多属于小微企业，数量庞大的小微企业是推动经济发展的重要力量。但是多年来，因为资金不足的问题，大多数科创企业的发展速度渐渐放缓甚至停滞。因此，建立上海自贸区与科创中心的高效联动机制，这是一个不能忽视的问题。

7. 法制环境不完善

与知识产权保护等相关的法律法规并不完善。从历史经验来看，自贸试验区通常都是出现知识产权保护矛盾和纠纷的频发地。究其原因，随着我国经济的转型升级以及对科技创新能力需求的不断增加，全国专利申请数量正呈现逐年攀升的态势，上海也不例外。表3展示了2017年上海与北京专利申请与授权量的对比数据。

如表3所示，在2017年，上海专利申请的受理量达到131746件，与2016年同比增加了9.85%，其中，发明专利的申请数量达到54633件，与2016年同比增加了0.54%；同时，2017年，专利授权量达到70464件，与2016年同比增长了9.7%，其中，发明专利的授权量达到20681件，与2016

表3　2017 年上海与北京有关专利申请与授权量

单位：件

指标	2016 年		2017 年	
	上海	北京	上海	北京
专利申请量	119937	189129	131746	186000
#发明	54339	104643	54633	99000
专利授权量	64230	100578	70464	107000
#发明	20086	40602	20681	46000
有效发明专利	85049	—	100433	205000
PCT 国际专利受理	1560	6651	2100	5100

资料来源：上海统计网，国家知识产权局。

年同比增长了 2.96%；直到 2017 年末，有效发明专利数达到 100433 件；PCT 国际专利受理量达到 2100 件，与 2016 年同比增长 34.6%。以上分析数据也能够侧面反映出，近年来，上海对知识产权的重视程度越来越高，各项有关专利申请与授权的指标也在不断优化，但是，随着人们专利保护意识的不断深化，与知识产权相关的矛盾纠纷也频频发生。近年来，在上海各级法院受理的各类案件中，以合同纠纷案件和权属、侵犯纠纷及其他民事案件发生数最为多见。

8. 专业服务欠缺

技术咨询、科技金融等专业服务机构在上海科创生态链中较为缺乏，相关的财税、保险、资产评估等服务也缺乏相应的标准和高质量的机构。

上海在建设具有全球影响力的国际金融中心和科创中心的过程中，往往需要各种资源的协作配合，如各类金融中介、产业中介和法律会计中介机构，这类机构的存在有利于优化上海的科技资源配置，促进科技创新成果的转化，助力科创中心建设。目前，上海在科技金融服务、科技成果转化服务、风险控制服务等方面还比较欠缺，科创生态链中的服务体系链条还不完善，市场化的风险投资机制、为技术创新服务的金融资源也相对缺乏。根据上海市人民政府印发的《关于进一步促进本市中介服务业发展若干意见》，属于金融业务中介机构的代理、经纪、评估类机构包括证券、保险代理，证券、保险、期货、租赁、货币经纪，信用评级和征信服务，以及保险公估和基金管理。其中，金融服务涉及范围很广，它包括在信息、风险、咨询等方面为金融科技创新活动提供帮助，包括为金融创新活动营造合适的环境，还包括为投资者筛选和推荐科技企业的工作等。因此在上海建设科创中心的过程中，金融服务中介机构必定发挥着不可忽视的作用，专业服务的欠缺也成为上海建设科创中心过程中亟待突破的瓶颈。究其原因，政府、体制、人才等因素都是导致上海金融中介服务发展缓慢的原因。

一是政府对金融中介服务机构的重视程度不够，并没有真正意识到技术咨询、科技金融等专业的服务中介机构在上海科创产业链中的地位和作用，没有打破传统的习惯性思维，认为金融中介服务机构不够专业，规模也比较小，内部管理混乱，风险控制能力差，会对稳定的金融秩序造城破坏和干扰；另外，政府对金融服务机构缺乏足够的了解，对服务中介机构的定位模糊，忽略了金融中介服务机构的功能和优势，如把握着大量市场交易信息和重要部门、客户的信息，获得信息的准确性和全面性较高，其有利于促进整个市场更加公开透明，使得交易者能以最低的成本获得最重要的信息，大大节省了市场中各个经济主体的机会成本。

二是科技金融、技术咨询等中介服务机构的全能型人才储备不足。由于科技金融服务业是要为金融科技活动等提供服务、咨询等的一个产业集合体，它涉及方方面面的知识，金融中介服务的评估机构、信息服务机构和审查监督机构之间的界限随着金融业的混业经营而逐渐淡化，而国际上金融业的交叉融合经营已经是一个不可抵挡的趋势，在这种情况下，就更需要复合型的金融人才来支撑上海经济、金融圈的优化升级。而当前上海乃至全国的金融类人才大多为传统型的，在技术咨询、科技金融等方面的能力比较弱，这就制约了科技金融等相关业务的开展和专业服务机构的发展。加之国家及政府部门在进行金融体系改革时大多把重点放在传统金融机构的深化改革上，而对专门为金融业务交易服务的金融中介服务机构缺少关注，这种政策的偏颇性也在一定程度上导致了上海乃至全国科技金融创新的步伐迟迟得不到推进。

三是现实生活中，真正的金融中介服务机构以及相应的财税、保险和资产评估等服务机构凤毛麟角，相应的标准、质量都比较低。这种现象与上海构建全球科创中心和金融中心的地位不匹配。尤其是缺少为金融企业提供专业咨询服务的机构，以及针对科技企业的股权、专利权、商标权等无形资产的评估、转让和交易体系也很不健全。这些机构的缺乏，并不能满足当下建设科创中心的战略需要，也不能对上海国际金融中心的建设形成有力支持。

9. 科创人才政策缺乏国际竞争力

现有户籍管理政策、外籍员工签证居留政策、税收政策等还缺乏国际竞争力。

2016 年 4 月 16 日，第十四届中国国际人才交流大会在深圳开幕，大会还发布了"外籍人才严重最具吸引力的中国城市"的评选结果。此次上海以绝对领先优势第四次名列该排行榜的第一名。虽然上海在创新环境、制度环境等方面领先全国，但是相比世界其他发达国家，上海在很多方面都还差距甚远，其中尤其以科创人才的缺乏最为突出。当今世界，科技创新的关键在于创新型人才的竞争，近年来上海虽然采取了一系列吸引人才的政策措施，但就目前上海的户籍管理制度而言，相比于同样实施积分入户制度的广州和深圳，上海的积分入户政策被认为是最严苛的。非沪籍人士想要落户上海，实非易事。其中，落户的条件繁多、落户申请的流程复杂等因素，已经成为制约上海科创人才流入的一个关键因素。

10. 企业研发创新成本较高

企业在商事程序制度性成本、人才成本以及税费成本等方面高于新加坡等地，而在鼓励科研创新的立法政策方面，针对性和有效性仍有提升的空间。

由于科技创新企业在发展初期多属于中小微企业，相关制度仍未建立健全和发展完善，企业对外缺少与其他企业或部门在商事、议事程序上的相关经验和经历，所以此时在商事程序上的制度性成本会是科创企业在发展初期支出比较多的部分。而上海市相关政府部门也还未对自贸区与科创中心相关企业在商事程序上提出一些积极性的政策指导和建议帮助，对比新加坡，新加坡政府一贯鼓励企业向外发展，同时也尽最大能力为企业给予最大支持。由于清楚企业在发展初期对市场的相关情况并不熟悉，所以需要熟悉市场运作的中介服务机构提供帮助，如信息咨询机构，他们根据自己掌握的信息，为企业指明发展方向，提供发展规划。并且，政府会为企业支付 50% 的咨询费用，同时政府出资为企业举办专场讨论会和咨询会，为企业的未来发展出谋划策。这在能够很大程度上帮助企业降低商事程序的制度性成本。此外，高昂的人才成本也越来越成为阻碍科创企业发展的关键性因素。

11. 大数据、区块链技术、云计算等的影响和挑战

目前，全球大多数国家纷纷进入科技创新和新兴产业快速发展的时代，激烈的国际竞争背后是各国科技创新能力的较量。世界各国也越来越重视利用科技创新来培育新的经济增长点，云计算、大数据、区块链等新兴技术的不断兴起，也不断鼓舞着各国及其科创人才们。所谓云计算，它是一种按使用量来付费的新型模式，该模式能提供可用、便捷、按需的网络访问，进入可配置的计算资源共享池，其中的资源包括网络、存储、服务、服务器、应用软件等。只需要投入很少的程序和交互，这些资源就能很快被提供。而随着云计算的深入发展，对大数据的需求也在增加，所谓大数据，它是指需要在一个较长时间段内，通过运用软件可以对数据组合进行捕捉、分析和处理。大数据的重要性不仅仅在于拥有它，而在于对拥有大量内涵的信息进行特殊化的分析、处理和加工，从而实现数据的增值，满足人们的各项需求。而现阶段，云计算和大数据发展已经较为成熟，区块链作为一种基础性技术，目前还处在初步发展阶段，它是一个分布在全网各个节点之上的可信任的分布式的数据基础设施，任何数据只要在区块链上被记录，就无法被再次修正。面对越来越多新兴技术的崛起，上海在建设自贸区与科创中心的联动机制上，也应该直面挑战。首先，应该在高等院校，甚至是在小、初、高中阶段就开始普及数字化、信息化的素质教育。复合型及国际化人才储备不足一直是上海市经济发展的一个制约条件。而美国、欧洲、日本等发达国家和地区对人才培育的重视程度也在时刻警醒着我国要投加大力度培养高素质人才，上海也不例外，在今天，高素质及适应经济社会发展的人才就是指具备

科技创新能力、具备较高数字化素养的高科技人才。只有政府开始重视信息和通信技术在当今时代的重要性，数字化教育才有可能真正在全社会的中小学中普及开来，也只有这样，才能为上海甚至国家未来的经济、科技发展提供高素质人才。在云计算、大数据、人工智能、虚拟现实、无人驾驶等先进技术不断发展的今天，国家教育也不应该停留在传统模式阶段，应该着力培养高科技产业领军人才，营造良好的科技创新氛围。其次，政府要加大扶持力度，真正将云计算、大数据和区块链等先进的科学技术运用到日常的生产生活中。目前，上海已经启动人工智能的发展规划，人工智能、物联网等智能领域也越来越成为世界各国培育新经济增长点的重要方式，上海要加强同社会各方的互动协作，可以进一步出台政策，加快科研创新的步伐，充分将人工智能、大数据等的价值运用到交通、医疗、基础实施等方面，从而使整个城市及人民真正受益，使大数据、云计算、区块链等技术成为上海科创中心建设的新引擎。

三 上海自贸试验区与科技创新中心建设
联动机制：国际经验及借鉴

金融科技属于产业金融的范畴，主要是指金融产业与科技产业的融合。从金融的本质功能来看，金融在发现、引导和支持科技创新及其成果产业化方面起着枢纽性作用。金融科技并非一个全新的概念，区别于完全的金融中心或科技中心，金融和科技的有机结合是一种特殊的空间集聚现象，其既包括金融机构、金融资源、金融系统、金融政策在区域内的集聚，也包括科技企业、科技创新、科技人才、科技政策在空间上的集聚。在这一过程中，金融主要表现为科技企业服务，科技企业作为主体进而带动整个主体往更高层次发展。

在当前国内经济体制下，如何为初创型和成长型科技企业提供有利于创新、拓展的融资渠道和保障，既是中国未来经济保持活力和持续增长的关键点之一，也是促进上海自贸试验区和科技创新中心联动建设的关键。

（一）科技金融中心建设国际经验

1. 市场主导的美国旧金山科技金融中心

旧金山科技金融中心模式的主要特征是充分发挥了市场的主导作用，科技股权投资机构作为最主要的市场供给者，专业性的科技信贷机构作为有效补充，科技资本市场作为纽带，相互促进、共同发展，形成了特色鲜明的科技金融中心发展模式。

风险贷款极大地促进了旧金山科技金融中心的发展。美国风险贷款市场按资金来源划分主要有银行风险贷款和非银行风险贷款两种。主要风险贷款银行有 20 ~ 30 家，其中硅谷银行的贷款业务占全美银行风险贷款市场的 70%。硅谷银行是一家专注于科技金融服务的银行，致力于科技型中小企业成长服务，为它们提供多元化的科技金融服务。硅谷银行地处硅谷，是美国科技金融发展最集中的地区，因此硅谷银行很早就进入风险贷款市场，加上美国宽松的制度环境，使得硅谷银行在银行风险贷款市场独占鳌头。此外，硅谷银行独树一帜的商业模式，与创投基金建立广泛并紧密的合作关系，为众多科技企业提供了一流的服务。

新型孵化器满足旧金山科技金融中心的科技企业深度需求。作为金融资本与科技服务的深度融合的硅谷新型孵化器，通过不同的金融机构和金融工具，为不同行业、不同发展阶段的中小型科技企业提供专业的一站式服务。不仅包括资金支持，还包括对企业的人才培养，为企业提供市场信息和市场战略等服务。此外，政府还通过孵化器将 PE、VC、银行等各种金融资源整合，为处于不同发展阶段、不同行业的企业提供专业化、个性化的融资服务，有效实现了科技与金融的完美结合。

另外，政府扶持为旧金山科技金融中心的发展创造了良好的外部环境。政府完美扮演了"守夜人"的角色，通过制定合理的法律政策和实施适当的税收优惠，既放宽了市场准入门槛，不断拓宽科技型企业的融资渠道，又改善了科技金融中心的发展环境。

2. 政府主导的以色列特拉维夫科技金融中心

特拉维夫科技金融中心濒临东地中海，特拉维夫科技创新种子公司占以色列所有科技创新种子公司总数的 60% 以上，成为全球著名的创新区域，享有"仅次于硅谷的创业圣地"的美誉。特拉维夫金融中心拥有特拉维夫证券交易所（TASE），积聚了庞大的风险资本与创投基金，成为全球创业风险投资密度最高的区域。

特拉维夫科技金融中心的发展模式为政府主导型，在科技金融发展的过程中带有浓厚的政府色彩，有效推动了当地科技金融中心的发展。

政府发起设立创业投资引导基金，政府通过直接设立创投引导基金，吸引各类社会资本，实现政府资金的杠杆放大效应，从而推动风险投资发展。政府还对创业投资机构的构成做出明确规定，即必须由一家境外机构和一家境内机构组成有限合伙人。

政府主导直接投资支持科技企业的发展，并推出了数量众多的直接投资计划。通过科技企业支持计划，实现政府对科技型中小企业的扶持，为创业者提供必要的资金支持。

政府设立科技孵化器，该计划是特拉维夫政府推出的众多创业计划中最成功的一项，主要有五个特点：一是严格筛选和评估入驻孵化器的项目。创业者要有良好的诚信背景，创业项目要有强健的市场潜力。虽然政府大力鼓励创新，但孵化器计划秉承宁缺毋滥的原则，每个孵化器所接纳的企业一般不会超过 15 家，申请的平均通过率维持在 3% 左右。二是为创业者提供专业化的优质管理。三是首席科学家办公室负责一般性的经营管理活动，政府不会直接干预投资管理。四是严格规定退出机制，在孵化过程的五年时间内，如果创业者或风险投资者打算回购相对应的全部政府股权，这一交易活动必须执行，创业者拥有绝对权自主选择是否脱离孵化器。五是政府资助的部分作为补助金在计划成功后必须返还给政府。如果科技型中小企业创业失败，政府则宣布企业计划破产并解散企业，政府在孵化阶段所支持的任何费用企业无需偿还。

良好的创业环境与公共服务。特拉维夫政府的工作重点之一是吸引全球金融资本的加盟。政府自上而下营造创新创业氛围，提供免费的创业咨询服务，以便他们获得必要的基础培训，深入评估创业者的失败经历以更好地促进初创企业的发展。

3. 政府 + 市场共同主导的中国台湾新竹科技金融中心

新竹科技金融中心属于市场与政府相结合的中间型发展模式，市场作为配置资源的主要手段，引导金融资源向科技资源倾斜；同时政府推动科技金融的发展，两者同时发挥作用且力量相当。

①充分发挥民营资本主导的科技银行机构的作用。由于新竹的民间借贷市场高度发达，当地政府为此设立规则规范民间资金的融通行为，并大力支持民间资本投资或参股金融机构，积极引导民间资本参股中小型科技银行，提供必要的融资服务支持新竹科技园区内科技型企业的发展。

②民间资本和海外资本共同主导创业风险投资业。新竹科技园区的快速发展，不仅吸引了本地区众多金融机构，还吸引了欧美等国家大量国际资金的流入，充足的资本来源加快新竹高科技产业集聚。

③构建多层次的场外交易市场。中国台湾的场外交易市场（OTC）包含两类，上柜市场和兴柜市场。兴柜市场类似"预备市场"，所有 IPO 或者上柜的股票都需要先在兴柜挂牌交易六个月，经过审批才可以上市或上柜。多层次资本市场的建立既提高了哺育科技企业的能力，也加快了科技金融资本流向科技企业和高新技术产业的步伐。

④政府长期扶持科技金融。为鼓励科技企业的发展，政府采取了税收减免、财政投入、专项奖励等措施，颁布了一系列政策法规鼓励风险投资业的发展，在初期直接出资建立引导基金以拓宽资金来源。

4. 英国、日本、德国科技金融发展经验

英国科技金融的发展很早，有很多经验可供借鉴。政府支持金融机构为科技型中小企业提供融资。通过融资担保、社区投资税额减免和解决延迟付款为中小企业提供便捷的融资渠道。

日本的研发、生产和制造能力世界一流，在总体规模和水平上处于全球核心圈和产业链的高端。因为科技与金融密不可分，日本多层次大力支持科技金融发展：①"银行导向型"融资体制，为技术创新成果向现实生产力的转变提供长期的资金保障。②完备的担保体系：一种双重的担保融资模式，包括信用保证制度与信用保险制度，可以归纳为"一项基础、三大支柱"。"一项基础"为基本财产制度，基本财产由政府出资、金融机构摊款和累计收支余额构成，作为信用保证基金。"三大支柱"则是信用保证保险制度、融资基金制度和损失补偿金补助制度。中小科技企业融资时如果缺乏一般抵押物或者信用记录不完善，中央与地方风险共担、担保与保险再结合的信用保证体系为企业提供担保。担保体系很大程度上完善了银行主导型的间接融资市场，在较大程度上解决中小科技企业融资难的问题，从而保证创新的持续性。③较为完善的政策性法规与机构。直接为中小企业提供金融服务的政策性金融机构有国民生活金融公库、中小企业金融公库、商工组中央金库和中小企业综合事业集团等大型金融机构，其中直接或间接与中小企业发展相关的政策性金融机构有8家。日本政府不断出台相应的政策性法规并建立各种机构，不断完善科技金融发展所需的法律环境，因而高效地促进了中小型科技企业的健康发展。

德国的融资模式也是"银行导向型"。允许银行混业经营，大多数商业银行可以从事除发行货币或者抵押债券外几乎所有的金融业务，在很大程度上弥补了间接融资的不足。德国政府采取了以政策性银行信贷带动商业信贷的方法，以解决商业信贷进入科技领域的不足问题，鼓励政策性银行（如德国复兴信贷银行）为中小科技企业提供长期贷款支持。德国复兴信贷银行80%的股权归德国政府，20%的股权归州政府，其旗下的中小企业公司为创业初期的高新技术企业提供资金支持，融资产品包括低息贷款、次级贷款和股权融资。这些针对科技企业的金融业务已经成为复兴信贷银行的最大业务，业务量约占该行全部业务量的1/3、国内该类业务总量的1/2。政府同时也为中小企业提供资金支持。政府经济技术部结合发展战略设立了中小企业创新项目，为研究理念向最终成果转化提供资金支持，还有一系列由政府主导的联邦经济技术研究基础设施项目、天使投资新投资补贴目标等政策性辅助基金和项目。德国政府以及各地州政府还定期组织相关研发活动，将国内外最新的产品、技术信息传递给中小科技企业，以便企业合理定位产品与市场。政府还对用于研发的基础设施进行优化性的再建设，为企业战略发展、知识产权保护等提供免费咨询。

四 上海自贸试验区与科技创新中心建设联动机制的具体举措

（一）推动以创新要素融通为核心的"制度红利"再造

作为我国科技资源与知识密集型企业的集聚地，上海自贸区可以推动新一轮的"制度红利"，营造有利于知识、科研要素集聚与国际化研发开展的营商环境。同时，以自贸区的制度创新来撬动科技创新中心的快速建设和发展。

1. 知识产权制度的创新

对创新成果的保障是创新的不竭动力，保护知识产权就是保护创新创业的积极性。知识产权管理与保护制度创新是上海自贸区和科创中心联动机制建设的重要支撑。自由贸易试验区以促进贸易便利化为目标，科创中心建设中创新要素的流动和积累需要知识产权管理制度的保护，而知识产权保护和贸易便利化在一定条件下存在着对立统一关系，自由贸易区需要在贸易便利化与知识产权监管之间进行协调、平衡。

具体而言，第一，应形成浦东新区知识产权局、自贸区管理委员会、工商管理局等其他知识产权执法机构协助海关知识产权执法的具体制度措施，明确各机构分工，避免"权责交叉""权责不明"的情况，在信息共享、案件通报等方面加强合作，有助于构筑知识产权严密监管网络，分散海关的监管压力。第二，创新制度，加强对不断涌现的新兴业态的知识产权问题的处理和监管，建立范围更广泛、适用性更强的知识产权纠纷调解、援助等解决机制。第三，加强企业信用体系平台建设，公示假冒知识产权行政处罚信息，将信用信息数据上传至全国统一的信息共享平台，打造企业知识产权诚信体系，建立守信激励和失信联合惩戒机制，强化引导规范企业经营管理。第四，加强执法队伍建设，壮大浦东新区知识产权局的执法队伍，提高综合执法效能。上海市工商局林海涵（2016）称，新设立的浦东新区知识产权局总编制仅 27 名，从事商标执法保护的工作人员数量更加有限。可见加强执法力量势在必行。

2. 投资管理制度创新

投资管理制度创新是上海自由贸易试验区制度创新的关键一环。五年以来，上海自贸区作为推进改革和提高开放型经济水平的"试验田"，在投资方面的制度创新取得了较为显著的成效。通过实行暂停或取消对大部分行业投资者资质要求、注册资本从实缴制改为认缴制、企业年检制改为年度报告公示制、特殊行业许可经营从前置审批改为"先照后证"、境外投资一般项目实行备案制管理等极大地简化了行政审批程序，通过完善负面清单制度，营造了更加有利于投资与贸易便利化的市场准入环境。目前，以负面清单管理为核心的投资管理制度基本建立。

但是上海自贸区内的投资管理政策尚待继续完善，投资管理模式的改革探索还需进一步突破，改革措施还需进一步落实，以获得四个自贸区中的开放领先优势，为科技创新中心的建设提供更坚固的制度保障。第一，完善负面清单制度，克服形式主义的弊病。负面清单将"禁止类"和"限制类"合并，表示除非"清单"中提到的禁止或限制，否则就不存在禁止或限制。然而，其并没有明确区分"禁止"与"限制"，并且将一些带有限制条件的鼓励类措施也列入其中，使得人们容易产生理解困难。第二，进一步精简负面清单，提高开放度、增加透明度。第三，继续推进深化商事制度改革，简化行政审批程序、转变政府职能、释放市场潜力。继续推进工商登记制度改革，加快推进登记注册制度便利化、登记过程电子化、登记管理信息化改革，降低市场主体的准入门槛。进一步简化烦琐的审批许可，破除阻碍经济社会发展的一大障碍，还权于企业，还权于市场，激发广大群众的"双创"热情和市场经济的内在活力。探索建立新型监管体系，处理好宽进与严管的关系，引导市场秩序化、规范化发展。

（二）推进跨国公司研发中心获得充分"国民待遇"的科研资助和资金扶助平台建设

跨国公司是全球科技创新活动的主体和科技全球化的主导力量，在推进建设上海科创中心的进程中扮演着重要角色。创新需要市场根基。巨大的中国市场和旺盛的市场需求为跨国研发中心的生根发芽提供了肥沃的土壤，上海的科技创新资源丰富，创新人才集聚，产业集群化程度高，成为全国吸引跨国公司研发中心最多的城市。截至 2017 年 7 月底，外商在上海累计设立跨国公司地区总部和总部型机构已突破 600 家大关，共达 605 家，其中亚太区总部 64 家，投资性公司 339 家，研发中心 416 家。①

跨国公司研发中心全球范围内的地理区域分布和空间扩张，预示着全球科创中心的兴衰趋势。上海建设具有全球影响力的科技创新中心，需要进一步借助跨国公司研发中心来提升城市创新活力和创新能级，加快演变成为国际创新中心城市的步伐。

在科研资助方面，要以《上海市关于进一步支持外资研发中心参与上海具有全球影响力的科技创新中心建设的若干意见》的实施为契机，结合在沪跨国公司研发中心特点，加快制定相关的配套实施政策，在目前高层级外资研发中心与跨国公司地区总部获得同样的政策支持的基础上，努力推进跨国公司研发中心获得充分"国民待遇"的科研资助，建立跨国公司研发中心资金扶助平台，给予跨国公司研发中心与本土研发机构同等的政策支持。

在加强公共服务方面，发挥自贸区政策优势，在自贸区内先行先试，探索建立服务于本土企业研发中心与跨国公司研发中心的常设性创新服务平台与管理系统，助力实现自贸区在吸纳和融通海内外创新资本的功能，落实科创中心建设的战略。

在加强内外资合作方面，要鼓励本土科研机构、高校院所与跨国公司研

---

① 数据来自新华网，http：//www. sh. xinhuanet. com/2017 - 08/25/c_ 136554647. htm。

发中心合资合作，如技术合作、人才交流、重大科技仪器设施共享、校企联合培养、合作开发等，共同搭建开放式创新平台，均衡协调境内境外的一流资源、智慧及优秀创意进行创新，充分激发跨国公司作为境内与境外创新资源平台性角色在"嫁接"海外创新要素中的作用，使我国本土机构有机会对接全球尖端技术，从而提升上海对创新资源的吸附力，促进全球创新资源以上海为枢纽进一步汇聚和集群，形成良性循环。

（三）拓展技术交易职能，打造高能企业培育机制

"高能企业"这一新概念是上海市软科学基地——知识竞争力与区域发展研究中心首席专家罗守贵教授在其撰写的报告中提出的。所谓高能企业，通常属于知识与技术密集型，对高能生产要素超凡配置能力和巨大扩张力，它们有三大特征：市场对外辐射性较强，聚焦全国乃至全球市场；使用高能生产要素如顶尖人才资源，强有力的风险投资，具有技术创新或商业模式上的独特优势等；处在产业金字塔的顶端，或处于产业链、技术链和价值链的高端环节。上海专家制定了甄选高能企业的 4 个衡量标准，用这套标准对 2012 年参与上海科技企业统计填报的两万余家公司进行甄选，发现仅 19 家公司具有高能企业特征。① 高能企业对于构建辐射力强的城市创新生态系统、促进全球创新要素集聚，具有强大推动作用，培育具有高能企业特征的幼苗企业，对上海建设具有全球影响力的科技创新中心而言是迫切的。

在培育高能企业的过程中，上海自贸区应为高能企业相关产品和服务的"走出去"以及要素、服务和产品的"走进来"提供功能支持。跨境电商是国家经济增长的新动力、新业态，也是改革开放的新窗口。上海自贸区应把握电子商务发展趋势下的机遇，积极发展跨境电子商务平台，扩大高能潜力企业的销售渠道。具体而言，可在自贸区与张江高科技园区形成的重叠区域

---

① 数据来自中国上海网上政务大厅，http：//www. shanghai. gov. cn/nw2/nw2314/nw2315/nw4411/u21aw1031779. html。

内，建立跨境电商孵化器，提供跨境电商业务一站式服务，吸引电商企业入园开展跨境电商业务。广建跨境电商重点产业园，形成产业集聚效应和产贸融合效应。

在实施财税政策方面的支持措施之外，有关部门在参与高能企业幼苗的培育和成长过程中，可逐一诊断，寻找各家企业的短板，实现扶持的精准化、专业化、有效化。例如，某些企业亟须引进高层次专业人才，却受到落户政策等问题的制约；某些企业正处于前期高强度的技术投入阶段，但由于不产生利润，实际上可能一点也享受不到政策等。此外，政府应在外汇管制、出口通关等方面出台新的政策，给予高能企业实实在在的优惠，助推高能企业参与国际市场竞争，获得领先优势，从而作为上海的一个个创新辐射支点，加快上海科创中心建设步伐。

（四）搭建新型平台载体，形成高效联动模式

联动机制将主要通过信息互通、风险共担、利益共享的协同机制，以及科技成果、技术交易、创新产品的平台载体实现联动发展。协同机制、平台载体的建设和磨合情况直接关系到联动机制发展的效率。上海自贸区应该在新技术引进和新产品输出方面，充分利用自由贸易的特长，为科创中心建设提供支撑，同时加强对创新产品的宣传和展示功能，提升创新产品的知名度和影响力。

1. 构建科技创新与金融服务的综合性平台

在我国如火如荼的"大众创业、万众创新"的时代大背景下，在国家"创新驱动战略"的引领下，中小型科技创新企业如雨后春笋般冒出来。科技型企业融资难的问题一直存在，随着"创新驱动"战略的实施，这一问题引发了更广泛的关注。科技型企业在不同阶段有不同的融资需求，融资需求旺盛，而科技型企业本身"高风险、轻资产"的特点和银企之间的信息不对称往往让以"重抵押、惜贷"的商业银行望而却步，使科技型中小企业面临融资难的困境。在上海科技创新中心的建设过程中，拓展科技型创新企业各个阶段的融资渠道是关键，构建科技创新和金融服务的平台有利于打

造对科创企业更友好的融资环境，形成有上海特色的科技金融生态系统，加快上海科技创新中心的建设。

商业银行作为我国企业融资最主要的渠道，在推进科技创新方面大有可为。

（1）知识产权质押贷款

创新型中小企业普遍缺乏固定资产，拥有技术、管理、知识产权等无形资产的特点使得知识产权质押贷款等科技贷款创新显得尤为重要。知识产权质押贷款在欧美发达国家已十分普遍，在我国则刚刚起步。据《人民日报》报道，知识产权质押贷款虽有政策支持，鼓励银行开展知识产权质押贷款，一批城市和园区还开展了知识产权质押融资及专利保险试点，但操作层面上还有待进一步推进。仅靠知识产权质押获得银行贷款的企业少之又少，多数得到贷款的企业，实际是将知识产权与应收账款、股权、有形资产和企业信用等"打包"，才从银行贷到款，知识产权评估的细化标准也未能出台。

要化解这些难题，①积极推进知识产权专业评估机构的建设与落地，培育市场认可的知识产权专业评估机构，给借贷双方提供一个可信的知识产权价值依据。建立更多更权威的知识产权评估机构，既可以降低企业获得贷款的成本，又能促进自身资金不足的科技型中小企业发展。②完善专利审查制度。知识产权质押融资的关键是知识产权的价值，垃圾专利、泡沫专利的盛行无疑会降低知识产权与未来企业现金流和企业发展潜能的关联程度，因此需要完善专利审查制度，加大专利审查的力度，提高专利的含金量，从而推进知识产权质押融资模式的实行。③鼓励建立银行与上海市政府下属管理机构知识产权局、知识产权专业评估机构以及与第三方担保公司的联动合作机制。政府完善专利信息化平台，在知识产权抵押融资中起到牵头和引荐作用，知识产权专业评估机构与商业银行合作，出具企业知识产权市场价值分析报告，银行依据此报告进行一定额度的信贷发放，缓解银企信息不对称问题，而第三方担保部门则对可能出现的坏账进行担保，分担商业银行的风险。④健全知识产权相关评估规范和方法，形成一套完善的知识产权评价体系。

（2）推广科技支行的形式

以商业银行科技支行为代表的科技金融专营机构为成长期的科技企业提

供资金支持，该模式为银行建立专营的组织架构体系提供了良好的范例。但我国关于科技支行的试点自 2009 年至今不过十载，还有很多成长的空间。第一，科技支行或者科技银行外在可逐步从依附于商业银行总行的角色中脱离出来，逐步建立独立性，形成带有鲜明"科技金融"DNA 的专营机构，同时内在应转换传统银行信贷支持的思路，秉持"放水养鱼"的理念，以强调稳定性代替追求流动性，更多地发放长期贷款。第二，科技支行的发展还需要政府给予其一定的额外支持或补贴，以进一步提高科技支行对企业风险的容忍度，完善风险控制机制。第三，科技金融专营机构还应与包括创投机构、担保机构、保险机构、租赁机构等在内的科技金融主体保持密切互动，利用不同主体的优势进行资源整合，在现有的"政府推荐＋担保公司担保＋银行贷款""创投股权投资＋担保公司担保＋银行贷款"等模式之外创新业务模式，改善银行的风险收益结构。第四，推动高科技园区内科技金融专营机构的建立，尤其是自贸区与张江高科技园区重叠的区域内，以加强自贸区与科技创新中心的联动作用。

2. 构建创新产品展示平台

总体而言，应积极构建线上和线下创新产品展示平台。线上展示平台的构建可以借鉴海淀区新技术新产品（服务）展示平台，建立自主创新产品名录，同时在此线上平台中可以在其余板块展示政府最创新创业相关法律政策、创新产品信息、创新型企业名录、政府采购项目信息、招标信息等，构建一个为科技创新企业服务的一体化网络信息平台。

线下应用好国家会展中心、上海国际展览中心、上海新国际博览中心等展览场地，借助上海国际科普产品博览会（科博会）、中国国际工业博览会（工博会）、浦江创新论坛等载体，打造具有国际影响力的科技创新成果展示、发布、交易、研讨一体化的合作平台，创造上海创新创业的大秀场，大力推动科技创新成果在"最后一公里"就地转化。

创新产品展示平台需要综合具备科技创新产品展示、成果交易、交流共享三大功能。产品展示方面应分层次、分领域、全方面展示高新技术成果，使新技术新产品新服务集中亮相。成果交易功能方面应吸引高校成果转化中心、科研院所、中介机构和技术转移机构及投融资机构入驻，并引进专业化技术转移机构成立国际成果转化服务中心，提供科技成果交易服务。创新展示和交易形式，例如设置专业的创新产品路演区域，为科技创新企业和团队提供展示的舞台。还可以建立创新产品展示平台的官方网站和官方移动客户端等，提供优秀企业产品推介、全方位网上实景展台、招商合作项目对接等线上服务，将产品展示和成果交易的平台从线下延伸到线上。另外，通过主题论坛、洽谈会、技术研讨会等方式促进各创新主体交流共享创新创业经验，促进知识溢出和技术扩散。还可以广邀媒体，有效利用媒体资源，签订合作协议，为旨在展示创新产品的大中型活动增加宣传推广力度。

（五）以项目为依托，在实体层面形成产业联动机制

联动机制不仅需要发展理念、空间架构上的协同，还需要在实体层面形成协同，这就需要以项目为依托，形成产业的联动机制。

第一，承担招商引资工作任务的部门在招商洽谈时，要统筹考虑聚焦联动发展的新兴产业和重要项目，金融服务业、专业服务业尤其是科技服务业等领域的发展是未来联动机制的关键所在，致力于打造关键产业联动的全域战略布局。在项目引入环节进行筛选、过滤，将有效提高落地项目成功率。

第二，积极设立创新中心、国际技术交流中心、技术转移服务平台等科技创新公共服务平台以及国家级孵化器园区、创业社区等优质创新领域项目。吸引生产制造链条中上中下游企业集聚，将有效降低生产成本，提升生产效率，促进知识溢出。同时，引入国内外知名风投企业、项目咨询公司、培训公司在创新创业企业周边布局，为项目运营提供资金支持、咨询服务和创业技能培训，形成不同产业之间的联动机制，吸引更多资源汇聚。

第三，借鉴广东、福建自贸区的经验，尝试针对自然人流动以及资质互认的试点，实现人才的自由流动，进一步加强开放措施，满足未来科创中心建设对高质量、高附加值服务的迫切需求，进一步发挥上海科创中心的创新策源能力。

（六）以人才培育和储备为重点，形成要素联动机制

人才是联动机制的核心要素，创新型人才，尤其是顶尖创新人才，对创新资本和资源具有强大的吸引力和号召力。杜德斌（2015）认为，全球科技创新中心的组成结构可归纳为三个要素层次：最高层次、主体层次和支撑层次。其中人才是最高层次的要素，主体层次包括大学、企业和政府三个要素，支撑层次包括创新文化、创新资本、创新基础设施和创新专业服务等，凸显了人才要素在科创中心建设中的核心和关键作用。

引进海外高端人才固然重要，但是就形成可持续的创新能力和创新潜力而言，本地化本土化人才的培育和储备具有更加深远的意义。本土人才是宝贵的人才资源，相对外地人才有其独特优势，方言上的优势是其中之一，除此之外，他们往往对本地有着深厚的感情，更乐意为本地的发展建设投入更多的精力。同时他们对本地的情况更加熟悉，工作中可以少走弯路，减少不必要人力、物力、财力的浪费，能够提出更加符合本地区情况的措施。加强本土化人才的培育和储备，应高度关注学校、研究院所这些人才储备库的发展，改革教育理念和教育方式，注重培养多领域创新型人才，并促进创新文化向年轻一代传播。积极开展创新教育，举办创新创业相关大赛如创业策划大赛等，推进设立创新类奖项和奖学金，不断激发学生创新思维，缩短学校和企业之间的距离，为科创中心建设储备更多的支撑力量。

（七）借鉴国际经验，加强金融科技风险监管

区块链技术的运用可以促使资本市场的信用风险与流动性风险降低，从而在一定程度上降低系统性风险。但是，随着技术的逐渐推广，其所伴随的技术风险成倍扩大，需要严防。主要表现在：其一，区块链技术结构存在漏洞，容易受到黑客的攻击，即通常所说的"51%攻击"（当链条中51%的用户受到攻击时，区块链整体受损），因此具有很大的安全隐患；其二，区块链技术存在风险暴露一致性，当风险叠加时破坏力极大，需要审慎控制；其三，区块链的性质使得风险传播速度更快，一旦风险暴露，整个资本市场乃

至金融市场都将受到严重打击；其四，区块链技术在系统进行升级和修复时需要关闭，关闭期间会影响到用户交易和整体市场；其五，由于区块链技术本身还比较新，在应用过程中由于编码人员的经验性问题，容易出现潜在算法错误的情况。

针对区块链现存的缺陷进行技术革新刻不容缓，同时监管当局还需强化安全网的设置，注重对区块链交易平台安全性的保护，此外还需防止技术性篡改数据。因此，对监管层计算机技术水平提出了极高要求，需要及时补充相关领域人才，将技术风险控制到合理范围内。

借鉴英国、新加坡等国"监管沙盒"的经验，建立包容性监管的"沙盒机制"。适当放宽准入标准，允许区块链初创企业和金融机构探索区块链技术在上海自贸试验区的应用，在风险可测可控的前提下积累经验。利用金融科技，加快科创中心建设。在坚守监管底线的同时采用包容性监管的"沙盒机制"，为这一行业进一步的创新发展预留更多的空间。在防范风险的同时，更好地促进金融科技、普惠金融和创新型经济的健康发展。

利用信息科技创新推动"金融监管科技创新"（Regtech），对监管制度进行反思与完善，升级监管技术、监管手段，健全监管体系。

参考文献

BASCAP. Controlling the Zone：Balance Facilitation and Control to Combat Illicit Trade In the World's Free Trade Zones，2013，（5），http：//www. icwbo. org/Advocacy – Codes – and – Roles/BASCAP/International – engage – ment – and – Advocacy/Free – Trade – Zones/. accessd on Nov. 25，2017.

杜德斌：《全球科技创新中心：动力与模式》，上海人民出版社，2015。

范家曦：《关于国家科技金融创新中心建设问题研究》，首都经济贸易大学硕士学位论文，2014。

韩子睿、魏晶、张雯、宋艳红：《产业科技创新中心建设的战略路径研究》，《技术经济与管理研究》2017年第6期。

胡苏迪、蒋伏心：《科技金融中心发展模式的国际比较与启示》，《新金融》2017年第 4 期。

黄伟勇：《上海自贸区金改对科创中心建设的影响和意义》，《中小企业管理与科技》（中旬刊）2017 年第 7 期。

金哲超：《借力自贸区加快推进上海科创中心建设》，《上海经济》2016 年第 5 期。

匡增杰：《加快推进上海自由贸易试验区海关监管制度创新：贸易便利化的视角》，《经济体制改革》2015 年第 4 期。

李茜：《金融科技应成为国际金融中心重要抓手》，《上海金融报》2017 年 7 月 25 日，第 A07 版。

林羽、蔡文德：《金融科技国际监管经验借鉴及启示》，《中国信用卡》2017 年第 8 期。

刘江会：《金融支持上海建设具有全球影响力科技创新中心对策研究》，《科学发展》2017 年第 6 期。

聂永有、殷凤、尹应凯：《科创引领未来：科技创新中心的国际经验与启示》（城市篇），上海大学出版社，2015。

孙国茂：《区块链技术的本质特征及其金融领域应用研究》，《理论学刊》2017 年第 2 期。

谭学威：《风投家与风险企业——信息部不对称下的博弈分析》，《技术与市场》2013 年第 3 期。

王战、翁史烈、杨胜利：《转型升级的新战略与新对策：上海加快建设具有全球影响力的科技创新中心研究》，上海社会科学院出版社，2015。

许超：《我国科技金融发展与国际经验借鉴——以日本、德国、以色列为例》，《国际金融》2017 年第 1 期。

周振华、陶纪明：《上海建设全球科技创新中心：战略前瞻与行动策略》，格致出版社，2015。

城市创新篇

City Innovation

B.11
建设卓越的全球城市——
上海的现状与展望

梅晓颖*

摘　要： 2017 年 12 月，国务院批复原则同意《上海市城市总体规划
（2017－2035 年）》，规划提出到 2020 年上海建成具有全球影
响力的科技创新中心基本框架，基本建成国际经济、金融、
贸易、航运中心和社会主义现代化国际大都市；2035 年基本
建成卓越的全球城市，令人向往的创新之城、人文之城、生
态之城，具有世界影响力的社会主义现代化国际大都市；
2050 年全面建成卓越的全球城市，令人向往的创新之城、人
文之城、生态之城，具有世界影响力的社会主义现代化国际
大都市。全球城市指在世界经济或城市网络中作为中心，对

* 梅晓颖，上海社会科学院经济研究所硕士生，主要研究方向为国际经济与贸易。

全球政治、经济、文化有一定控制力和影响力的城市。目前，上海在国际各大城市间的地位虽然逐步上升，但距成为卓越的全球城市仍有一定差距，需要在创新之城、人文之城和生态之城的建设上继续添油加力。

关键词： 上海 全球卓越城市 城市规划

前　言

2017 年 8 月，上海市政府公示了《上海市城市总体规划（2016 - 2040 年)》草案，首次提出上海要建设"卓越的全球城市，国际经济、金融、贸易、航运、科技创新中心和文化大都市"的发展目标。[①]《上海市城市总体规划（2017 - 2035 年)》（以下简称"上海 2035"）在 2017 年 12 月获国务院批复原则同意[②]，并由上海市政府于 2018 年 1 月正式公布[③]，正式提出将上海建设成为"卓越的全球城市"的发展目标。"上海 2035"提出，到 2020 年上海建成具有全球影响力的科技创新中心基本框架，基本建成国际经济、金融、贸易、航运中心和社会主义现代化国际大都市；2035 年基本建成卓越的全球城市，令人向往的创新之城、人文之城、生态之城，具有世界影响力的社会主义现代化国际大都市；2050 年全面建成卓越的全球城市，令人向往的创新之城、人文之城、生态之城，具有世界影响力的社会主义现代化国际大都市。[④] 本文将介绍什么是卓越的全球城市及上海的目标，梳理

---

① 中国上海，http：//www. shanghai. gov. cn/nw2/nw2314/nw2319/nw12344/u26aw48616. html。
② 中华人民共和国中央人民政府，http：//www. gov. cn/zhengce/content/2017 - 12/25/content_ 5250134. htm。
③ 中国上海，http：//www. shanghai. gov. cn/nw2/nw2314/nw32419/nw42806/nw42807/u21aw12 80602. html。
④ 中国上海，http：//www. shanghai. gov. cn/nw2/nw2314/nw32419/nw42806/nw42807/u21aw12 80602. html。

上海现有的发展成果，并基于建成"卓越的全球城市"需要满足的条件分析上海未来的发展方向。

一 全球城市概念及指标

全球城市（Global City）有时也称世界城市（World City）或世界中心（World Center），指在世界经济或城市网络中作为中心的城市，对全球政治、经济、文化有一定的控制力和影响力，通常是跨国公司和国际机构集中地、世界主要的金融中心和贸易中心、区域级的交通信息枢纽、国际文化的交流中心、具有独特人文精神的城市。[①] 全球城市的概念由哥伦比亚大学社会学教授萨斯基娅·萨森（Saskia Sassen）在1991年出版的《全球城市：纽约、伦敦、东京》（*The Global City*：*New York*，*London*，*Tokyo*）中首先提出。Sassen 指出，虽然全球化带来了大量小型金融市场的诞生，但是行业上层的控制和管理渐渐集中于几个领头的金融市场，且随着经济全球化的深入，中心功能越来越会集聚在几个特定的地方，这些地方就是全球城市。[②] 如果将世界金融和经济看成一张网络，所谓的全球城市就是其中最突出的几个节点，这些城市对全球的经济和金融网络有着重要的影响力，且这种影响力往往会辐射到政治、文化等领域。《崛起中的全球城市：理论框架及中国模式研究》和《全球城市：演化原理与上海2050》的作者周振华认为，城市化、全球化、技术变革特别是信息化三股力量重塑着世界城市的发展格局，城市在全球化的背景下成为跨境要素流动的节点，从而形成世界城市网络，而全球城市就是这个网络中主要或基本的节点，对全球资源流动和配置起着重要的战略作用。[③] 目前，最广为人知的全球城市有美国纽约、英国伦敦、日本

---

① 上海市人民政府：《上海市城市总体规划（2017 - 2035 年）》，2018。

② Sassen S.，*The Global City*：*New York*，*London*，*Tokyo*. Princeton：Princeton University Press，1991：p. 5.

③ 周振华：《上海有条件迈向卓越全球城市》，澎湃新闻，http：//baijiahao. baidu. com/s？id = 1596690826603048413&wfr = spider&for = pc，2018 年 4 月 3 日。

东京和法国巴黎。

迄今有不少机构研究并发布了关于全球城市的排名，这些排名从不同的角度（包括经济、金融、文化等）使用了不同的度量方法来衡量各城市的全球性，其中主要的有全球化和世界城市研究小组（Globalization and World Cities Research Network，GaWC）发布的全球城市排名研究、隶属日本森纪念基金会的城市战略研究所发布的"全球实力城市指数"和咨询公司科尔尼（A. T. Kearney）发布的"全球城市指数"等。本文将主要介绍 GaWC 的全球城市排名研究和城市战略研究所发布的"全球实力城市指数"。由于这两项研究基于不同的指标和标准对全球主要城市进行分类，得出的结论略有差异。特别的，两项研究的结论对上海在全球城市中的地位有不同的看法。

1. GaWC 关于全球城市的看法

GaWC 认为世界城市网络通常可以分为三层——作为网络层的全球经济、作为节点层的城市、作为副节点层的服务公司。[1] 研究认为，正是服务公司的活动形成了全球经济网络，因此 GaWC 基于当地广告、金融、法律、管理等服务企业的战略活动将世界级城市分为 Alpha、Beta、Gamma 和服务充足四个类别，共 12 个等级。[2] 表 1 列出了 GaWC 最近三次（2010 年、2012 年、2016 年）发布的全球城市排名中 Alpha + + 城市与 Alpha + 城市。如表 1 所示，伦敦和纽约成为双寡头式的全球城市，GaWC 将它们称为"双卓越全球城市"；香港、上海在三次报告中都处于 Alpha + 的地位，北京从2012 年开始也被划入 Alpha + 级城市范围。事实上，自 2008 年起，上海就开始被划入 Alpha + 级城市，而 Alpha + 级城市被 GaWC 认为是那些与伦敦和纽约互补的其他高度整合且满足亚太地区高端服务要求的城市。[3] 因此，根据 GaWC 的研究，可以认为上海已经步入亚太地区的区域性全球城市行

① Taylor P. J. , Ni P. , Derudder B. , et al. , Measuring the World City Network：New Results and Developments. GaWC Research Bulletin 300, 2010.

② GaWC 的研究将城市分为 Alpha + + , Alpha + , Alpha, Alpha - , Beta + , Beta, Beta - , Gamma + , Gamma, Gamma - 和高服务自足城市（cities with high sufficiency of services）、服务自足城市（cities with sufficiency of services）共 12 个等级。

③ GaWC, http：//www. lboro. ac. uk/gawc/gawcworlds. html.

列。虽然上海在过去的大约20年中取得了十足的进步（在2000年GaWC的研究中，上海处于Alpha－的水平），但是以GaWC的标准来看，距离建成高度全球化的全球城市，尤其是"卓越的"全球城市，仍有一定距离，需要继续吸引及鼓励服务型企业和相关配套的产业到上海发展。

表1　GaWC全球城市排名

类别	2010年	2012年	2016年
Alpha＋＋	伦敦、纽约	伦敦、纽约	伦敦、纽约
Alpha＋	香港、巴黎、新加坡、东京、上海、芝加哥、迪拜、悉尼	香港、巴黎、新加坡、上海、东京、北京、悉尼、迪拜	新加坡、香港、巴黎、北京、东京、迪拜、上海

资料来源：The World According to GaWC 2010；The World According to GaWC 2012；The World According to GaWC 2016。

2. 全球实力城市指数（Global Power City Index，GPCI）

隶属日本森纪念基金会的城市战略研究所自2008年起每年颁布《全球实力城市指数年报》，评估世界主要城市吸引来自世界各地的商业和个人的综合实力，并根据评估结果为世界主要城市排名。GPCI从6个城市功能[经济、研发（R&D）、文化交流、宜居度、环境、便利度（国内、国际交通便利度）]和5个城市活动主要参与者（管理者、研究者、艺术家、游客、居民）的角度来评估一座城市的综合实力。和GaWC专门关注城市的金融或经济发展不同，GPCI涵盖的范围更广，包括了城市的商业、文化、生活等方面，更全面地评价了被测城市的实力和发展潜力。

如表2所示，2015年到2017年中，GPCI得分最高的前五座城市稳定在伦敦、纽约、东京、巴黎、新加坡中，上海的排名则在第12~17位徘徊，与全球最具实力的前10座城市相比仍有差距。根据GPCI的研究结果，虽然上海在经济和便利度上得分较高，但其他四个方面（R&D、文化交流、宜居度、环境）与发展较好的城市相比仍有差距，这几个方面恰好是"上海2035"着重提出要建设的。以2017年为例，在以经济发展和营商环境等为子指标的"经济"这一项中，上海在44座最具实力和发展潜力的城市中

表2　全球实力城市指数排名及上海排名（2015～2017年）

排名＼年份	2015	2016	2017
No. 1	伦敦	伦敦	伦敦
No. 2	纽约	纽约	纽约
No. 3	巴黎	东京	东京
No. 4	东京	巴黎	巴黎
No. 5	新加坡	新加坡	新加坡
No. 6	首尔	首尔	首尔
No. 7	香港	香港	阿姆斯特丹
No. 8	柏林	阿姆斯特丹	柏林
No. 9	阿姆斯特丹	柏林	香港
No. 10	维也纳	维也纳	悉尼
上海排名	No. 17	No. 12	No. 15

资料来源：Global Power City Index 2015；Global Power City Index 2016；Global Power City Index 2017。

排名第5位，这与GaWC的研究中上海排名较高的结论一致。同时，上海在以国际交通网络、国内城际交通便利度等为子指标的"便利度"一项中位列第3，总得分与位列第一的巴黎仅差21.3分（巴黎得分245.3分，第二名伦敦得分244.0分，上海得分224.0分），且上海在2015年排名第7，2016年排名第4，说明在交通方面上海已逐年取得进步，且发展得较为完善，在国际上也属于交通发达的城市。然而，相较于经济和便利度指标方面上海的不俗表现，在其他四个方面上海却亟待加强。2017年，上海在R&D、文化交流、宜居度和环境四个指标上分别位于第18、17、38和41位，尤其是在R&D这一项上，虽然排名与其他几项相比不太糟糕，但得分仅为这一项得分最高的纽约的约1/3（纽约得分183.7分，上海得分61.7分）。因此，若要建设"卓越的"全球城市，根据GPCI的指标，上海除了要继续发展经济外，更要在研发投资、文化交流投资、便民项目投资上加大力度。

从GPCI的指标来看，其对城市的评价范围已经超过了Sassen最初提出的针对财富聚集程度和金融、经济影响力的"全球城市"概念，相对的，GaWC的研究更符合"全球城市"最初的定义。然而，事实上要成为全球城市不仅需要着力发展城市的金融、经济，更需要发展一系列的配套产业以支撑并服务金融、经济的发展，以及加大 R&D 投入和吸引各行业的人才来保证金融、经济具备持续发展的潜力。同时，根据"上海2035"，上海建设的卓越的全球城市不仅以卓越的金融、经济发展为目标，也是一座卓越的具有人文气息的全球城市。因此，GPCI 对城市的评估对上海建设卓越的全球城市具有重要的指导意义。

二 "上海2035"目标[①]

"上海2035"提出上海在 2035 年要"基本建成卓越的全球城市，令人向往的创新之城、人文之城、生态之城，具有世界影响力的社会主义现代化国际大都市"。在这个总目标下，"上海2035"可分为三个分目标，即建设"创新之城"，建设"人文之城"和建设"生态之城"。

为建设创新之城，上海要坚持功能领先、区域一体的发展理念，努力提升全球城市核心功能，追求枢纽门户地位的稳步提升，实现交通服务能力不断优化，促进就业创业环境快速形成。具体地说，为实现这些目标，"上海2035"指出，在 2035 年上海的 R&D 支出要占全市地区生产总值（GDP）的5.5%，金融业增加值占上海市 GDP 的 18%，年入境境外旅客总量达到1400 万人次，产业基地内用于先进制造业发展的工业用地不低于 150 平方公里；出入境客流比例达到 38%，国际集装箱中转比例达到 13%，高速无线数据通信网络覆盖率达到 100%；基本实现对 10 万人以上的新市镇轨道交通站点的全覆盖，中心城平均通勤时间不超过 40 分钟；创新群体占就业人口的比例大幅增加，新增住房中政府机构和企业持有的租赁性住房比例达到 20%。

为建设人文之城，上海要坚持开放包容、以人为本的发展理念，努力构

[①] 本部分涉及"上海2035"目标的内容参考上海市人民政府《上海市城市总体规划（2017 – 2035 年）》，2018。

建多元融合的 15 分钟社区生活圈（即社区公共服务设施 15 分钟步行可达），保护风格独特的历史遗产，塑造特色凸显的城乡风貌，同时培育兼收并蓄的文化氛围。从数据来看，2035 年上海社区公共服务设施 15 分钟步行可达覆盖率达到 99%，400 平方米以上的公园和广场等公共开放空间的 5 分钟步行可达覆盖率达到 90%；建成 2000 公里左右的骨干绿岛；文化类从业人员占就业总人口的比例达 10%。

为建设生态之城，上海要坚持生态优先、睿智增长的发展理念，积极应对气候变化，营造绿色开放的生态网络，建设科学全面的环保治理体系，形成稳定高效的综合防灾能力。具体来看，到 2035 年，上海要提高可再生能源占一次能源供应的比例，碳排放总量较 2025 年峰值下降 5%；建设用地总面积锁定在 3200 平方公里内，生态用地（含绿化广场用地）占陆域面积的比例不低于 60%，森林覆盖率达到 23%，人均公园绿地面积达到 13 平方米以上；细颗粒物（PM2.5）年均浓度控制在 25 微克/立方米左右，水（环境）功能区达标率达到 100%，实现原生垃圾零填埋；应急避难场所人均避难面积达到 2.0 平方米以上。

"上海 2035"中对于上海未来的发展模式尤其强调底线约束。在迈向卓越的全球城市过程中，由于资源约束，上海的发展模式必须守住人口规模、土地资源、生态环境、安全保障四个方面的底线。"上海 2035"指出，到 2035 年常住人口规模保持在 2500 万人左右，建设用地总规模不超过 3200 平方公里，保有耕地 180 万亩，永久基本农田保护在 150 万亩以上，单位 GDP 建设用地使用面积不大于 4.2 公顷/亿元。通过严守以上几个指标，在优化人口结构、提高土地利用率、锚固生态基底、保障生产安全和运行安全的基础上促进上海发展成为卓越的全球城市。

此外，在以"卓越的全球城市"为目标的发展过程中，上海不仅以自身发展为目标，也将积极响应"一带一路"、长江经济带、长江三角洲城市群①协同发展等国家战略并作为未来发展框架中的一个重要组成部分，争取

---

① 长江三角洲城市群包括上海、江苏、浙江、安徽共 26 个地级以上城市。

形成"网络化、多中心、组团式、集约型"的空间体系。对于上海来说，在成为世界城市网络中一个重要节点的同时，发挥作为都市圈中心城市的辐射带动作用是建设全球城市，尤其是卓越的全球城市的重要意义之一。如果只是孤立发展，而忽略与周边同城化都市圈的协同发展，不仅限制了上海自身的发展潜能，也不符合上海"长三角城市群的核心城市和'一带一路'建设桥头堡"的定位。

从上文阐述的"上海2035"的目标来看，比起 GaWC，GPCI 的指标更符合上海的发展目标，上海将从经济、研发、文化交流、宜居度、环境、便利度五个方面着力发展而不是仅关注经济领域。

三　上海建设卓越的全球城市现状

本文第一部分介绍了"全球城市"的概念及国际机构对上海城市发展的评估。国际机构也在总体上对上海的发展做了评估，在文章的这部分将针对上海的总体发展和第二部分中介绍的"上海2035"提出的目标从各个角度对上海目前的发展情况做一梳理。

1. 上海总体经济发展情况

根据上海市统计局的数据，2018 年上半年，上海 GDP 与上年同期相比增长了6.9%，其中第一产业下降了5.0%，第二、第三产业分别增长5.8%和7.4%，第一、第二、第三产业的产值分别为38.15 亿元、4758.03 亿元、10761.97 亿元。[①] 无论是从总量还是从增长率来看，经济上上海都更依赖第三产业，且这一情况仍有持续的趋势。特别的，在第三产业中，交通运输、仓储和邮政业的增长率为14.3%[②]，几乎是第三产业总体增长率的两倍；第二产业中，新能源汽车、生物、新一代信息技术等战略性新兴产业的增速较

---

① 上海市统计局：《2018 年上半年上海市生产总值》，http：//www. stats－sh. gov. cn/html/sjfb/201807/1002292. html，2018 年 7 月 18 日。

② 上海市统计局：《2018 年上半年上海市生产总值》，http：//www. stats－sh. gov. cn/html/sjfb/201807/1002292. html，2018 年 7 月 18 日。

快，2018年上半年增速分别达到29.6%、15.0%和14.2%①，远高于第二产业总体增长率。据统计，2018年上半年，上海全市固定资产投资总额较上年同期上升6.0%，外商直接投资较上年同期增长18.1%，商品销售总额较上年同期增长7.8%，全市居民人均可支配收入较上年同期实际增长7.5%，全市新增就业岗位比上年同期多3.51万个，登记失业人数较上年同期减少2.21万人②，这些数据都表明上海的经济处于有活力的状态，仍有继续增长的潜力。总的来说，2018年上半年上海经济发展稳中有进，新兴产业发展迅猛，上海经济结构（尤其是第二产业）正在向以具有创新力的新兴产业为主体转型。

2. "上海2035"分目标现状

如前文所述，"上海2035"对于建设创新之城、人文之城、生态之城提出了若干子目标。文章的这部分将根据上海在部分分目标上的发展现状简要分析上海在建设卓越的全球城市时需要着重注意的方面。

如图1所示，2013年至2017年的五年中，上海用于R&D的经费支出占上海市GDP的比重逐年上升，2013年为3.49%，2017年达到3.78%，平均每年以0.0725%的速度在增加。如果往后的年份上海R&D支出占GDP的比重继续以这个速度增加，在2035年将达到5.085%，大约恰好能够达到"上海2035"设定的5.5%的目标，因此上海在R&D经费支出方面至少需要保持目前的增速才能够达成目标。

据上海市统计局统计，2018年上半年上海金融业增加值占GDP的18.75%，而"上海2035"要求2035年金融业占上海GDP的比重达到18%左右，这意味着在这一点上上海已经达到目标。但是，就目前来看，金融业增长的速度没有上海经济总体增长的速度快（2018年上半年上海金融业增长率为5.2%，GDP增长率为6.9%），因此在未来的发展阶段中，上海需

①　上海市统计局：《上半年本市工业数据解读》，http://www.stats-sh.gov.cn/html/sjfb/201807/1002318.html，2018年7月24日。

②　上海市统计局：《2018年上半年上海市国民经济运行情况》，http://www.stats-sh.gov.cn/html/sjfb/201807/1002288.html，2018年7月17日。

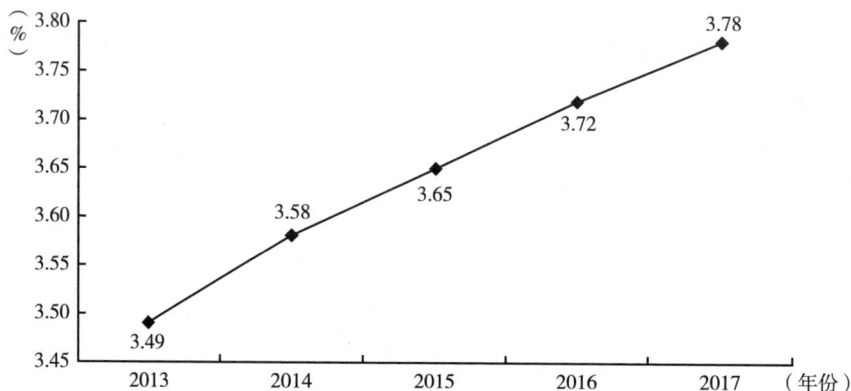

图1　2013~2017年上海市R&D经费支出占GDP的比重

资料来源：上海市统计局。

要改善金融业的结构，为金融业注入新的增长动力以保持金融业的增长势头。

"上海2035"将"年入境境外旅客总量达到1400万人次左右"作为上海2035年需要达到的目标之一，即平均每月有116.67万人次左右的境外旅客到沪旅游。2018年1月至8月，上海国际旅游入境人数达到571.87万人次，平均每月境外入境游客约71.48万人次。如图2所示，在过去的约6年中，上海国际旅游入境人数增长率波动较大，2013年较2012年入境游客人数甚至有所下降，这表明上海对外来游客的吸引力仍需加强，要做到这一点上海需要继续塑造城市文化品牌，扩大文化影响力。

为了塑造城市文化品牌，激发社会文化活力，扩大文化影响力，"上海2035"提出，到2035年文化类从业人员占就业总人口的比例要达到10%左右。根据《上海统计年鉴2017》，2016年上海文化、体育和娱乐业从业人员占全社会各行业从业人员约0.84%，距2035年达到10%的目标仍有一定差距。

上海不仅在文化建设上需进一步加强，在环境治理上也仍道阻且长。如前文所述，"上海2035"提出到2035年上海的碳排放总量较2025年峰值下

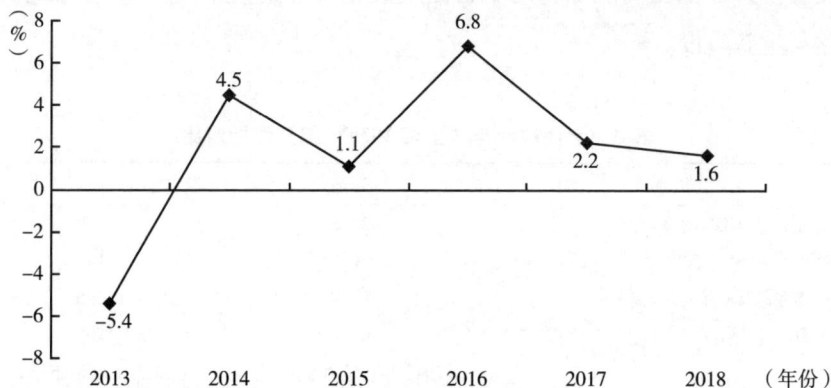

图 2　2013～2018 年国际旅游入境人数增长率

注：其中 2018 年为 1～8 月与上年同比增长率。

资料来源：上海市统计局。

降 5%。然而，黄蕊等①及常征和潘克西②的研究都表明上海可能在 2040 年前后碳排放量才达到峰值，此前碳排放量有每年增加的趋势。因此，上海亟须改善自身的发展模式，包括经济发展模式、居民生活方式等，如果上海继续以目前的方式发展，在碳排放上面临的减排压力将会越来越大。此外，在环境保护方面"上海 2035"也对森林覆盖率提出要求，即需达到 23% 左右。截至 2018 年 4 月，上海森林覆盖率达 16.2%，预计 2020 年覆盖率将达到 18%③，压力相对减排而言较轻。

表 3 总结了上海在 R&D、金融业等方面的发展现状与"上海 2035"在这几个方面的目标。通过对比发现，相对来说上海在经济建设方面的压力较小，比起发展更需要优化现有的经济结构和经济发展模式；在文化和生态建设上上海面临着不小的压力，在保持经济发展水平的基础上上海需要改变经

① 黄蕊、王铮、朱永彬等：《上海、北京和天津碳排放的比较》，《城市环境与城市生态》2012 年第 2 期。

② 常征、潘克西：《基于 LEAP 模型的上海长期能源消耗及碳排放分析》，《当代财经》2014 年第 1 期。

③ 《上海森林覆盖率达 16.2%》，《解放日报》2018 年 4 月 4 日。

济发展模式（如提高能源利用率、促进文化产业的发展等）以更好地协调文化与生态建设。

表 3　上海现状与"上海 2035"部分目标对比

类别	目前	"上海 2035"目标
R&D 支出占 GDP 比重(%)	3.78	5.5
金融业占 GDP 比重(%)	18.75	18
境外游客总量(万人次/月)	71.48	116.67
文化类从业人员占总就业人口比重(%)	0.84	10
碳排放	2040 年左右达到峰值	较 2025 年峰值下降 5%
森林覆盖率(%)	16.2	23

四　上海建设卓越的全球城市总结与展望

历史上，上海共发布过四版城市总体规划，分别为 1949 年上海市都市计划、1959 版上海城市总体规划、1986 版上海城市总体规划和 2001 版上海城市总体规划，其中 1986 版和 2001 版得到了国务院的批复同意。1949 年上海市都市计划确定上海为全国最大的工商业中心之一和中国与国际的金融中心[①]，其"卫星城"和"环城绿带"的设计思路为上海今后的地理布局奠定了基础。1956 版上海城市总体规划将"工业进一步向高、精、大、尖的方向发展，不断提高劳动生产率，使上海在生产、文化、科学、艺术等方面建设成为世界上最先进美丽的城市之一"作为上海的发展目标[②]，在发展工业的基础上继续加强卫星城镇的建设。1986 版总规是上海第一个经过国务院批准的总体规划，这次规划将上海的城市性质定位为"我国的经济中心之一，是重要的国际港口城市"，同时国务院批复上海为"我国最重要的工业基地之一""我国最大的港口和重要的经济、科技、贸易、信息和文化

---

① "上海 2035"，https：//www.supdri.com/2035/index.php? c = channel&molds = oper&id = 1。

② "上海 2035"，https：//www.supdri.com/2035/index.php? c = channel&molds = oper&id = 3。

中心""应当把上海建设成为太平洋西岸最大的经济和贸易中心之一",此外,这次总规也开始强调每个卫星城的城市功能①。2001 年国务院原则批复同意了 2001 版上海城市总规。2001 版总规的目标年限是到 2020 年,在这一时期上海开始不再专注第二产业的发展,经济结构逐渐从第二产业为主转向第三产业为主。2001 版总规中国务院明确"上海是我国重要的经济中心和航运中心,国家历史文化名城",且提出上海要"建成社会主义现代化国际大都市,国际经济、金融、贸易、航运中心之一"②。

历次的上海城市总体规划中,国家和上海市政府对上海的定位从国内工业基地逐渐变成国际大都市和国际经济、金融、贸易、航运四个中心,但建设上海这座城市的重心始终放在经济领域。"上海 2035",即上海正在经历的 2017 版总规,却不甚强调大力发展经济,而主要关注创新、人文、生态的建设。经过前四次总规,上海已经过了大力发展经济的阶段,经济基础已打好,剩下的是改善经济结构以增强经济发展的潜力,以免后继乏力,要做到这一点创新必不可少,且这里的创新不仅指技术进步(包括资本技术进步和人力资本技术进步)等生产层面的创新,也包括制度、理念等意识形态上的创新。在前几次规划中,国家对上海的定位主要在于以经济为代表的四个中心,虽然也提出要厚植上海这座城市的文化底蕴及注意生态平衡,但最重要的目标和实际行动仍放在经济建设上。现如今,上海的经济建设已从快速发展阶段步入稳步发展阶段,经济基础既已基本建设好,也就是时候建设人文等上层建筑以及打造适宜市民居住的生态宜居之城。建设卓越的全球城市,令人向往的创新之城、人文之城、生态之城,也要求上海承担在更高层次代表国家参与国际竞争的历史责任。③

如前文所述,无论是 GaWC 的研究,GPCI 对全球主要城市在各指标上的排名,还是上海现状与"上海 2035"的对比,都显示出上海在软实力上的欠缺。虽然各类分析都得出上海的经济或金融发展、便利度(主要通过

---

① "上海 2035", https：//www. supdri. com/2035/index. php？c = channel&molds = oper&id =4。

② "上海 2035", https：//www. supdri. com/2035/index. php？c = channel&molds = oper&id =5。

③ 沈开艳:《上海如何迈向卓越全球城市》,《社会科学报》2018 年 5 月 10 日。

交通基础设施反映）等硬指标上都已处于国际一流的水平，但在创新、文化、生态等软实力上却处于相对落后的水平，这也是上海建设卓越的全球城市需要重点攻克的短板。

尽管上海在经济上已经取得了一定成绩，在全国各城市中处于领先地位，但较世界最发达的城市（伦敦、纽约、巴黎、东京等）仍有差距，在金融领域的影响力依然需要扩大，创新以提高经济发展效率是缩小差距的一个重要手段。创新需要吸引足够多的各行业人才，以及能够支撑这些人才从事创新活动的其他行业从业人员，而要吸引各行各业的劳动力则需要上海这座城市有足以满足这些人员需求的基础设施，包括交通、医疗、教育等方面的基础设施。对于一座城市来说，打造成为创新之城不仅需要鼓励"创新"这一项活动，更需要建立起包含"创新"的一整条活动链来支撑并服务创新活动。因此对于上海来说，建设创新之城不可避免地要建立起一条完整的活动链或者说价值链来为创新创造条件。

土地等不可再生资源是有限的，而建设卓越的全球城市难免要开发更多的土地，这给上海的进一步发展带来了挑战。目前，上海土地的开发强度已超过50%，远高于其他全球城市，其中法国大巴黎地区的开发强度为21%，英国大伦敦地区为23.7%，日本东京都市圈为29%；同时，上海各地区的土地容积率却普遍较低，即使是基础设施较完善的浦东金桥开发区平均容积率也仅有0.7①。在未来，上海在继续发展经济、建设人文社区、保护生态环境的过程中不可避免地需要继续扩大建设用地，提高开发强度，但最终现有土地将无法满足需求，而提高容积率能够较好地缓解这一问题。虽然过高的容积率可能会导致城市拥挤不堪，但合理规划每一个区域的功能划分可以有效地避免容积率过高带来的过度拥挤。为了建设成一座卓越的全球城市，上海需要达成的目标之一就是打造宜居、宜业、宜学、宜游的社区（即上文提到的15分钟社区生活圈），在土地有限的情况下提高土地容积率，在同一区域内融入多种功能是必要的。

---

① 左学金：《提高上海土地容积率》，《文汇报》2012年1月16日。

　　建设更可持续的生态之城可以认为是依托于建设创新之城与人文之城的。科技方面的创新为构建清洁低碳、安全高效的能源体系提供了条件。在全社会推广低碳环保的生产生活方式要求这样的生产生活方式低成本且简单易用，否则难以在全社会推广开来，而要做到这一点唯有靠创新。除此之外，合理地规划城市空间布局（如使各功能区间的通勤可利用公共交通完成）和建筑布局（如完善雨水排水体系）也有助于建设可持续发展的生态之城。事实上，上海建设卓越的全球城市的三个分目标——建设创新之城、人文之城、生态之城之间并不独立，实现其中一个目标的过程往往对其他两个目标也有影响。

　　全球城市是全球城市网络中最基本也是最重要的节点，而卓越的全球城市则是这些重要节点中影响力最大的城市。在建设卓越的全球城市方面上海依然存在许多不足，尤其是在人文建设和生态建设上与其他全球城市有一定差距。迈向卓越的全球城市，上海仍需要在多方面进行战略思考，补足自身的建设短板。

B.12
新时代下上海高端制造业发展研究

雷新军　邓立丽　胡竞媛*

摘　要： 高端制造业是产业价值链的高端和先进技术的体现，是"中国制造2025"等国家战略的实践，是全球竞争的焦点，也是上海制造业转型发展的核心，并逐渐成为上海智造、品牌制造的象征。随着国内外环境的发展变化和上海城市功能的优化，上海高端制造业必须从现状、未来和大局（全国乃全球）三个维度综合、系统思考，抓住国内深化改革、"中国制造2025"以及上海"科创中心"建设等战略机遇，顺应全球科技创新的新趋势，从供给侧改革、产业开发、人才、载体等方面形成创新驱动、融合发展的高端制造业发展模式。

关键词： 上海　新时代　高端制造业

　　上海"十三五"发展规划明确提出"上海制造业占全市生产总值比重要保持在25%左右"。这是上海近年来第一次对制造业增加值的比重提出明确要求。在土地稀缺、成本上涨等约束下，要完成这一目标，必须发展具有高附加值、高技术含量、高全要素生产率的高端制造业。上海市市长应勇强

---

　　* 雷新军，经济学博士，上海社会科学院经济研究所副研究员，主要研究方向为产业经济、创新经济；邓立丽，理学硕士，上海社会科学院经济研究所助理研究员，主要研究方向为区域经济、能源交通；胡竞媛，上海社会科学院经济研究所硕士研究生。

调"上海不是不要制造业，而是要高端制造业、先进制造业和战略性新兴产业"。近40年来，上海借鉴国际工业化发展经验，紧跟国际产业发展前沿，在工业化发展阶段转换中率先转型升级，形成了"上海制造"的战略优势，也为上海大力发展高端制造业奠定了基础。

一 上海高端制造业的阶段判断与现状特征

从行业的角度讲，高端制造业主要是指制造业创新发展中新出现的具有高技术含量、高附加值、强竞争力的行业；从所处产业链的环节上讲，高端制造业处于某个产业链的高端环节。[1] 高端制造业依靠的是高新技术和高端装备的竞争优势，具有技术和知识密集、附加值高、成长性好、关键性强、带动性大的特点，是制造业发展的必然过程。高端制造业涵盖面广、内涵丰富，为直观分析上海高端制造业特征，本文仅以高端装备制造业为例进行研究分析。

（一）上海高端装备制造业现状特征

高端装备制造业是上海五大重点发展的产业之一，经过长期的调整与发展，进入了一个由量向质的转型发展新阶段，已成为上海制造业转型发展的核心，也逐渐成为上海智造、品牌制造的象征。

1. 上海高端制造业整体保持平稳发展，新兴装备领域保持快速增长态势

2017年上海装备制造业规模以上工业企业[2]总产值达到19342.7亿元，同比增长9.8%，占全市规模以上工业总产值的比重达56.9%，同比提升0.1个百分点，其中，专用设备制造业、汽车制造业和仪器仪表制造业的增长速度超过12.0%（见表1）。同时从战略性新兴产业（制造业部分）来看，2017年实现工业总产值10465.9亿元，同比增长5.7%，占全市规模以

---

① 冯庆艳：《构建"北京副中心"》，《中国经济和信息化》2012年第10期。
② 规模以上工业企业，即年主营业务收入2000万元及以上的法人工业企业。

上工业总产值的比重达 30.8%，同比提升 4.1 个百分点，其中新能源汽车的增长速度超过 40.0%，高达 42.6%，节能环保、新一代信息技术的增速超过 7.0%（见表 2）。

表 1　2017 年上海装备制造业发展状况

单位：亿元，%

类别	数额	增长
通用设备制造业	2527.6	3.1
专用设备制造业	1351.6	22.4
汽车制造业	6774.3	15.8
铁路、船舶、航空航天和其他运输设备制造业	707.1	−6.4
电气机械和器材制造业	2147.9	5.7
计算机、通信和其他电子设备制造业	5446.9	7.2
仪器仪表制造业	387.2	12.2
装备制造业总计	19342.7	9.8

资料来源：上海市统计局网站。

表 2　2017 年战略性新兴产业（制造业部分）发展状况

单位：亿元，%

类别	数额	增长
工业总产值	10465.9	5.7
新能源	337.8	2.9
其中:智能电网	148.0	4.0
高端装备	2388.8	3.1
生物医药	1067.3	6.9
新一代信息技术	3655.6	7.3
其中:云计算	172.0	−9.8
物联网	624.1	0.8
新材料	2448.5	3.2
新能源汽车	232.4	42.6
节能环保	567.4	7.4

注：战略性新兴产业各子产业之间存在重复，计算总数时剔除重复部分，与各子产业相加不等。
资料来源：上海市统计局网站。

2. 上海高端制造业一批重大项目取得进展，亮点显现

体现上海高端制造业的大型客机、商用发动机、集成电路、新型显示、燃气轮机、海洋工程装备等领域的一批重大项目取得了突破性进展。C919大型客机总装下线和试飞，ARJ21飞机商业运营；华力微电子12英寸生产线项目达产验收；大硅片项目、硅材料集团项目启动，"1213"重大专项有所推进，辉光电4.5代AMOLED项目投产，上海天马5.5代AMOLED项目试生产；重型燃气轮机试验基地（宝山罗泾）开工建设；世界首制17.2万立方米薄膜型液化天然气船（LNG船）、国内最大18000标准箱（TEU）集装箱船等高端船型交付，外高桥船厂签订国内首艘豪华邮轮订单等一批重大项目的进展不仅成为上海高端制造业的亮点，也为上海高端制造业整体的发展以及上海高端制造业在全国的地位奠定了坚实的基础。相关数据如表3所示。

表3　2016年上海主要高端制造业产品产量及全国地位

类别	汽车（万辆）	#轿车（万辆）	发电机组（万千瓦）	集成电路（亿块）	微型计算机设备（万台）
全国	2812	1211	13120	1318	29009
上海	261	207	2561	228	3084
上海占全国份额(%)	9.3	17.1	19.5	17.3	10.6
全国排名	第3名，广东、重庆居前2位	第1名	第2名，四川第1名	第2名，江苏第1名	第5名，重庆、四川、江苏和广东居前4名

资料来源：根据《中国统计年鉴》整理而成。

3. 智能制造取得的效果显著，支撑上海高端制造业的发展

2015年以来，国家机器人检测与评定中心总部、国家机器人质量监督检验中心等国家级平台的落户以及上海智能制造系统创新中心、上海智能制造研究院等平台的建设，进一步完善了上海智能制造的发展环境。同时，2015～2016年上海工业自动化仪表研究院、上海电器科学研究所（集团）有限公司、上海振华重工（集团）股份有限公司、上海船舶工艺研究所等9家科研院所和企业在智能制造综合标准化与新模式应用方面取得的效果显

著，获得国家智能制造专项支持（见表 4）；宝山钢铁、天地科技、中国商用飞机、上海海立股份等企业通过智能制造，在提高生产效率、产品质量，降低运营成本等方面取得了明显成效，获得国家智能制造试点示范项目支持（见表 5）。上海不仅在国家智能制造专项支持项目和国家智能制造试点示范项目数量方面居全国前茅，还在船舶、海洋工程装备、电力装备等领域参与并制定了一批国家智能制造标准。①

表 4　获取国家智能制造专项支持项目名单

序号	年度	项目名称	承担单位
1	2015	智能工厂（车间）通用技术标准与试验验证	上海工业自动化仪表研究院
2	2015	电力装备智能制造关键应用标准研究及试验验证	上海工业自动化仪表研究院
3	2015	智能制造工业云、大数据标准试验验证	上海工业自动化仪表研究院
4	2015	用户端电器元件智能制造设备标准与试验验证系统研究	上海电器科学研究所（集团）有限公司
5	2015	海洋工程装备智能制造综合标准化试验验证	上海振华重工（集团）股份有限公司
6	2015	海洋工程装备及高技术船舶智能制造综合标准化试验验证研究	上海船舶工艺研究所
7	2015	电力装备（火电、核电）大型汽轮发电机智能工厂	上海电气电站设备有限公司
8	2015	兰宝智能传感器制造数字化车间	上海兰宝传感科技股份有限公司
9	2015	商用航空发动机总装智能装备新模式	上海中航商用航空发动机制造有限责任公司

资料来源：上海市经济和信息化委员会技术进步处提供。

4. 促进合作交流，产业开放发展步伐加快

近年来，上海与国际一流的跨国装备企业加强在新能源、民用航空、船舶及海洋工程、智能制造及机器人等领域的合资合作，通过"引进来"和"走出去"，有效利用国际产业资源，促进高端制造业发展。在推动高端制

① 《上海市经济信息化委关于印发〈上海促进高端装备制造业发展"十三五"规划〉的通知》，上海市经济和信息化委员会网站，2017 年 2 月 23 日。

表5 2015～2016 年获得国家智能制造试点示范项目支持名单

序号	年度	项目名称	承担单位
1	2015	钢铁热轧智能车间试点示范	宝山钢铁股份有限公司
2	2015	智能煤炭综采装备试点示范	天地科技股份有限公司
3	2015	智能网联汽车试点示范	上海国际汽车城(集团)有限公司
4	2016	C919 飞机网络协同制造试点示范	中国商用飞机有限责任公司
5	2016	空调压缩机智能制造试点示范	上海海立(集团)股份有限公司
6	2016	物联网模块智能制造试点示范	上海晨兴希姆通电子科技有限公司
7	2016	彩色滤光片智能车间试点示范	上海仪电显示材料有限公司

资料来源：上海市经济和信息化委员会技术进步处提供。

造龙头企业以海外并购等形式，充分依托国外先进技术、品牌、高端人才等创新资源，提升效率与质量，缩小差距的同时，积极鼓励和引导优势产业、企业抢抓"一带一路"机遇，加快"走出去"步伐，拓展海外市场。

（二）上海发展高端制造业的两个基本判断

1. 发展高端制造业的要素支撑条件好

从国内城市发展水平来看，上海发展高端制造业的要素条件较好，制造业基础雄厚、产业组织完善、产业人才丰富、制度环境优良（见表6）。然而与纽约、东京等世界城市相比，上海高端制造业优势并不突出，尚未形成在制造业分工中的主导权，依然缺乏影响力、引领力，发达国家依然占据制造业发展的高端领域和环节，新时代背景下，上海唯有依托自身基础和长三角腹地在转型升级中形成中高端制造优势，在两化深度融合的基础上重构产业分工体系，推动产业竞争制高点工业互联网的标准体系转变。

2. 上海高端制造业的发展空间

2017 年，上海实现规模以上工业生产总值 33989.4 亿元，增长 6.8%[①]，

[①] 资料来源：《2017 年上海市国民经济运行情况》，上海市统计局网站，http：//www. stats-sh. gov. cn/html/xwdt/201801/1001501. html。

表6 发展高端制造业的要素支撑条件

要素支撑	特点	案例
产业基础	制造业基础好、起点高、产业链完备；转型升级压力大	装备、汽车、钢铁、石化和生物、医药六大重点产业；新一代信息技术、智能制造装备、生物医药与高端医疗器械、新能源与智能网联汽车、航空航天、海洋工程装备、高端能源装备、新材料、节能环保等战略性新兴产业
产业组织	从产品为中心的产业组织方式，向用户为中心的跨界融合型产业组织转变；产业组织多元化发展；产业集群加速成形	张江综合性国家科学中心；11个具有行业引领性的智能制造新模式应用示范项目列入国家智能制造试点示范名单；以大飞机C919为代表的民用航空产业集群
产业人才	从全国范围来看，上海制造业人才最多；从上海产业结构来看，汇聚人才最多的为先进制造、金融、互联网与软件行业；高端人才则更多聚集于外企	机械与自动化、国防与交通运输设备制造、新材料制造、新兴医疗制造四类人才比重全国第一；数字化人才比重全国第一；上海人才最为聚集的10家企业中，只有华为和宝钢集团两家中国企业；博士人才占比4.3%，远远低于慕尼黑的12.4%
制度环境	土地的集约化利用也得以加强；金融市场体系建设加强；政府服务企业意识不断增强	工业用地减量化背景下，不低于1/3的比例用于重点工业项目；金融中心建设；加强"放管服"改革，营造良好的营商环境

其中，制造业总产值为32445.2亿元，增长9.6%。从行业结构看，六个重点行业工业总产值23405.5亿元，比上年增长9.0%，增速同比提高9.1个百分点；战略性新兴产业实现制造业总产值10465.9亿元，增长5.7%。同时，上海制造业内部结构进一步优化，产业链的高端化和产业的高新技术化趋势更加凸显。

上海制造业经过改革开放以来的长期发展与结构调整，与东京、纽约、巴黎等国际大都市相比，不仅具有绝对规模优势（见图1），整体结构也具有相对比较优势（装备制造业比重相对较高），同时上海制造业在单位土地产出等产出效益方面还有很大潜力可挖。

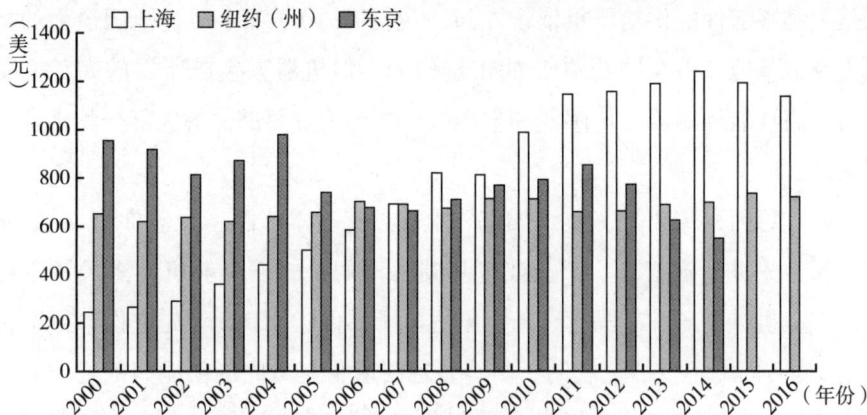

图1 上海、纽约、东京三大国际大都市制造业规模比较

资料来源：上海市统计局《上海统计年鉴》、日本总务省《县民经济计算》、美国商务部经济分析局网站。

二 上海高端制造业发展瓶颈

上海高端制造业伴随着上海城市功能转型和产业结构调整，在"十二五"以来创新驱动发展大浪潮中，取得了巨大进步，并形成了自身的发展特征和产业优势，但与工业发达国家相比，上海高端制造业还存在较大的差距。产生差距的原因是多方面的，既有产业发展的历史路径因素，也包括目前所处产业发展阶段的问题；既有上海自身发展问题，也有外部发展环境问题。从上海高端制造业发展的现状来看，土地和劳动力等产业发展要素资源的压力仍然是不可忽略的制约因素，但亟须突破的主要瓶颈是核心技术、关键零部件供给能力的不足以及产业高端复合型人才的不足等问题。

（一）高端装备供给能力不足，核心部件依赖外部

高端制造业特别是高端装备制造业虽然取得了长足进步，市场需求空间也在不断扩张，但在很多领域存在着供给能力不足的问题，也就是说目前上海高端制造业的供给能力还不能满足市场需求，供给能力瓶颈比较突出，特

别是关键零部件的供给严重依赖外部（包括海外）。如上海是全国最大的机器人制造基地，占全国约 40% 的市场份额，但机器人生产所需的高精密减速器、高性能控制器、传感器和末端执行器等关键零部件的大部分均需从外部购入。

究其原因，主要是工业"四基"［核心基础零部件（元器件）、关键基础材料、先进基础工艺、产业技术基础］薄弱，缺乏工业机器人关键零部件、工程机械高压柱塞马达、新型电力电子器件、MEMS 等先进设计制造技术。[①] 这一问题不仅严重制约了高端装备制造企业集成创新能力的提升，无法形成特色、形成竞争力，也导致部分高端装备制造企业沦为比较典型的"组装车间"。同时，一些主机和成套设备、整机产品陷入"空壳化"、患上"软骨病"也制约了高端制造业在产品精度、可靠性和生产效率方面的提升。

（二）高端制造企业核心技术缺乏，品牌影响力不够

近年，上海在高端制造领域突破了技术壁垒，涌现出一批创新型企业，有力地促进了上海高端制造业的发展。但整体而言，核心技术的缺乏仍然是制约高端制造业发展的主要瓶颈之一，主要表现在以下三个方面。

1. 高端制造业创新优势不强

2016 年上海战略性新兴产业发明专利申请公开量 1.5 万件，发明专利授权量 0.7 万件，同比分别增长 2.5% 和 23.8%。有效发明专利数量在全国各省份中居第 4 位，但与北京、广东等省份相比存在较大差距（见表 7）。此外，从全国各省份七大战略性新兴产业的比较优势来看，上海在新一代信息技术、高端装备制造、新能源和新材料四个领域具有相对比较优势，而战略性新兴产业整体的优势不明显。[②]

---

① 赵秋艳：《居安思危，装备制造业安全问题需关注》，《中国工业报》2017 年 6 月 20 日。
② 国家知识产权局规划发展司，以截至 2016 年拥有战略性新兴产业发明专利的全国 31 个省（区、市）为研究对象，分析其战略性新兴产业的相对优势指数的结果，参见《专利统计简报》2017 年第 11 期。

表7　2016年中国战略性新兴产业发明专利区域分布情况（前10位）

单位：万件

专利申请公开量		专利授权量		有效发明专利	
省份名称	件数	省份名称	件数	省份名称	件数
江苏	4.3	北京	1.6	北京	7.1
广东	3.6	广东	1.4	广东	6.4
北京	3.0	江苏	1.2	江苏	4.9
山东	2.9	山东	0.8	上海	3.2
安徽	2.5	上海	0.7	浙江	2.7
浙江	1.9	浙江	0.7	山东	2.5
上海	1.5	安徽	0.5	四川	1.3
四川	1.2	四川	0.3	安徽	1.3
广西	1.0	中国台湾	0.3	湖北	1.2
湖北	0.8	湖北	0.3	辽宁	1.1

资料来源：国家知识产权局规划发展司，《专利统计简报》2017年第11期。

2. 高端制造业引领型企业不多

截至2017年8月底，落户上海的跨国企业地区总部和总部型机构达610家，其中亚太区总部67家，外资研发中心达到416家。[①] 但上海缺乏引领型的大型企业，掌握创新资源的市场能力不足，带动行业整体创新的能力有待提升。在《财富》杂志发布的2017年世界500强排行榜中，中国（含香港，不包括台湾地区）有109家企业，而上海仅有8家企业进入榜单，与北京56家相比差距甚大；中国制造企业协会发布的2017年中国装备制造业100强榜单中，上海仅有7家企业（上海汽车、宝钢、环旭电子、双钱集团、外高桥造船、上海电气、中国龙工控股）上榜，也不及北京（12家）、浙江（12家）、山东（9家）、江苏（8家）和广东（8家）。

同时，上海也缺少引领型科技创新型企业。世界知识产权组织（WIPO）的数据显示，在2016年国际专利（PCT）申请世界前50家企业

---

① http://www.shanghai.gov.cn/nw2/nw2314/nw2315/nw4411/u21aw1257326.html.

中，中兴、华为、京东方、华星、阿里巴巴等5家中国企业进入了排行榜（见表8），3家企业总部在深圳，而上海无一家企业上榜。[①]

表8 国际专利申请世界前50家企业中的中国企业

单位：件

排序	公司名称	PCT申请量		
		2014年	2015年	2016年
1	ZTE CORPORATION	2179	2155	4123
2	HUAWEI TECHNOLOGIES CO.,LTD	3442	3898	3692
8	BOE TECHNOLOGY GROUP CO.,LTD	553	1227	1673
16	SHENZHEN CHINA STAR OPTOELECTRONICS TECHNOLOGY CO.,LTD	904	710	1163
34	ALIBABA GROUP HOLDING LIMITED	—	—	448

资料来源：http://www.wipo.int/ipstats/en/statistics/pct/。

3. 高端制造企业品牌影响力缺失

高端制造业特别是新兴领域高端制造企业，虽然发展迅速，但因核心技术的缺乏，不仅效益相对较低，也未能形成品牌效应。首先，从生产效益来看，目前上海高技术制造业的工业产值约占全市工业总产值的20.0%，但其利润却仅占10.0%左右。这是因为不少企业所属行业为高技术制造领域，因缺乏自有的核心技术，关键零部件等高附加值产品不得不依赖于外部，导致产值高、利润低的现象。其次，从高端制造企业品牌效应看，许多新型行业发展很快，但严重依赖外部的技术和品牌，未能形成自主品牌，对行业发展、产品市场的影响很有限。如机器人领域，Fanuc（发那科，日本）、KUKA（库卡，德国）、Yaskawa（安川，日本）、Comau（柯马，意大利）、NACHI（那智，日本）、EPSON（爱普生，日本）以及SIASUN（沈阳新松）等企业是上海机器人制造的领军者，也是全国十大工业机器人品牌企业。

---

① 雷新军、邓立丽：《供给侧改革视角下上海制造业转型升级路径探索》，《上海经济研究》2017年第7期。

（三）高端制造业高素质复合型人才严重不足

人才是企业发展和市场竞争力形成最为关键的因素之一，目前上海企业特别高端制造企业对人才需求的迫切性已超过资金需求，其也成为制约高端制造企业发展的主要瓶颈。企业对人才的需求是多样的，就高端制造业而言，存在高素质复合型人才严重不足的现象，主要反映在以下三个方面：①高素质复合型研发人才的不足。随着产业技术特别是新一代信息技术的进步和广泛应用，产业融合发展已成为必然趋势，这一趋势改变了以往企业对研发人才的要求，其迫切需要跨技术领域的复合型研发人才，以应对技术变化、市场变化。②高素质多技能产业工人的不足。产业融合、自动化和智能化生产线以及工厂的形成与发展等，改变了企业对产业工人的要求，其迫切需要高素质、熟练的多技能产业工人以应对自动化、智能化生产方式。③复合型管理人才的不足，特别在中小型高端制造企业中，这种人才的不足尤为突出。不少中小型高端制造企业因规模效应的限制，人才的重心偏向于技术层面，相对缺少人力资源、财务及市场等方面的管理人才，存在生产与管理、生产与市场脱节和不畅的现象，从而即使拥有好的产品和良好的市场前景，企业经营效益也并不理想，制约企业进一步发展的困境。

三　上海高端制造业发展的对策思考

上海发展高端制造业是新时期产业转型升级的使命，也是上海建设具有全球影响力的科创中心、贯彻实施"中国制造2025"战略的重要支撑。已出台的《上海市制造业转型升级"十三五"规划》和《上海促进高端装备制造业发展"十三五"规划》，明确了上海高端制造业的发展方向和目标。本课题组根据前面的分析，结合"十三五"规划内容，针对如何破除制约上海高端制造业发展的瓶颈，应对全球竞争，提出以下对策思考。

（一）上海高端制造业的功能定位

上海是一座全球化国际大都市，是中国最具有影响力的经济中心，也是一座拥有悠久历史和相对完整的工业体系、规模最大、水平先进的中国制造业中心城市，上海如何发展高端制造业，须从上海城市功能、国家战略、制造业未来发展趋势等多维的角度来思考其定位，其应具备以下三个功能。

1. 研发创新的功能

其应体现国内外产业技术发展的新趋势，具有较强的研发创新功能和新技术产业化功能。上海有较强的研发基础和创新能力，大学、科研机构及企业研发创新中心等各种研发创新机构相对集聚，同时相对完善的城市基础设施、规范的营商环境、突出的区位优势以及完善的金融等市场体系，能为研发创新资源集聚、新技术产业化提供有力支撑。未来，上海高端制造业应充分利用这些优势条件，进一步提升研发创新能力，使上海成为中国高端制造业的研发创新中心。

2. 高端产品、核心产品的生产供应功能

应在战略性新兴产业领域、关键零配件等方面，具有一定规模的生产能力或供应能力，具备一定的市场话语权、定价权。上海曾是中国最大、产业体系最完整的制造基地，也是中国制造业的领头羊、先行者。在改革开放的进程中，随着国家对上海城市功能定位的调整，上海作为全国制造基地、工业中心的功能被弱化，但在制造业转型发展过程中，上海大力发展和培育出一批先进制造业领域和一批具有发展前景的战略性新兴产业领域。未来上海高端制造业的发展，应进一步发挥市场和政府两种力量，在一些具有产业优势和创新优势的高端制造领域，提升其产业资源配置能力和市场控制能力，增强高端产品、核心产品的生产供应能力和品牌影响力。

3. 应用示范和服务功能（技术传播功能）

其包括新技术应用示范，具备为长三角城市群以及全国服务的能力。上海制造业受土地等资源的制约，发展空间有限。应用示范和服务功能，或者说技术传播功能的培育和壮大是未来上海制造业突破发展空间制约的一条重要途径。上海应进行研发创新，通过新产品的应用与示范，拓展市场需求，引领国内高端制造业发展，提升中国高端制造业全环竞争力。

（二）上海高端制造业的发展方向

基于上海制造业发展外部环境和自身条件的变化，以及新时期上海制造业的功能定位，在科创中心、金融中心、贸易中心、现代服务业等目标的引领下，未来上海制造业创新发展应着重体现在高端化、智能化和平台化等方面，探索一条上海高端制造业发展新模式，提升制造业的国际竞争能力。

1. 突出高端化，提升核心竞争力

上海制造业的发展要聚焦重点领域、重点环节，突出制造业的高端化，增强核心竞争力。高端化即聚焦制造业产业价值链的高端化、技术的先进性及关键性。要通过创新驱动、品牌引领推进制造业集约高效发展；要大力弘扬工匠和企业家精神，培育和发展一批具有国际竞争力的上海本土企业、拥有自主知识产权的品牌和产品，提升上海制造业的核心竞争力。

2. 推进产业融合，提升智能制造水平

产业融合发展是上海推动高端制造业发展的有力支撑和重要路径。要推动制造业与新一代信息技术深度融合，通过产业融合和技术创新，加快推进装备制造业的智能化升级，以数字化、网络化、智能化、柔性化的生产方式，全面提升上海制造业重点行业领域和企业的智能制造水平。

3. 完善平台化服务，促进协同创新

随着全环竞争的加剧，高端制造业的竞争成为焦点。搭建一批产业技术创新公共服务平台，促进企业创新，提升企业核心竞争力，是上海发展高端制造业、完善创新环境的重要途径。围绕试验验证、计量检测、认证认可、标准制（修）订等高端制造业发展所需的技术基础支撑，进一步创建和完善一批产业技术创新公共服务平台，并尽快形成平台服务能力。同时，大力培育和发展一批国内领先、具有国际影响力的高端制造企业技术中心，进一步完善和发挥国家级重点实验室、工程实验室、工程技术中心、工程技术研究中心的作用，形成高水平、有特色的高端制造业协同创新网络。

（三）对策建议

面对上海高端制造业发展的瓶颈，需要从现状、未来和大局（全国乃全球）三个维度综合、系统思考，抓住国内深化改革、"中国制造2025"以及上海"科创中心"建设等战略机遇，顺应全球科技创新的新趋势，从以下几个方面寻求突破。

1. 深化供给侧结构性改革，培育和壮大高端制造业的市场主体

上海高端制造业具备发展基础和提升空间，但自身缺乏关键性核心零部件的供应能力，制约了高端制造业整体的集成创新、效益、质量。针对这一问题，应着重在高端制造业市场主体方面寻求突破。

①聚焦顶层设计，从产业融合发展的视角，积极探索有利于高端制造业发展的体制机制。通过深化供给侧改革，从制造业长远发展和产业融合发展的视角，推动行业管理体制机制的创新，积极探索并构建有利于制造业创新发展的综合统一的行政管理机制和行业部门之间高度融合协调的工作机制，消除分头管理、各自为政的现象，优化高端制造业发展的制度环境，促进企业在技术、生产模式、服务模式等方面的创新。管理体制改革，可借鉴日本、韩国的经验，结合中国的国情和上海的实际，积极展开。

②进一步推进国企改革，释放和激活创新要素，优化高端制造业的市场竞争环境。国企改革的核心是回归本位、做强，通过国企改革，重塑国企与民企、大企业与中小企业的市场关系，形成相互竞争、相互协调的新局面。调整国企的功能定位，打破其行业垄断地位，引入市场机制，在一些关键性、基础性的高端制造领域，发挥其创新服务、创新引领和需求带动作用，成为行业创新发展的发动机和助推器。20世纪80年代主要发达国家在推进供给侧结构性改革过程中，实施的国营事业部门民营化改革经验具有可参考的价值，如日本的国营企业改革经验。

③大力培育中小型制造企业，壮大高端制造业的市场主体。发达国家的

经验表明，制造业的强与弱，与其中小企业发展水平有着密不可分的关联，中小企业强则制造业强。中小企业是新技术运用的领先者和科技成果产业化的主力军。决策部门要充分发挥中小企业的创新活力，通过政策引导开放政府、国企的创新资源，大力推动企业创新发展。同时，还要加大中小企业对前沿创新领域的技术引进力度，提升其技术消化吸收再创新能力。

2. 大力促进资源整合、资源共享、产学研合作，提升高端制造业创新能力①

产业的融合发展、协同创新是互联网时代表现出来的必然趋势，强化协同创新有利于发挥上海自身拥有的高端制造业创新发展资源优势，更有效地促进各创新主体的创新活动。针对上海高端制造业的创新能力问题，应侧重在创新资源的整合和共享、产学研合作等方面寻求突破。

①积极开放政府资源，促进资源共享。紧抓大数据时代产业融合发展的机遇，大力开放各种科技数据资源，如设计创新中心、大学科技园、科技企业孵化器、工程中心和重点实验室等的数据，使这些数据能与各类创新主体直接对接联合，释放数据价值。

②加强产学研合作。推动大学、科研机构、企业研发中心以及科技服务机构等创新主体的合作与交流，打造提升一批具有影响力、可发挥协同创新功能的产业创新联盟。

③完善创新成果产业化的评价体系和激励机制。加强技术和产权交易所、科技孵化器、创业中心等科技创新中介服务组织的建设，促进科技创新成果转化，形成全方位、多层次和市场化的科技创新中介服务体系，实现科技创新与产业协同发展的局面。②

3. 加大开放力度，提升高端制造业整体创新发展水平

新时期，上海要紧紧抓住全球及国内发展环境变化的大势，充分发挥上海自身的区位优势与市场优势，通过产业和人才开放，在全国乃至全球市场中寻求高端制造业创新发展的新突破。

---

① 邓立丽：《供给侧改革与上海制造业发展》，《江南论坛》2016年第4期。
② 谢群慧：《浦东当先：科技引领　创新驱动——浦东探索成为上海建设全球科技创新中心核心功能区之路》，《浦东开发》2014 年第 10 期。

①积极对接国家"一带一路"建设，通过实施"引进来"与"走出去"相结合的产业开放战术，积极引进国内外具有带领性的整机总成型高端装备制造项目，引导全球知名跨国企业和国内的中央企业、民营大企业等总部或区域总部、研发中心、营销中心落户上海；大力支持鼓励本土企业走向国际市场，特别是鼓励高端装备制造企业通过 BOT、BT、PPP 等多种投融资方式积极承接海外工程业务，通过工程建设充分带动高端制造业的出口。

②探索完善高端制造领域的军民融合机制，加快军工高新技术溢出、成果转化和产业化。

4. 完善产业人才机制，建设高端制造业创新发展的人才高地

人才特别是高素质复合型产业人才是推动高端制造业创新发展的关键，上海须在产业人才机制方面寻求突破。

①聚焦重点，优化人才开发政策。对接上海高端制造业发展的重点领域，紧抓全球产业技术发展的趋势，积极吸引国内外高端制造业领域的领军人物、创业团队来沪发展。同时，着眼于上海高端制造企业发展面临人才短缺的实际情况，着力自主培养和引进一批具有高技能和丰富经验的"蓝领"高端制造业工人。

②完善并落实居住证、医疗、社保、子女教育等相关人才配套政策，营造完善的留人环境。

③强化产业人才载体建设。进一步加强重点实验室、工程技术中心、博士后流动站等高层次创新人才载体建设，为高层次人才提供更优质的创新服务和舒适的创新活动空间；大力推进高端制造业实训基地建设，为产业工人的技能提升创造更多机会。

5. 加强高端制造业载体建设，发挥集聚辐射和示范带动作用

积极对接"中国制造 2025"，推进上海科创中心建设，上海高端制造业的发展需要从集聚辐射和示范带动两个方面寻求突破。

①加强高端制造业基地建设，强化产业集聚发展的效应。对接"中国制造 2025"，结合上海科创中心建设，根据上海高端制造业发展的实际情

况，着力打造一批具有带动作用的产业基地。如以数控加工、集成电路及专用装备、新能源装备、机器人、民用航空等为重点的智能制造基地；以大型客机三大中心（研发、总装、客服）、发动机研发及装试、民机航电产业化为重点的航空产业基地；以高端医疗装备、新能源、智能电网、智能传感及仪器仪表、关键机械基础件等领域为重点的特色产业基地。①

②推进新技术、新产品的展示、体验、推广载体建设，促进新技术、新产品的推广与应用，培育相关服务机构，开拓新市场。

---

① 《上海市经济信息化委关于印发〈上海促进高端装备制造业发展"十三五"规划〉的通知》。

B.13
上海降低制度性交易成本的探索和实践

沈开艳　彭　辉　卢逸迪*

摘　要： 随着中国经济进入新常态，降低制度性交易成本成为推进供
给侧结构性改革的重点。上海市正面临逐渐向创新驱动过渡
和转型的关键节点，一方面负担着"率先转变经济发展方
式"的重任，另一方面也面临由于制度性交易成本过高而影
响企业创新转型的问题。笔者将在本文中首先对交易成本相
关理论尤其是制度性交易成本理论进行阐释，在此基础上梳
理出降低交易成本的思路，结合上海降低制度性交易成本的
实践，探求进一步降低制度性交易成本的途径。

关键词： 制度性交易成本　三去一降一补　简政放权　事中事后监管

一　问题的提出

目前，国际上公认的评价营商环境的权威工具是世界银行每年发布的
《全球营商环境报告》。该报告分析的营商环境范围覆盖全世界 189 个经济体，
从以下十个角度对这些经济体进行评价：开办企业、办理施工许可证、获得
电力、登记财产、获得信贷、保护少数投资者、纳税、跨境贸易、执行合同、

* 沈开艳，经济学博士，上海社会科学院经济研究所所长，研究员，主要研究方向为政治经济
学、宏观经济理论与实践、中国经济改革与发展、印度经济等；彭辉，管理学博士，上海社
会科学院法学研究所副研究员，主要研究方向为政府法治、法社会学等；冯博琦，上海社会
科学院法学研究所硕士。

办理破产。对一个国家或地区而言，它在全世界的排名主要是由作为报告样本的城市营商环境排名决定的，以我国为例，代表城市是作为报告样本的北京和上海，综合得出中国营商环境评分，其中上海权重为55%，北京权重为45%。所以全方位优化上海市的营商环境至关重要，尤其是在不断改善和优化我国整体营商环境方面，对提高我国国际影响力和国际排名具有重要意义。

世界银行《2018年营商环境报告：改革以创造就业》于2017年10月31日发布，是该系列报告的第15期，该报告对2016年中到2017年中世界范围内190个经济体的营商环境进行了考察，考察涵盖10个领域。该报告表明，在全球范围内的各个国家和地区中，营商环境排名第一的是新西兰，紧随其后的是新加坡和丹麦。新西兰连续两年居第1位（86.55分），中国香港排在第5位（83.44分），而中国内地排在第78位（65.29分）。上海与其他国际大都市的比较可以通过表1清晰地呈现出来，尽管近年来上海市深化政府改革，营商环境获得了显著的改善和优化，但同国际前沿水平相比依然有很大的进步空间。

表1　上海和部分城市营商环境主要指标比较

单位：分，%

营商环境前沿水平距离	新西兰		新加坡		香港		纽约		东京		上海	
	2018	较上年	2018	较上年	2018	较上年	2018	较上年	2018	较上年	2018	较上年
开办企业	99.96	→	96.49	→	98.14	↑0.06	91.61	↑0.01	84.29	↑0.01	84.69	↑1.01
办理施工许可证	86.36	↑0.10	80.26	↑0.01	84.86	↑0.04	73.44	↑0.01	73.36	↑0.03	45.41	↑0.47
获得电力	83.97	↑0.01	91.33	↑0.01	99.02	→	91.23	→	90.54	→	70.41	↑0.1
登记财产	94.47	↑0.01	83.57	↑0.01	73.54	↑2.92	76.64	↓0.02	73.92	↑0.01	75.32	→
获得信贷	100	→	75	→	75	→	95	→	55	→	60	→
保护少数投资者	81.67	→	80	→	76.67	→	63.33	→	58.33	→	48.33	→
纳税	91.08	↑0.37	91.58	↑0.10	98.82	→	83.25	↑0.01	76.72	↑0.56	60.59	↑2.39
跨境贸易	84.63	→	89.57	↑0.27	93.56	→	92.01	→	86.53	→	71.34	→
执行合同	71.48	↑2.77	83.61	→	69.13	→	79.06	→	65.26	→	79.77	→
办理破产	71.85	↑0.42	74.31	→	65.69	→	91.07	↓0.11	93.28	↑0.12	55.82	→

注：本表中的前沿水平距离概念主要指的是报告所涉及的各个经济体在各个指标中的具体水平，以100分为最前沿水平，以0分为最差表现。

资料来源：世界银行，《2018年营商环境报告：改革以创造就业》。

同世界范围内的先进水平相比,尤其是同名列前茅的新西兰相比,上海市依然有较大差距(见图1),新西兰10个指标得分均超过70分,获得信贷、纳税、开办企业、登记财产四项得分均超过90分,其中获得信贷为满

上海

新西兰

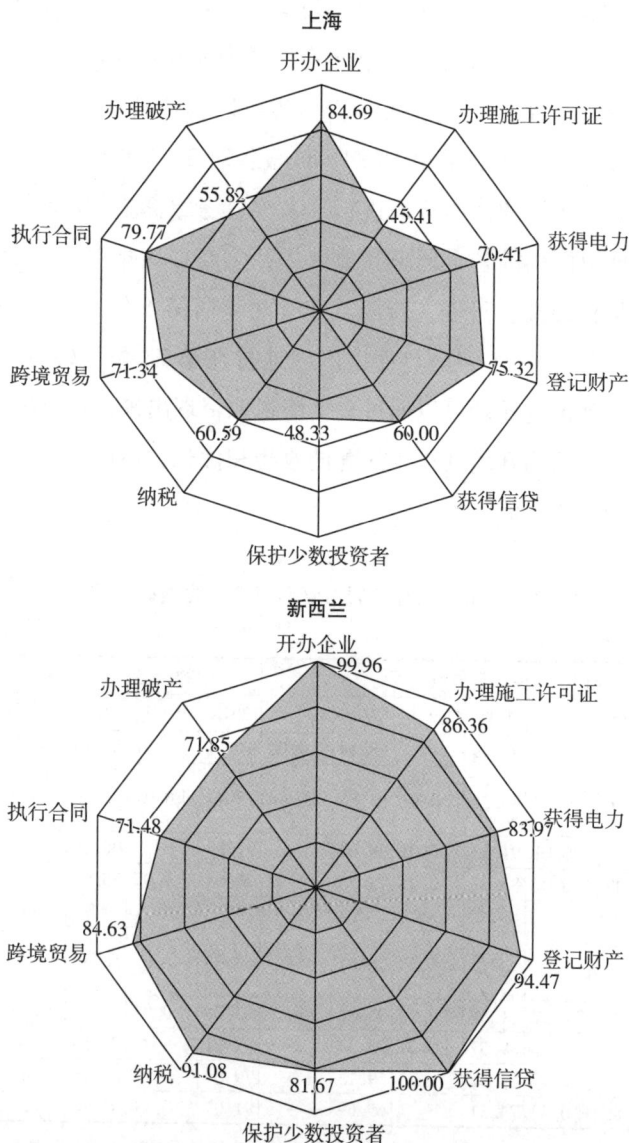

图1 上海和新西兰营商环境主要指标比较(单位:分)

分 100 分。而上海在办理施工许可证（45.41 分）、保护少数投资者（48.33 分）、办理破产（55.82 分）、获得信贷（60.00 分）、纳税（60.59 分）等方面得分较低，有明显的制度性"短板"，这些是下一步政府自身改革的着力点，也是降低制度性交易成本的主攻方向。

二 降低制度性交易成本的基本逻辑和内在价值

企业的制度性交易成本，主要是指政府制定的各种制度工具所带来的成本。税费、融资成本、交易成本等都是企业在遵循政府制定的规章政策时所需付出的成本，都属于制度性交易成本。由此可知，对企业的制度性交易成本进行有效的控制能最大限度地激发企业的生命力，提升企业的变革力和创新力，在宏观方面也能全面提升产业供给质量，兼顾供给的高效性，还能够在很大程度上达到优化产业结构的最终目的。当然，其也能实现政府职能的简化和放权，减少政府对企业做出的行政性干预。要实现降低该成本的目的，首先就是将其与供给侧改革同步，尤其是借助于政府的进一步简政放权，给予企业和行业更多的自由，出台一系列包括减税在内的优惠政策，对政府管理进行创新和优化，确保政府管理的高效性，尽快实现向服务政府的转型，同时充分调动各个市场主体的主观能动性，激发它们的创造力，为有才华的企业家搭建施展才华的平台。降低该成本所遭遇的问题主要有以下几方面。

1. 降低该成本对政府转变自身职能提出了何种具体要求

降低制度性交易成本对政府转变职能的要求在于政府职责范围的确定，重点是对政府、市场、社会三者之间的关系进行明确和协调。我们应当聚焦于政府、市场、社会三者职责的分配，其重点在于市场在社会资源配置中的决定性作用以及如何更好地发挥政府的作用。对此，需要研究降低制度性交易成本对本市简政放权、事中事后监管、宏观调控体系、行政管理方式、公共服务、政府组织机构等方面的具体新要求，需要对政府转变自身职能的如下趋势进行必要的阐释：从重视经济转变为重视保障，从重视审批转变为重视监管，从重视领导转变为重视协商，从重视权力转变为重视责任，从重视管理转变为重视服务，从重视数量转变为重视质量。

2. 如何借助于政府自身职能的转变最终实现降低制度性交易成本的目的

上海经济进入新常态后，无法单纯依靠需求侧的强刺激政策来推动经济的高速增长，只能通过强调降低制度性交易成本的方式来转变政府职能。这需要对采取何种措施实现上海全市行政系统的高效运转展开研究。通过它的高效率实现对交易成本的降低，实现对各项资源的优化配置和利用，进而增强市场主体的活力，避免之前政府全面包办各项事务状况的出现，使市场能够充分发挥自身在资源配置和利用方面的基础性作用，使政府在社会管理中提供更优质更高效的公共服务。

3. 如何借助于对该成本的降低实现对政府和市场新关系的构建与完善

在对制度性交易成本进行控制和降低的前提下，政府和市场两者的关系呈现出来的显著特点除了有经济减速之外，还包括宏观政策调整和经济结构优化转型。种种特点都使上海市的经济发展面临着严峻的挑战。在此情况下，需要研究和探讨加快该市政府职能转变，构建和完善全新的政府同市场的关系。而新关系的构建和完善离不开政府行政管理方式的转变，当然此处的转变主要指的是：从原有的直接干预经济行为、直接参与经济活动逐渐过渡和转变成营造兼具公平性和开放性的市场大环境；从原有的政府参与企业经营或作为私产品、私服务的提供者逐渐过渡转变成公共产品、服务的提供者；从原有的局部体制改革逐渐过渡和转变成政府的全面再造和全方位革命。

4. 如何借助于对该成本的降低实现政府从原有的管控逐渐向服务的转型升级

在对该成本进行控制的大背景下，其要求政府抛弃原有的公权力至上的观点，从原有的关注管控忽略服务逐渐向重视强调公共服务转变，从原有的政府中心导向逐渐向人民需求导向转变，需要对上海市实现政府转型升级的各种路径展开研究和探讨，主要包括以下几方面：从原有的生产方面逐渐向收入分配方面过渡和转变，从经济事务方面逐渐向社会事务方面过渡和转变，从原有的生产投资方面逐渐向监管市场方面过渡和转变，从原有的单一减少审批程序逐渐向监管、服务、简政放权三位一体过渡和转变，全面推进各个领域、各行各业的改革，尽全力解决上海市经济发展过程当中面临的种种问题。

三 降低制度性交易成本的三个基本着力点

通过对前述具体的含义、方式和有关地位进行分析，可以将降低制度性交易成本理解为国家当前进行的供给侧改革的基本性诉求。之所以如此理解，主要是因为降低该交易成本能在很大程度上增强企业自身的变革力和创新力，在保证企业供给质量的同时，提升企业供给效率，在宏观层面能够对行业的供给侧改革进行完善和优化，前述种种都是供给侧改革期望实现的具体目标。可以说，供给侧改革的中心思想就是降低该交易成本。[①] 就成本降低的具体手段而言，要想实现该交易成本的降低，只能够借助于转变政府自身职能，进一步简政放权，尽可能地为企业日常生产和管理经营创设有利条件。当然这也是供给侧改革的关键和核心。本质上来说，供给侧改革属于政府改革，降低该交易成本是降成本这一组合拳的首个重要环节。同时，降成本又是整个供给侧改革的一个核心部分。

降低该交易成本的出发点和着力点有以下几方面。

第一，从宏观战略与微观战术的关系来看，降低制度性交易成本须加强"三去一降一补"问题研究，对政府同市场的关系进行厘清，从根源上使企业甩掉不必要的负担，在创新力与民生性方面帮助企业填补缺陷。在"三去一降一补"方面，关于去产能，上海市要加快新产能落地的速度；关于去库存，上海市也存在一定的缺陷，主要是去库存的范围只涉及部分领域；关于去杠杆，并无突出之处。摆在上海市经济发展面前，最迫切需要解决的问题就是充分抓住该市打造自贸区和世界科技创新中心的机遇，增强该市企

---

① 赵洋：《降低制度性交易成本关键在落实》，《金融时报》2016 年 5 月 11 日，第 2 版。

业自身的技术创新力，加快其科技成果转化为实物的速度，着力对其中的有效供给、高端供给进行培养，使之充分同该市经济转型升级与动能增长的实际需要相匹配。

第二，站在改革路径的立场上，降低该交易成本一定要借助于制度创新的推进和制度供给的优化，最终实现预期降低效果，也一定要借助于政府主体对自身公权力的范围进行科学合理的厘定，真真切切地转变自身职能，同时对机构进行改革，使政府从原有传统的全能型政府逐渐向更现代的有限政府过渡和转变，帮助政府实现真正意义上的减肥和瘦身。其核心要义在于进一步简政放权、深化行政审批制度改革、大力推进审批中介服务体制改革、深化资源要素市场化配置改革、完善地方政策工具箱，种种举措在一定程度上能够减少政府对企业做出的行政性干预，切实激发企业的生命力，全面提升企业创新力，增强其在整个市场的核心竞争力，兼顾供给的质量与供给的效率，同时不断优化供给结构。

第三，从改革制度的内在逻辑和未来方向来看，降低该交易成本一定要对暗箱操作进行全面打击。这就对具体的监管提出了如下的要求：首先标准要明确，其次流程要清晰、具体、可查，最后结果要具有可预期性。众所周知，制度性交易成本普遍情况下都隐身于灰色地带，滋生于暗箱操作，对政府所具有的审批权进行放开或给予一定程度的下放的同时意味着政府负有的监督管理职责更重，要求更高，如果管不好就会前功尽弃，后患无穷。要想避免这种情况的出现，首先要做的就是确保整个监督管理流程的清晰、规范、有序、合法，使其达到程序正义的要求，同时对体制机制进行不断完善，加强对投资方面的监督管理，构建起多管齐下、全方位联动的监督管理体系，将公平竞争审查这一制度落细落小落实，为供应商发展提供前提和基础。从这个角度而言，加强事中事后监管有利于保障公平竞争的市场秩序，是降低制度性交易成本、优化营商环境的内在要求，是借助于程度更深的管理对范围更大的放权和质量更优的服务进行有效促进。

四 上海在降低制度性交易成本时遇到的问题和短板

（一）通过"三去一降一补"来降低制度性交易成本的问题和短板

1. 去产能：重视衰退产业，重视过剩产业，推动新产能落地

（1）上海已在较早时期进行了产业结构战略性调整，因此目前去产能问题并不突出

对国家而言，去产能的关键基本都是围绕着重工业进行的，诸如污染较为严重、供给存在过剩的水泥、钢铁、煤炭等行业。而去产能的主要手段的是政府同市场联手，借助于兼并、重组、破产等具体方式，完成市场出清，化解过剩产能。上海较早就认识到产能过剩和重工业会产生严重的环境污染等问题，较早开展去产能的行动，比全国其他地区具有先动优势，取得了一些阶段性成果。因此，全国的产能过剩与僵尸企业问题在上海表现得并不突出。

（2）衰退产业及其劣势产能面临全行业退出

对于上海市的现状进行分析可知，部分"三高一低"行业，诸如制革行业、煤炭行业、合金行业，基本上已经完成整个行业的淘汰。而水泥和铅蓄电池的行业整合已基本完成，造纸已实现无原浆生产，上海市不存在突出的产能过剩问题，僵尸企业也不足为虑。对上海经济而言，需要予以去除的产能指的并不是过剩产能，而主要指的是无法适应产业转型升级要求的相对过剩的产能。

（3）为效率更高、附加值更大的新型产业腾出资源与环境空间

尽管上海的重化工行业产能规模已大大缩减，未来上海的结构调整任务仍然任重道远。对上海而言，劳动密集型产业的退出还有继续实施的空间，此外重化工行业在去产能方面还有继续实施的余地。在上海市的国民经济中，重化工行业占比在七成以上，同其他国际性大都市相比，上海重化工行业的比重仍然偏高，有必要进一步研究上海未来 10 年重化工行业结构调整

目标，为效率更高、附加值更大的新型产业腾出更多资源空间与环境空间。

（4）产业结构优化升级正处于重要节点

可以说，当前上海市无论是新产业同旧产业之间的转换，还是整体产业结构布局的优化升级，都恰逢重要节点。整个新兴产业发展状况不佳，这主要是因为当前国内国外市场整体需求下降，出现大范围的同质化竞争，它的发展不佳使得产业结构调整后造成的产能缺口无法获得有效的弥补。

2. 去库存：总量可控、空间失衡、区域分化

（1）总量可控

上海市经济发展态势良好，投资方面的需求高涨，尤其是房地产市场中的住宅市场出现供不应求的局面。去库存的关键在于办公和商用地产，并非住宅地产，整体房地产市场呈现显著的结构性特点。为了对非理性膨胀的房地产市场进行有效的抑制，上海市政府颁布了一系列调控措施——沪六条，希望能够通过种种措施的实施实现房地产市场的良性、有序、健康发展，它已取得了较好的效果，过热的房地产市场出现了较为显著的降温，市场的去化周期表现出一定的回升。

（2）区域分化

上海市房地产市场呈现的另一个重要特点就是区域分化，它是该市房地产经济潜在的风险。该市住宅市场最显著的问题就是远郊地区大规模居住区实际入住率较低，空置率非常高。从居住的便利度和通勤成本考虑，市区居民很少会选择在郊区居住，郊区社区的入住率明显低于市中心，一些交通甚为不便、地址相对偏远的规模较大的居住区入住率不到一成。郊区住宅市场呈现出来的普遍性特点就是住房空置。商务楼宇方面，中心城区与非中心城区的商务办公楼供需两极分化问题突出。徐汇区、静安区等市内繁华的商业地段，尽管商务楼宇租金昂贵，但是空置率一直不超过5%，位于郊区的写字楼即便低价出租，也依然有着非常高的空置率：五成。

（3）空间失衡

郊区可以借助于补贴补助、减税优惠等种种措施吸引企业入驻。同时，在该地区大力发展非常高端的服务业，最终实现对中心地区服务业的部分置

换，但经济要素在空间层面的分布自有其规律所在。远郊地区若无法因地制宜地探寻出一条契合自身情况的特色发展之路，依然不顾实际情况不断建造商用楼盘，不断加大对金融业发展的投入力度，势必会使自身陷入低效同质化竞争中，既浪费了资源，又达不到预期的效果。

3. 去杠杆：债务率相对不高，重点在于防范金融风险

（1）债务投资流向结构与债务资产质量相对较好

分析上海地方政府的债务结构可以发现，上海市政府融资产生的资金，重点投向于交通基础设施、市政工程和保障房建设，由于上海正处于人口不断流入的阶段，这些基础设施工程在建设之后，使用率较高，产生了较高的经济与社会效益，并没有空置或无效率使用，所以债务资产质量较好。

（2）个人与企业负债率增长较快

重点在于对存在的金融风险进行有效的防控，同全国银行不良贷款率相比，上海地区的这一数值要远远低于平均水平。但杠杆问题与库存、产能等方面息息相关，尤其是企业、个人的负债增长迅速，在金融和房地产等领域表现突出。尤其是最近几年，上海市国土资源部门、金融监管部门等联合组建了工作组，对商住房用地有关交易的具体资金进行有效的监管，通过这种监管进一步实现对有关企业和房贷的管控，尽可能地使金融风险降到最低，对杠杆率进行有效的控制。

4. 降成本：塑造法治化与便利化的国际化大都市营商环境

（1）重在营造营商环境

上海市大规模的国有企业为数不少。在这种情况下，银行提供的信贷资金一般向这些实力雄厚的企业进行倾斜和集中，在无形当中挤占了那些规模不大、对信贷有迫切需求的中小企业的资源。中小企业受限于自身的资本和规模，基本上达不到银行放贷的条件，在这种情况下只能借助于民间资本实现融资的目的，它们始终面临着融资困难的尴尬局面，除此之外还必须知道，该市无论是人力资源成本，还是生活费用支出都普遍高于全国平均水平。商务费用支出较高主要是办公成本和土地成本较高导致的，企业担负的

社保压力相对较大。

（2）降低企业税负仍有空间

上海共有 60 余个收费项涉及多个领域多种规模的企业，占到全部收费项的过半。无论是对于市场规模大、利润率高的企业，还是对于中小微企业和创新型企业来说，税费负担都较为沉重。降成本最重要的任务就是政府减税减费，让企业获得更大的发展空间。

5.补短板：提升公共服务事业的总体质量，对社会治理方式进行优化创新

（1）城市基层与公共治理水平亟待提高

该市的交通管理也存在一定的短板，主要表现为以下几个方面：首先是该市交通在多个时段都存在严重拥堵的现象，尤其是一些交叉路口和快速区段；其次是在高峰期，轨道交通也表现出严重的拥挤现象，以 1 号线、2 号线为主要代表的交通线长时期高负荷运转；再次是地面公交在高峰时段的平均速度在 12 公里每时以下，速度低就意味着乘客换乘需要等待较长的时间，乘客对地面公交普遍不满；然后是路网局部连通程度不强，断头路并未被全部打通；最后就是交通运营呈现无序的状态，尤其是中心城区无序的交通集散点数量较多，违反交通法规的不良行为频繁发生。

（2）中心城区与郊区发展不平衡

伴随着该市城市化步伐的加快，城乡二元差距也越来越明显，主要体现在公共服务方面，就拿平均每年每人公费投入来说，城区中心小学是远郊地区小学的一倍多，在医疗方面城区医师资源远远优于远郊地区。城市居民和乡镇居民无论是在收入水平，还是在公共资源配备和利用方面都存在较大的差距，一直以来，该市政策发展的侧重点都在城市，其中一些公共事业被一些国企垄断，没有参与到完全的市场竞争当中，最终导致运营管理表现出一定的低效性，这也是出现短板的重要原因之一。

（3）重点关注"五违四必"环境整治

近年来，上海市某些区域违法经营户增多，无证无照餐饮店充斥周边，违法经营人员的大量聚集造成扒窃、偷盗、诈骗甚至抢夺案件频发，不仅食品安全卫生令人担忧，而且使邻近居民饱受环境污染之苦。在最近一段时

间，该市环境治理工作的侧重点有两方面：其一是对"五违四必"进行整治，其二是对郊区小河道进行有效的治理。

（二）通过"简政放权"来降低制度性交易成本的问题和短板

1. 办理施工许可方面的短板

在该方面衡量短板是否存在的标准就是企业建仓所需履行的全部手续，各个手续对应的费用与时间。该指标是上海与国际先进城市的差距最大的一项指标（见表2），中国办理施工许可的前沿距离在世界排名为第172位。主要体现在办理的程序、时间、成本和建筑质量控制指标的分项数值上，存在手续烦琐、效率低下、成本较高、建筑质量的控制和监管存在困难等问题。

表2　分项指标各城市（组织）比较（办理施工许可）

城市（经济体）	前沿距离	程序（个）	时间（天）	成本（人均收入的%）	建筑质量控制指标(0~15)
上海	45.88	23.0	279.0	7.6	10.0
新加坡	80.26	10.0	54.0	6.2	12.0
新西兰	86.36	11.0	93.0	2.3	15.0
纽约	73.44	15.0	89.0	0.3	8.0
经合组织	75.14	12.5	154.6	1.6	11.4
东亚及太平洋地区	69.60	15.2	138.2	2.2	8.9

资料来源：世界银行，《营商环境报告》数据库。

2. 获得信贷方面的短板

在获得信贷方面，主要通过两组数据进行评估，包括衡量担保交易中借方和贷方的合法权利以及信贷信息的上报条件。在此项指标上，上海对标国际的差距仍然较大（见表3），主要体现在担保和破产法中能够使贷款便利的特征不明显，由征信服务提供商这一主体提供的信贷信息，无论是覆盖面积，还是整体开放性都远远达不到要求。特别是公共注册处覆盖范围（信用局覆盖率），上海仅为21.4%，说明纳入私营信贷局系统的人数及其近五年来的借款历史信息并没有得到很好的记录。

表3　分项指标各城市（组织）比较（获得信贷）

城市 （经济体）	前沿 距离	合法权利力度 指数（0～12）	信贷信息深度 指数（0～8）	信贷登记机构覆盖率 （成年人%）	信用局覆盖率 （成年人%）
上海	60.00	4.0	8.0	95.3	21.4
新加坡	75.00	8.0	7.0	0.0	67.8
新西兰	100.00	12.0	8.0	0.0	100.0
纽约	95.00	11.0	8.0	0.0	100.0
经合组织	63.03	6.0	6.6	18.3	63.7
东亚及太平洋地区	57.00	7.2	4.2	16.0	22.3

资料来源：世界银行对外公布的《营商环境报告》，该报告最近的数据搜集完成时间是2017年年中。

3. 保护少数投资者方面的短板

在保护少数投资者方面，主要通过在利益冲突的情况下少数持股者受到的保护以及在公司治理结构中股份持有人的权利进行衡量（见表4）。在此项指标上，上海与国际先进城市差距依旧很大，主要体现为股东治理能力较弱、诉讼和纠纷调整的便利程度不够等问题。

表4　分项指标各城市（组织）比较（保护少数投资者）

城市（经济体）	前沿距离	纠纷调解指数 （0～10）	股东治理指数 （0～10）
上海	48.33	5.0	4.7
新加坡	80.00	9.3	6.7
新西兰	81.67	9.3	7.0
纽约	63.33	8.3	4.3
经合组织	63.93	6.4	6.4
东亚及太平洋地区	52.33	5.7	4.8

资料来源：世界银行对外公布的《营商环境报告》，该报告最近的数据搜集完成时间是2017年年中。

4. 办理破产方面的短板

在办理破产方面，主要通过国内企业破产程序的时间、成本、结果和回收率，以及适用于清算和重组程序的法律框架的力度进行衡量（见表5）。在此项指标上，上海与国际先进城市仍有明显的差距，主要体现在债权人通过重组、清算或债务执行（抵押物没收或破产）等法律行为收回债务的占比较低，使司法成本飙高，债权人的正当合法权益无法获得有效的保障和救济。

表5　分项指标各城市（组织）比较（办理破产）

城市(经济体)	前沿距离	回收率（%）	时间（年）	成本(资产价值的%)	结果(0为零散销售，1为持续经营)	破产框架力度指数(0～16)
上海	55.82	36.9	1.7	22.0	0	11.5
新加坡	74.31	88.7	0.8	4.0	1	8.5
新西兰	71.85	84.2	1.3	3.5	1	8.5
纽约	91.07	82.1	1.0	10.0	1	15.0
经合组织	76.12	71.2	1.7	9.1	—	12.1
东亚及太平洋地区	40.78	35.4	2.6	20.6	—	7.0

资料来源：世界银行对外公布的《营商环境报告》，该报告最近的数据搜集完成时间是2017年年中。

5. 纳税方面的短板

该方面主要借助企业缴纳税款的次数、申报缴纳三种税项与派款对应的时间，总税率和社会缴纳费率（占利润百分比）以及报税后流程进行衡量（见表6）。在此项指标上，上海与国际先进城市差距极大，中国纳税前沿距离在世界排第130名，是需要着重改善的一项。主要体现在申报缴纳三种税项与派款对应的时间较长，税费在总利润中所占比重较高，企业的税费负担沉重，报税后的流程相对复杂，时间相对漫长。

6. 商事登记制度方面的短板

这主要体现为政策超前于目前体系的承受能力。对商事登记制度进行改革的核心不只在于对工商机关内部业务流程进行改进和优化，缩短业务完成时间，还在于将注册资本从传统的实缴调整和变更为认缴，同时用公示制度

表6　分项指标各城市（组织）比较（纳税）

城市 （经济体）	前沿距离	纳税 （次）	时间 （小时）	总税率和社会缴纳费率 （占利润百分比）	报税后流程指标 （0~100）
上海	62.98	9.0	207.0	67.1	49.08
新加坡	91.58	5.0	64.0	20.3	71.97
新西兰	91.08	7.0	140.0	34.5	96.90
纽约	83.25	11.0	175.0	45.8	94.04
经合组织	83.07	10.9	160.7	40.1	83.45
东亚及太平洋地区	72.42	21.8	189.2	33.6	56.55

资料来源：世界银行，《营商环境报告》数据库。

替代了原有的年检制度。该做法具备一定的现代性和先进性，但是我国当前尚未建立相对完善的征信体系和综合监管制度，尤其是事中监管和事后监管尚不完善。该做法既会在一定程度上增加自贸区的管理费用支出，也会导致政策漏洞的出现。该市自贸区第一批经营出现异常的企业名录共涉及1400余家企业，占总数的一成多，因为放低了准入门槛，在自贸区注册成立的公司数量激增，其中有相当数量的公司都属于无实际经营能力的僵尸企业，更为严重的还有企业以高额认缴为掩护到其他地区从事诈骗等违法犯罪活动。

（三）通过"事中事后监管"来降低制度性交易成本的问题和短板

1. 监管机构并未实现联合发力，存在监管交叉和重复的情况

一是市区两级监管体制改革进度不一致，可以说上海地区始终都是改革的主力军和先锋官，它的市场监管改革亦是如此。但市一级的物价部门、食药监部门、质监部门、工商部门改革的速度和力度还有待提高，条监管与块监管之间的协同性有待提升。二是监管结构之间缺乏高效的协调。监管机构与监管机构之间相异之处较多，无法实现高效衔接，协同监管无法真正实现，多头监管和交叉监管的状况依然存在。监管机构如税务机关、海关、公安机关、司法机关、市场监管机关之间的沟通与协作尚未实现高效衔接。可以说，相对健全、高效、及时、动态的全面监管网络尚未形成。三是重复监

管的现象依然存在。此处主要指的是单一窗口项目同其他项目之间出现了交叉重合，如海关部门和检验检疫部门的"一次申报，一次查验，一次放行"存在着一定的重合与交叉，在一定程度上给企业增加了不必要的负担。

2. 基层监管长期面临人少事多的压力，工作质量有待进一步提升

一是监管机构和基层人员数量有限，无法确保监管工作的高效性。在市场监管对象量大面广、业务复杂、风险较高的形势下，政府监管机构及人员的数量远远低于企业与市场运营所需的监管数量，基层执法干部人数与执法任务量之间不匹配的问题非常突出，严重影响了监管效率。二是基层监管人员专业素质有限，综合能力相对不足，无法提供高效优质的服务，无法令人民群众满意。大部制改革对于行政执法人员自身的专业知识和综合素质均提出了新要求，但是绝大多数执法人员存在程度或大或小的知识结构断层、专业素质低下、无法满足工作要求、监管能力有待进一步提升等问题。①

3. 监管信息共享平台的信息全面性、准确性有待提高

目前，虽然上海三大信息共享监管运作平台已初步形成，但信息全面性、准确性有待提高。首先是平台能够展示的企业实际状况的信息不够多元，相对单一。其次是信息的准确性无法确保、全面性无法兼顾，使得信息整体质量相对较低，严重影响了信息的使用率。最后是各个监管机构没有对信息平台实现有效对接，监管信息没有实现高效的共享和融合。

4. 假冒伪劣现象和收费情况依然存在，在一定程度上增加了企业自身的运营成本

随着简政放权的改革，"红顶中介"等中介服务收费现象得到大幅度改善，知识产权保护和反垄断审查制度改革，对从事假冒伪劣产品生产和服务提供的企业进行了有效的查处，重拳出击打击了垄断企业，有效控制了运营成本，但不可否认的是假冒伪劣现象与收费情况依然存在。一是产品生产后，需要送到相关部门检测，于是出现了普遍存在的检验、检测、检定、检

---

① 陈建华：《上海自贸试验区事中事后监管制度创新研究》，《上海浦东经济发展报告（2017）》，社会科学文献出版社，2017。

疫等种类繁多、重复送检、收费现象，同时存在较多的隐形收费。二是不少假冒伪劣屡打不绝，不少违法行为由明转暗、由集中转为分散，假冒伪劣商品泛滥的局面还未根本扭转。三是规模较小的企业因为遭遇不公平对待而衍生出相对机会成本，如规模较小的企业在向银行申请贷款的时候，一般都相对弱势，无法实现贷款的目的，融资有一定的难度。

五 改进的意见和建议

（一）推进"三去一降一补"的创新对策

1. 立足上海实际，明确推进的重点和原则

一是紧密结合上海全面深化改革的实际。将制度创新作为关键，将科技创新作为导向，将结构调整作为方向，将降低成本和补齐短板作为重任，全力、高效、坚定不移地推进供给侧改革。二是抓住重点"补短板"。以提高居民的生活质量和城市品质为目标，进一步加大对城市公共服务、社会事业和三农发展的投资力度，通过取长补短，通过以强带弱实现经济的良性、有序、可持续发展。三是放眼全球谋划布局。从全球城市的目标出发，发挥开放优势，通过引进跨国公司总部，汇集全球高端资源，增强全球资源配置能力，不断提升产业能级和竞争力，以高端供给满足全国和全球需要。

2. 做好产业转移、结构升级与要素成本下降的工作

一是切实改变过去主要依靠要素投入驱动增长的粗放发展模式，实现控人增效、减地增效，使经济增长真正地同创新驱动相结合，最终实现规模较大城市的底线式可持续增长。二是以政府职能厘清和职能转变为着眼点，加快行政审批体系的改革步伐，对制度性交易成本进行控制，建立有利于企业和市场发展的税费调整方案，多渠道减税降费，切实帮助企业减轻税费负担。三是通过综合整治和修复生态环境以及工业用地减量化，加快清理劣势产能，特别是污染相对严重的"三高一低"企业，要尽快予以关停。

3. 在简政放权、放管结合、优化服务上下功夫

一是进一步放松政府管制，激发市场主体活力。构建政府综合服务中心，给企业提供政策咨询、信息共享等方方面面的服务，为提升就业率、孕育新动能、培育新经济开拓更多的空间。二是充分发挥行业协会和社会组织的自律作用和自治能力，同时吸引社会公众参与，形成综合化的市场监管体系，及时有效清除市场中违法违规经营的市场主体。三是推进政府监管体制改革，加快构建全方位的市场监管体系，将企业的经营和信用信息分类入库，及时向市场发布诚信企业名单和黑名单；探索出一条同新科技、新形态、新结构、新模式匹配度更高的全新监管之路，借助于"互联网＋"和信息共享，因地制宜、因时制宜地建立监管模式，重拳出击坚决打击假借创新名义从事违法犯罪活动的行为。

4. 用足用好自贸区平台，尽快实现制度创新

一是持续增强开放效应，带动制度创新，加快开放体制的构建步伐，在此基础上同"一带一路"等国家级发展战略形成联动，加快推进高端服务业和文化产业在上海自贸区的开放与发展。二是对监管方式进行进一步的优化和创新。尽快实现市场监管信息数据的共享和有效利用，借助于云计算、大数据等一系列信息科技手段，构建和完善以征信为主要内容的监管制度，客观、真实、全面地对企业经营现状和财务情况进行评价，并向全社会公示。三是坚持面向国际，走全球一体化道路，立足于该市自贸区和科技创新中心的双重优势，在硬件层面使世界范围的资源得以汇集，在软件层面使各种智慧得以凝聚，将该市打造成为创新资源的集中地和世界范围内高标准的新科技、新产品的输出地，将该市打造成为国际标准的制定者，抢占科技变革与创新的高地。

5. 加快全球科技创新中心建设

一是打造重大科技创新平台。鼓励支持引导科研人员进行技术研发，加快对各项资源进行整合和优化配置，使包括科技、土地、资本在内的诸多生产要素得到合理的利用，加大生产经营管理方面的创新力度，最终实现经济增长动能的转换，打造以创新为主的新型现代化经济发展模式。二是重点关

注科研范围，将视线放在全球前沿科技、高精尖水平上，全力构建集聚程度高的科技设施集群，构建由一流科研人员组成的专业科研团队，打造兼具权威性和专业性的科研机构，不断在生态培育和制度改革方面开展试点工作，成为全国范围内高新科技和协同创新的实际供给者。三是使示范区所具有的统筹协调功能得以充分发挥，在全市各个园区之间构建合作交流体制机制，使项目最终得以落细落小落实，使产业布局得到不断优化，在同科技有关的一系列领域，借助于市场力量鼓励支持引导服务企业进行转型升级，以全新的平台企业形式，助力整个经济的发展，将平台经营管理长期化、制度化、规范化。

（二）加快"简政放权"的方法和路径

1. 明确政府权限与责任界限，规范权力行使

一要对政府部门的公权力进行进一步的规范，将依法行政落实到位，加大制度创新的力度和广度，尤其是在制度存在疏漏的领域，通过补短板的形式对制度进行完善与健全，继续推进包括行政问责、权力清单、信息公开在内的一系列制度建设。二要尤其关注和重视清单制度的推广和落实，清单制度主要包括以下三方面：其一是权力清单，它主要对政府的行政行为进行明确，即政府能为何种行为；其二是责任清单，它主要规定政府管理何种事项、通过何种方式管理；其三是负面清单，对政府在管控和限制企业方面进行进一步细化，使政府若无法律的明确授权和规定就不得为特定的行为，使政府必须为法律明确规定的职责范围内的行为，使企业甚至整个社会在不属于法律明确禁止的范围内相对自由地进行活动，通过这种形式对政府、市场、社会三个主体的行为进行明确的界定，最终实现治理的法制化、现代化。三要增强政府简政放权的协同性与联动性，若审批事项出现跨部门、地域或领域的情况，要采取取消或下放的措施，在放权的同时厘清部门权责界限，做到权责统一。针对同一服务对象的行政审批权分散在不同行政部门，应进一步明确各部门的责任和权力，避免职责的交叉重叠。四是加强各行政部门的协同。关于部门的协同，若某个审批事项涉及多个部门，则要加强各

个部门之间的协调配合，采取多种措施实现部门之间的有效对接，共同推进审批事项向前推进，避免出现有的改有的不改的情况。关于部门的上下联动，只要是市场能够充分发挥自身调节作用的，只要是基层能够自主应对的，都应当尽可能将权力下放给市场、下放给基层、下放给企业，避免中途出现权力被截留、无法落实到位的情况。

2. 保障一网通办建设和运行的法律建议

一是消除数字鸿沟，保障互联网上的平等权。平等权是基本法宪法给予社会大众的基本权利，该权利设立的初衷是使每个人都能够获得来自国家、来自公权力的平等对待，无正当理由不应当受到区别对待，据此理念，不同群体不论年龄、经济、性别、教育等方面的差别，都应平等地分享"一网通办"所带来的红利。二是杜绝信息孤岛，实现政务方面信息与数据的开放和共享。构建数据共享长效机制，确立政务数据开放共享主管机构，设立专门的政务数据开放平台，健全政府信息公开制度。三是对行政组织形式进行有效创新，全面推动组织结构优化转型，着力构建"互联网＋政府"，同时不断完善绩效考核评价体系；压缩行政组织层级，合并政府部门职能；设立政府首席信息官（CIO）。四是加快立法进程，构建配套法律保障体系。尽快出台专门法——《一网通办促进法》，对电子材料的地位和意义通过法律条文的形式进行明确，不断对电子签章数据的使用进行规范，完善受审分离及其归责流程，推进大数据中心建设及部门间信息共享的标准化立法，实现公民个人信息的保护和政府信息公开数据共享的动态平衡。

3. 关于加快自贸区专门的仲裁院的组建，助力打造上海亚太仲裁中心

一是逐步摸索仲裁管理服务和品牌机构的创新之路。坚持"专业化、高端化、国际化"的战略，始终以高效、权威、公平、独立为中心理念，加快仲裁领域的制度创新步伐和法治化进程。创建多元纠纷解决机制，最大限度地考虑当事人意思自治的要求，以满足当事人对争议解决的多样化需求。逐渐培养兼具专业性和权威性的仲裁人才，在确保仲裁高效性的基础上，兼顾仲裁的公平性和廉洁性，努力打造政治立场坚定、业务素质过硬、

工作作风优良、综合素质高的仲裁队伍,加快信息化建设,实现线上仲裁办案,从线上立案到线上咨询,再到电子送达,建立健全线上仲裁信息中心,实现仲裁信息化。二是借助"互联网+仲裁"的形式在弯道实现超车。为什么要发展"互联网+仲裁"?理由很简单,在国际上,伦敦国际仲裁院成立打造适合本市仲裁发展的"专业、快速、方便"网络平台,专门制定相应的仲裁规则,这不仅是贯彻落实"互联网+"行动计划战略部署的一次有益探索,也是以更加协同、更加智能为主要特点的新业态的集中反映,借助于"互联网+仲裁"这一形式,使仲裁委员会提供的公共服务范围覆盖到更多元的领域和更辽阔的地域,这同它本身立足本地区走向全中国,冲出全中国走向全世界仲裁圈的发展追求相契合。

(三)完善"事中事后监管"的监管体系

1.优化机构设置,推进部门协同监管

一是对政府自身所具有的监管职能进行进一步的明确,将清单制度落细落小落实,不断完善部门与部门之间的协作体制机制,要高度关注机构的系统集成问题,全面提升部门与部门的协调合作水平,以谁审批谁监管、谁主管谁监管为基本原则,确保每个事项都对应有管理主体,确保每项责任都对应有责任主体,构建起覆盖范围更广的监督管理体系。二是不断健全综合执法体制机制,要加强对部门与部门之间相近甚至相同行政执法职责和权限的整合,对机构设置进行进一步的优化、合并、重组,实现执法力量的统一,全面提升监管的效率,加大行政执法与司法的衔接力度。三是提升政府部门与部门之间的协同力,在分工明确的基础上,在权责具体的前提下,确保沟通的顺畅性,构建多管齐下、多头并举的政府监管大格局。四是加强部门条与块之间的协同,避免各自为政造成力量分散情况的出现,也避免多头监管等于无人监管尴尬局面的出现。针对部门放权出现的不同步、监管体制的不完善、监管方式的太单一、监管联动的不主动等一系列问题,提出可行性强的意见和措施,确保政府的各个部门一方面承担自己应尽的职责,另一方面又能形成有效联动作为一个有机的整体,在横向与纵向两个方面实现全方位

网格化监管。①

2. 关于加快政府职能转变，深化政府机构改革

一是深化干部人事制度改革。加快政府职能转变是时代发展的必然选择，要始终以此为中心，逐步探寻深化干部人事改革的目标定位、丰富内涵、具体要求和重点难点。盘活干部存量。以"事"为网格，将每一位干部都置身于一个网格之中，以事定人、人事结合，进而调整并安排干部，达到人岗适配的目标。用好干部流量。对在岗不在位、在位不履职、履职不尽责的干部，坚决做到该调整的调整，该免职的免职，实现"有为才有位、有位必有为、无为就退位、乱为要追责"的干部人事管理目标。严把干部增量。"问渠那得清如许？为有源头活水来。"抬高准入门槛，严格把好入口关，才能确保干部队伍始终保持旺盛的生命力。二是加快事业单位分类改革。对政府部门同事业单位之间的关系进行进一步的厘清，加快后者的改革步伐，实现规范化管理，推动事业单位独立法人改革。在承认政府和事业单位之间关系多样性的前提下，法人型事业单位应当逐步构建和完善法人治理体系，该体系同企业法人有很大差异，它始终围绕理事会这一中心。还要积极探索政府购买服务的新方法，以分类改革为基础探索出一条既能确保成本效益、实现程序正义又能兼顾依赖关系的新型购买模式，打造其同政府、其他服务机构之间的合作关系。准确地说，其同政府之间的关系属于合作关系，同其他公共服务机构之间的关系则属于竞合关系。三是推进公务员社保制度改革。公务员社保方面出现的失衡主要指以下两种情况：一方面是公务员的社保水平同我国当前经济整体状况和社会发展水平失衡，另一方面是它同整个社保体系的发展失衡。改革的总体目标和方向应当是立足于统一的覆盖全社会的社保体系，构建资金渠道更为丰富、保障制度更加规范的公务员社保体系。

3. 创新监管理念和方式，兼顾监管和服务

一是不断建立和完善企业征信公示系统，同时构建有效的风险监管预测

---

① 陈建华：《上海自贸试验区事中事后监管制度创新研究》，《上海浦东经济发展报告（2017）》，社会科学文献出版社，2017。

体系，对企业的实际经营水平进行客观、真实、全面的评价，同时向社会进行公示。在监管部门之间实现监管数据与信息的共享，通过这种信息的相互连通切实提升监管水平和监管效率，构建实现监管协同和高效风险警示的综合监管体制机制以提供制度性保障。① 二是建立健全监管信息共享中心。改变过去政府部门各自为政与数据孤岛的弊端，实现高效、透明与便捷的信息共享与监管，促使监管更加便捷化、快速化和动态化。三是持续加强三大线上平台建设：其一是县上政务综合服务大厅，其二是事中事后综合监管平台中心，其三是信用信息服务中心。加强部门之间的条块管理，为企业提供线上一站式公共服务，全面提升数据质量，确保数据的准确性、可信性、专业性、稳定性，使数据能够充分体现企业当前经营水平，扩大中心覆盖面积。四是逐渐向"互联网＋监管"过渡和靠拢，借助于大数据平台以日常管理数据为依据对企业做出对应的风险评估，以结果为参考制定差异化管理措施；同时将监管情况纳入诚信管理机制，对违规企业进行公示，并列入重点跟踪名单，对企业进行重新评级。五是建立健全守信联合激励和失信联合惩戒的大格局，针对不同的市场主体建立守信联合激励备忘录和不同领域的失信联合惩戒备忘录，制定配套的联合奖惩措施；同时政府各部门建立各领域的红黑名单及其管理办法，促进联合奖惩措施落地见效，使守信主体获得优惠便利，提高违法失信成本。

---

① 沈开艳、陈建华、文雯：《供给侧结构性改革与上海"三去一降一补"问题研究》，《上海经济发展报告（2017）》，社会科学文献出版社，2017。

Abstract

Annual Report on Economic Development of Shanghai (*2019*) consists of a total of 13 reports from four parts that are the general report, the supply-side reform, the construction system of the Free Trade Area, and Shanghai city innovation. Based on the theme of promoting supply-side structural reform, this paper probes into the relationship between supply-side reform and Shanghai's comprehensive deepening reform from the different dimensions such as research on the healthy development of real estate industry, the structural reform of promoting agricultural supply-side, the practical innovation of promoting supply-side structural reform, and the structural reform of promoting tax and fee supply-side in Shanghai. Focusing on the perspective of Shanghai's urban innovation, the paper discusses the current situation of building an excellence global city, the development of high-end manufacturing under the new era, and the practical exploration of reducing institutional transaction costs in Shanghai.

Based on the perspective of high quality development, the final record uses the three quarter's macroeconomic data and historical data of Shanghai in 2018 to analyze the economic operation situation of Shanghai in the present and past periods. The research shows that the economic structure of Shanghai tends to be a high-level, the economic efficiency increases steadily, and the contribution of consumption to economic growth is greater; the probability of GDP growth below last year in 2018 is greater; the probability of the baseline scenario in 2019 was 65.5%, of which its economic growth rate remained at the level of 6.5%. Aiming at present and some time to come, Shanghai is facing with internal and external environmental problems, in the short term, Shanghai's economic development depends on promoting domestic demand, in the long run, Shanghai should attach importance to technological innovation and institutional innovation, consolidate the real economy, further create a good business environment, and build a new high ground for an open economy, so as to promote the high-quality development of Shanghai's economy.

The supply-side reform consists of four articles: the first is "*Taking Supply-side Structural Reform as the Handholds, Constructing the Long-term Mechanism of Healthy Development of Shanghai Real Estate Industry*". The second is "*the Study on Promoting the Structural Reform of Agricultural Supply-side in Shanghai*". The third is "*Shanghai's Practical Innovation Research on Promoting Supply-side Structural Reform*". The fourth is "*Shanghai is Pushing the Research of Supply-side Structural Reform of Taxes and Fees*".

There are five articles in the construction system of the *Free Trade Test Area*: First is "*the Study on Further Upgrading the Opening Degree of Shanghai Free Trade Test Area Under the New Situation*. The second is "*Deepening the Research on the Integration of System Innovation System in Shanghai Free Trade Test Area*". The third is "*the Mission, Principles and Policy Recommendations of Tax Policy Innovation of the Free Trade Area*". The fourth is "*the Study on the Linkage Mechanism Between Shanghai Free Trade Test Area and International Financial Center Construction*". The fifth is the "*Study on the Linkage Mechanism between the Shanghai Free Trade Test Area and the construction of Science and Technology Innovation Center*".

There are three articles in Shanghai city innovation: the first is "*Building an Excellent Global City-the Status Quo and Prospects of Shanghai*". The second is the "*Research on the Development of High-end Manufacturing Industry in Shanghai under the New Era*". The third is the "*Exploration and Practice that Shanghai is Reducing Institutional Transaction Costs*".

Keywords: Shanghai; Supply-side Reform; Free Trade Area Construction; City Innovation

Contents

I General Report

Abstract: Based on macroeconomic data of Shanghai in 2018 and before that, and from the perspective of high-quality development, we analyze current and past economic situation of Shanghai. The research shows that Shanghai's economic structure tends to be high-end, its economic efficiency steadily improves, and consumption contributes more to economic growth; the probability of GDP growth in 2018 is lower than that in the last year; the probability of being in the baseline scenario in 2019 is 65.5%, and its GDP remains at the level of 6.5%. In view of the internal and external environment, we put forward that economic development depends on promoting domestic demand in the short term, however technological innovation and institutional innovation is very crucial in the long term, consolidating the real economy, further creating a good business environment, building a new open economic plateau, and promoting Shanghai's economic development to a higher quality.

Keywords: Shanghai Economic; Economic Situation; High-quality Development

II Supply-side Reform

B. 2 Establishing the long-term Mechanism of Healthy

Development of Shanghai real Estate Industry with Supply-side

Structural Reform as Handhold

Yao Lingzhen , *Zhang Yalin* / 015

Abstract: The development of Shanghai real estate industry faces three "new" opportunities in the country, the city and the market: the national economic development enters the new normal, the supply-side structural reform becomes the major strategic deployment to solve the deep contradiction; the city enters the new period of deep transformation, pursues the excellence construction; the market enters a new era which is "houses is used to live in, not to is used for speculation", the scale and stock are harmoniously resonant. In this context, the establishing of long-term mechanism has become the focus of the current work. Based on the reality of long-term mechanism establishing, this study puts forward policy suggestions from two levels such as optimizing supply structure and safeguarding factor supply: that are (1) Promote the combination of rental and sale, improve the efficiency of housing supply, (2) Innovation system incentives, enrich the main body of housing supply; (3) Establish a dynamic mechanism of land planning to improve unit output efficiency; (4) Develop policy housing finance to encourage innovation in housing finance products; (5) Deepen the reform of household registration system and balance the allocation of the basic education resources.

Keywords: Shanghai Real Estate Industry; Long-term Mechanism of Healthy Development; Supply-side Structural Reform

B. 3   Study on Promoting the Structural Reform of Agricultural
Supply-side in Shanghai   *Guo Lan* / 035

Abstract: The problems of agriculture, rural areas and peasants have always been the top priority of the work of the whole party, and we should insist on adhering to the status of peasants´ main body and enhancing the well-being of peasants as the starting point and foothold of all rural work, highlighting the advantages of agricultural development, focusing on promoting innovation and supply-side structural reform, and rapidly promoting the transformation so at to promote the stable development of agriculture while raising farmers´ income. At this stage, Shanghai needs to focus on changes in market demand, in order to ensure effective supply, increase farmers´ income as the main goal, optimize the agricultural industrial system, production system and operating system, focus on solving the problem of mismatch between supply and demand of agricultural products, the lack-accuracy of agricultural subsidies, and promote the transformation of agricultural development to green, ecological, health and sustainable development, especially in the aspect of "quality".

Keywords: Shanghai Agricultural; Supply-side Structural Reform; Modern Urban Agriculture

B. 4   Research on Practical Innovation of Promoting
Supply-side Structural Reform in Shanghai
Ma Haiqian, Zheng Rui / 063

Abstract: Shanghai fully implements the decision-making and deployment of the Communist Party of China Central Committee and the State Council, and is fully committed to accelerating the supply-side structural reform, combining its own development characteristics, and constantly innovating in practice. On the one hand, Shanghai had closely combined the implementation of key tasks such as

"Three Remove One Reduction and One Supplement" with the actual situation in Shanghai, focusing on the cost of reducing and made up for the disadvantage. On the other hand, Shanghai closely combined the national strategy of building Science and Technology Innovation Center and the pilot Free Trade Area with the structural reform of supply-side, and focuses on promoting technological innovation and institutional innovation.

Keywords: Shanghai Supply-side structural reform; "Three Remove One Reduction and One Supplement"

B. 5　Shanghai is Pushing the Research of Supply-side Structural Reform of Taxes and Fees

Chen Mingyi, Wang Dong, Sun Xulin and Li Qian / 084

Abstract: Since 2012, China has been in the development stage of "slowing economic growth" and economic restructuring, and a large number of enterprises are facing challenges and declining performance in their operating. In this context, the group selected Shanghai listed companies as a sample to investigate the tax situation of Shanghai enterprises. In recent years, Shanghai has made great efforts and contributions in upgrading the business environment, and the overall situation is at the forefront of the country. At the same time, from the two aspect such as corporate taxes and non-tax revenue which the enterprise paid. The group found that listed companies in Shanghai bear the burden of taxes and fees in the forefront of the country. Of which, the tax burden of Shanghai enterprises is not much different from other provinces, which is characterized by the heavy burden of social insurance contributions. Therefore, we put forward some policy suggestions to further deepen the reform of tax and fee supply side, including: make incentives for enterprise transformation and upgrading in a multi-dimensional way and further reduce the burden of circulation tax. Strengthen the innovation ability of enterprises, reduce the burden of enterprise income tax, to reduce the proportion of social insurance contributions to reduce the cost of enterprises as soon as possible.

Keywords: Tax Burden; Payment Burden; Ownership; Lndustrial Structure

Ⅲ The Construction of Free Trade Area

B. 6   Study on Further Improving the Opening Degree of Shanghai
Free Trade Test Area Under the New Situation

Yin Chen, Wang Weixin / 109

Abstract: Shanghai Free Trade Test Area is facing a new international and domestic situation. The new situation puts forward new requirements for the Free Trade Test Area to enhance the opening to the outside. Compared with the highest international standards and the best level, the Shanghai Free Trade Test Area still has different degrees of disparity in trade facilitation, business environment, industrial opening and the construction of Free Trade Port Areas. In the next phase, the Shanghai Free Trade Test Area need further enhances its openness and overcome the "pole effect" and needs to make full efforts to promote the construction of Free Trade Test Area and the lead construction of the "Belt and Road". And Shanghai needs to try first to build a new economic and trade relationship between China and the United States to explore the road and needs to sum up experience in time to provide institutional public goods.

Keywords: Shanghai Free Trade Test Area; Opening Degree; Institution Innovation

B. 7   Research on Deepening System Innovation System Integration
in Shanghai Free Trade Test Area   *Chen Jianhua* / 132

Abstract: Since its establishment in September 2013, the Shanghai Free

Trade Test Area had adhered to the system innovation as the core, forming a good situation to promote the transformation and development with reform and innovation. Based on the comprehensive reform of Pudong New area of Shanghai Free Trade Area, streamline administration and delegate power to the lower levels, simplifying the office process, promoting through the reform of the big system and perfecting the comprehensive law enforcement system, to promote the integration of government functions, and constantly optimize the establishment of institutions and initially formed the system and mechanism of institutional innovation system integration. Coordination and cooperation between departments is far from the degree of seamless docking, the complete matter of the post-mortem supervision system and network has not yet been formed. Therefore, it is necessary to build a big data platform for information interconnection and sharing among government management departments as the handhold, optimize the management process, promote the cooperation between the functional departments, and focus on constructing a transparent, efficient and convenient large-level supervision mode and service system with the idea of "Government-led", "Industry Self-discipline", "Enterprise Self-control" "Four-in-one" and to form a management service organization system and institutional system with system integrated.

Keywords: Free Trade Test Area; Institution Innovation; System Integration

B. 8　The mission, Principle and Policy Suggestion

of tax Policy Innovation in Free Trade Area

Wu Zhanxia / 152

Abstract: Through field research, network research, literature translation and statistical data analysis, the group summarized and analyzed the current tax policy of Shanghai Free Trade Area, furthermore, through drawing lessons from the successful policy characters of Pusan and Okinawa for industrial convergence, the paper analyzes the situation of international tax competition in combination with the latest situation. Statistical analysis shows that China's unified Free Trade Area tax policy is lack of advantage than the major trading partner countries and competitive Free Trade Areas. All over the country with fiscal policy instead of tax policy will attract the agglomeration of production factors, which will bring the inefficient use of financial funds. The corporate taxation of Shanghai Free Trade Test Area was in the intermediate state of the corporate taxation of various economic development zones. The Free Trade Test Area did not become a "tax depression", and the original intention of the tax system design of the Free Trade Test Area was well reflected. At the same time, compared with the current tax burden of foreign Free Trade Area, the project team put forward further proposals for tax reform: 1) Reduce the preferential threshold, use of the current corporate income tax preferential framework flexible, 2) Draw lessons from Singapore, there shall be territorial principles for administration in the test areas, 3) Simplify the transfer tax system, realize a tax system with "outside the customs and within the boundary", 4) Establish a fiscal power system to match authority.

Keywords: Free Trade Area; Tax Policy; Reform and Innovation

B. 9   The Study on the Linkage Mechanism Between Shanghai Free-Trade Zone and International Financial Center Construction   *Xu Meifang* / 181

Abstract: This paper thinks that in addition to adhering to the experience of reform and opening up, the joint development of financial industry and Shanghai International Financial Center in Shanghai Free Trade Area is one of the valuable experiences in the construction of Shanghai International Financial Center. Further perfecting the linkage mechanism between the development of financial industry and the construction of International Financial Center in Shanghai Free Trade Area has a great impact on the construction of Free Trade Areas and the construction of Shanghai International Financial Center in the future.

Keywords：Shanghai Free-Trade Zone；International Financial Center；Linkage Mechanism

Abstract：Draw lessons from existing relevant research，through domestic and foreign research and expert interviews，and draw lessons from international experience，this research mainly focuses on four aspects：（1）The present situation and advantages of the "linkage" mechanism of the Shanghai Free Trade Area and the construction of the Science and Technology Innovation Center；（2）Challenges and constraints faced by the Shanghai free Trade Area and the Science and Technology Innovation Center，especially how to adapt to the impact and challenges of big data，blockchain technology，cloud computing，etc. ；（3）Shanghai Free Trade Area and science and Technology Innovation Center construction linkage Mechanism：international experience and reference；（4）Countermeasures and suggestions for the linkage between Shanghai Free Trade Area and Science and Technology Innovation Center.

Keywords：Technical　Innovation；Blockchain　Technology；Linkage Mechanism；Policy Recommendations

Ⅳ　City Innovation

Abstract：In December 2017，the State Council replied to agree the

"Shanghai Urban Overall Plan (2017 – 2035)", the plan puts forward the basic framework of Science and Technology Innovation Center with global influence in Shanghai in the 2020, and basically builds the international economic, financial, trade, shipping center and socialist modernization international metropolis. In the 2035, basically built a remarkable global city, a desirable city of innovation, the city of humanities, the city of ecology, with the world's influential society which pay attention to the modern international metropolis. By 2050, Shanghai will be a global city of excellence, a city of innovation, a city of humanity, a city of ecology and an international metropolis of socialist modernization with worldwide influence. A global city is a city in which the world economy or urban network is centered and has some control and influence over the global political economy and culture. At present although Shanghai is gradually rising among the major international cities, there is still a certain gap between the global cities that have become outstanding, and it is necessary to continue to make effort to the construction of the city of innovation, the city of humanities and the city of ecology.

Keywords: Shanghai; Global Excellence City; Urban Plan

B. 12　Research on the Development of High-end

　　　Manufacturing Industry in Shanghai under the New Era

Lei Xinjun, Deng Lili and Hu Jingyuan / 252

Abstract: High-end manufacturing industry is the reflection of the high-end and advanced technology of the industrial value chain, is the practice of "Made in China in 2025" and other national strategies, is also the focus of global competition, the core of the transformation and development of Shanghai's manufacturing industry, but also gradually become a symbol of Shanghai brand manufacturing. Shanghai high-end manufacturing industry must be integrated and think systematical from three dimensions of the status quo, the future and the overall situation (national and global), grasping the strategic opportunities such as deepening domestic reform, "Made in China in 2025" and Shanghai "The Science Innovation Centre", in line with the new trend of global scientific and technological innovation, to form a high-end manufacturing development model driven by innovation and integrated development from the supply side reform, industrial development, talent, carrier and other aspects.

Keywords: New era; Shanghai high-end Manufacturing Industry; Development Problems; Countermeasures

B. 13 Exploration and Practice that Shanghai is Reducing Institutional Transaction Costs

Shen Kaiyan, Peng Hui and Lu Yidi / 270

Abstract: As China's economy enters the new normal, reducing institutional transaction costs has become the focus of promoting supply-side structural reforms. Shanghai is facing a key point that is gradually driving the transition and transformation to innovation, on the one hand, it bears the great responsibility of "taking the lead in transforming the mode of economic development", on the other hand, it is also facing the problem of influencing the transformation of enterprise innovation because of the high cost of institutional transaction. In this paper, the author will first explain the theory of cost trading, especially the theory of institutional transaction cost, on the basis of which to sort out the idea of reducing transaction costs, combined with the practice of reducing institutional transaction costs in Shanghai, and explore ways to further reduce the cost of institutional transactions.

Keywords: the cost of Institutional Trading; Three Remove One Reduction and One Supplement; Streamline Administration and Delegate Power to the Lower Levels; Regulation in and After Maters

社会科学文献出版社

皮书系列

❖ 皮书起源 ❖

"皮书"起源于十七、十八世纪的英国，主要指官方或社会组织正式发表的重要文件或报告，多以"白皮书"命名。在中国，"皮书"这一概念被社会广泛接受，并被成功运作、发展成为一种全新的出版形态，则源于中国社会科学院社会科学文献出版社。

❖ 皮书定义 ❖

皮书是对中国与世界发展状况和热点问题进行年度监测，以专业的角度、专家的视野和实证研究方法，针对某一领域或区域现状与发展态势展开分析和预测，具备原创性、实证性、专业性、连续性、前沿性、时效性等特点的公开出版物，由一系列权威研究报告组成。

❖ 皮书作者 ❖

皮书系列的作者以中国社会科学院、著名高校、地方社会科学院的研究人员为主，多为国内一流研究机构的权威专家学者，他们的看法和观点代表了学界对中国与世界的现实和未来最高水平的解读与分析。

❖ 皮书荣誉 ❖

皮书系列已成为社会科学文献出版社的著名图书品牌和中国社会科学院的知名学术品牌。2016年，皮书系列正式列入"十三五"国家重点出版规划项目；2013~2019年，重点皮书列入中国社会科学院承担的国家哲学社会科学创新工程项目；2019年，64种院外皮书使用"中国社会科学院创新工程学术出版项目"标识。

S 基本子库
SUB DATABASE

中国社会发展数据库（下设 12 个子库）

全面整合国内外中国社会发展研究成果，汇聚独家统计数据、深度分析报告，涉及社会、人口、政治、教育、法律等 12 个领域，为了解中国社会发展动态、跟踪社会核心热点、分析社会发展趋势提供一站式资源搜索和数据分析与挖掘服务。

中国经济发展数据库（下设 12 个子库）

基于"皮书系列"中涉及中国经济发展的研究资料构建，内容涵盖宏观经济、农业经济、工业经济、产业经济等 12 个重点经济领域，为实时掌控经济运行态势、把握经济发展规律、洞察经济形势、进行经济决策提供参考和依据。

中国行业发展数据库（下设 17 个子库）

以中国国民经济行业分类为依据，覆盖金融业、旅游、医疗卫生、交通运输、能源矿产等 100 多个行业，跟踪分析国民经济相关行业市场运行状况和政策导向，汇集行业发展前沿资讯，为投资、从业及各种经济决策提供理论基础和实践指导。

中国区域发展数据库（下设 6 个子库）

对中国特定区域内的经济、社会、文化等领域现状与发展情况进行深度分析和预测，研究层级至县及县以下行政区，涉及地区、区域经济体、城市、农村等不同维度。为地方经济社会宏观态势研究、发展经验研究、案例分析提供数据服务。

中国文化传媒数据库（下设 18 个子库）

汇聚文化传媒领域专家观点、热点资讯，梳理国内外中国文化发展相关学术研究成果、一手统计数据，涵盖文化产业、新闻传播、电影娱乐、文学艺术、群众文化等 18 个重点研究领域。为文化传媒研究提供相关数据、研究报告和综合分析服务。

世界经济与国际关系数据库（下设 6 个子库）

立足"皮书系列"世界经济、国际关系相关学术资源，整合世界经济、国际政治、世界文化与科技、全球性问题、国际组织与国际法、区域研究 6 大领域研究成果，为世界经济与国际关系研究提供全方位数据分析，为决策和形势研判提供参考。

法律声明

　　"皮书系列"（含蓝皮书、绿皮书、黄皮书）之品牌由社会科学文献出版社最早使用并持续至今，现已被中国图书市场所熟知。"皮书系列"的相关商标已在中华人民共和国国家工商行政管理总局商标局注册，如LOGO（ ），皮书、Pishu、经济蓝皮书、社会蓝皮书等。"皮书系列"图书的注册商标专用权及封面设计、版式设计的著作权均为社会科学文献出版社所有。未经社会科学文献出版社书面授权许可，任何使用与"皮书系列"图书注册商标、封面设计、版式设计相同或者近似的文字、图形或其组合的行为均系侵权行为。

　　经作者授权，本书的专有出版权及信息网络传播权等为社会科学文献出版社享有。未经社会科学文献出版社书面授权许可，任何就本书内容的复制、发行或以数字形式进行网络传播的行为均系侵权行为。

　　社会科学文献出版社将通过法律途径追究上述侵权行为的法律责任，维护自身合法权益。

　　欢迎社会各界人士对侵犯社会科学文献出版社上述权利的侵权行为进行举报。电话：010-59367121，电子邮箱：fawubu@ssap.cn。

社会科学文献出版社